公益小镇与志愿服务丛书

如何做好
文明实践
志愿服务

谭建光　主编

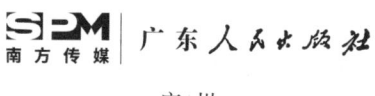

·广州·

图书在版编目（CIP）数据

如何做好文明实践志愿服务 / 谭建光主编. —广州：广东人民出版社，2020.7（2023.7重印）

（公益小镇与志愿服务丛书）

ISBN 978-7-218-14247-0

Ⅰ. ①如…　Ⅱ. ①谭…　Ⅲ. ①志愿—社会服务—广东—文集　Ⅳ. ①D669.3-53

中国版本图书馆 CIP 数据核字（2020）第 062792 号

RUHE ZUOHAO WENMING SHIJIAN ZHIYUAN FUWU
如何做好文明实践志愿服务
谭建光　主编

版权所有　翻印必究

出 版 人：肖风华

选题策划：钟　菱
责任编辑：王　鹏　胡　萍
责任技编：吴彦斌
封面设计：李卓琪

出版发行：广东人民出版社
地　　址：广州市越秀区大沙头四马路 10 号（邮政编码：510199）
电　　话：(020) 85716809（总编室）
传　　真：(020) 83289585
网　　址：http://www.gdpph.com
印　　刷：三河市华东印刷有限公司
开　　本：787 mm×1092 mm　1/16
印　　张：18.25　　字　　数：310 千
版　　次：2020 年 7 月第 1 版
印　　次：2023 年 7 月第 7 次印刷
定　　价：48.00 元

如发现印装质量问题，影响阅读，请与出版社 (020-85716849) 联系调换。
售书热线：(020) 85716833

感谢何伯权先生资助公益小镇研究,并支持本书出版。

编委会

主　　编：谭建光
副 主 编：胡东辉　王小玲　何金鹏
编　　委：谭建光　胡东辉　王小玲　何金鹏　林锐斌
　　　　　吴　怡　黄思通　黄咏霓　彭卓宏　刘思博
　　　　　马　凯　李晓欣　苏　敏　冼嘉瑶　姚晓妍
　　　　　罗美婷

序 言

这是一本充满"泥土"与"草木"气息的书。

这是一本在"行走"与"交流"中匆匆写就的书。

这是一本在不断"思索"和"变化"中进行调整的书。

我们学习贯彻习近平同志关于志愿服务的回信与讲话精神，学习贯彻习近平同志"2·23"讲话提出"发挥社会工作的专业优势，支持广大社工、义工和志愿者开展心理疏导、情绪支持、保障支持等服务"的要求，配合新时代文明实践中心试点工作和文明实践志愿服务发展的需要，先后前往60多个试点县区的130多个乡村社区进行考察辅导、培训督导。这期间，我们感受到各级领导干部非常认真努力地搭建新时代文明实践工作平台、工作机制；感受到乡村社区党员干部非常积极用心地探索激励村民、居民参与志愿服务和享受文明生活的多样化途径；感受到广大志愿者非常热情周到地设计和实施惠及群众的宣讲项目、表演项目、服务项目、关爱项目，让村居群众真正有启迪、有实惠、有参与。

我们发现，多年来的志愿服务在大中城市、发达地区、沿海区域发展较快，但很多乡镇和村居仍然缺乏志愿文化、缺乏志愿资源、缺乏志愿项目、缺乏志愿人才。不少镇、村要么是很少开展志愿服务活动，要么是只有应付式、临时性、形式化的志愿服务活动，不知道怎么开展深受群众欢迎的服务项目，不知道怎样将志愿服务持续发展。为此，基层干部和乡村群众都反映非常希望专家们到村居进行辅导，希望志愿者骨干到村居进行示范，希望特色团队到村居合作开展服务。

我们顺应党员干部和村居群众的需求，奔波在全国各地，既到北京、山东、浙江、江苏、四川、陕西、河北、河南、福建、湖南、江西、海南、贵州等省市，也重点到广东省的乡村社区，开展文明实践志愿服务的专题培训、专业辅导，帮助干部群众努力做到"传播新思想有魅力、开展新服务有活力、创造新生活有动力"。特别是在2020年春季，我们为文明实践志愿服务参与"防疫阻击战"提供科学指导和传播推广。并且，我们还采取"行走中的写作"模式，在飞机上、高铁上、中途驿站和旅馆床头，撰写一篇篇简短、朴素、实用、活泼的文明实践志愿服务辅导文章，提供给中国文明网、文明实践志愿服务网、中华社会工作网、《精神文明导刊》等媒体和网络发表，提供全国各地的基层干部和志愿者阅读参考。不知不觉，我们迄今已经撰写和发表了30多篇辅导文章、案例分析和调查报告，累计达到20多万字。

为此，我们适应乡村社区干部群众、志愿组织成员的需要，将文稿整理、修改、结集出版，广泛传播，希望对各县区、乡镇、村居开展文明实践志愿服务有参考和借鉴作用。

对我们而言，本书的编印仅仅是开始，而不是结束。未来一段时期，我们要更多深入乡村、深入社区，感受新时代文明发展的脉搏，感受新时代志愿服务发展的气息，与干部群众一道，共建美丽家园，共享美好生活。

特以此序，与广大志愿者朋友分享，与广大乡村社区朋友分享。

谭建光
2020年5月10日

目 录

第一章　新思想引导文明实践志愿服务 / 1

第一节　新时代文明实践中心建设要把握"四个导向" / 2

第二节　新时代文明实践志愿服务发展思路 / 9

第三节　文明实践志愿服务如何守正创新 / 15

第四节　新时代文明实践如何让党的群众路线深入人心 / 19

第五节　文明实践志愿服务发挥乡风民俗的积极作用 / 24

第二章　文明实践如何以志愿服务为主要活动形式 / 28

第一节　文明实践为什么要以志愿服务为主要活动方式 / 29

第二节　文明实践如何充分发挥志愿者骨干的作用 / 33

第三节　志愿者在文明实践中开展什么类型的活动 / 37

第四节　志愿者参与新时代文明实践能够有哪些收获 / 42

第三章　文明实践志愿服务制度化与机制建设 / 47

第一节　新时代文明实践志愿服务要做好机制建设 / 48

第二节　新时代文明实践志愿服务的制度化 / 55

第三节　新时代文明实践志愿服务组织的培育 / 63

　　第四节　文明实践志愿服务组织的规范化发展 / 67

　　第五节　文明实践志愿服务要避免"六个单一化" / 71

第四章　文明实践志愿服务的项目策划 / 77

　　第一节　新时代文明实践志愿服务的项目设计 / 78

　　第二节　文明实践志愿服务项目要多样化与专业化 / 82

　　第三节　文明实践志愿服务项目实施的"九字真经" / 86

　　第四节　文明实践志愿宣讲项目如何让群众听得懂 / 92

　　第五节　做好文明实践志愿宣讲项目的"十个要诀" / 95

第五章　新时代文明实践要让群众有获得感 / 102

　　第一节　如何回应群众对文明实践志愿服务的需求 / 103

　　第二节　文明实践志愿服务如何让群众有获得感 / 106

　　第三节　文明实践志愿服务如何让群众有幸福感 / 108

第六章　文明实践志愿服务要发挥地方特色 / 110

　　第一节　北京海淀"首善标准"让文明实践高质量发展 / 111

　　第二节　深圳南山：探索新时代文明实践的"四新路径" / 115

　　第三节　固安"三城"增添新时代文明生活的魅力 / 120

　　第四节　山东荣成建设文明实践"志愿信用"新体系 / 124

　　第五节　贵州龙里：印苗文明实践志愿服务有"四传" / 129

第七章　乡村文明实践志愿服务要接地气 / 133

第一节　乡村社区文明实践志愿服务的"领头羊" / 134

第二节　擦亮扶贫村的文明实践品牌"英德红" / 140

第三节　文明实践在农村 青年扶贫当先锋 / 144

第八章　文明实践志愿服务要做到问题导向 / 149

第一节　文明实践志愿服务要破解七个难题 / 150

第二节　文明实践志愿服务防止"四不倾向" / 155

第三节　文明实践志愿服务的"五个不够"及解决对策 / 158

第九章　文明实践志愿服务的专业与创新 / 161

第一节　探索文明实践志愿服务的"六力创优" / 162

第二节　文明实践志愿服务的"广东特色"分析 / 166

第三节　文明实践志愿服务要善于创造"亮丽风景" / 170

第四节　做好文明实践志愿服务的专业督导 / 174

第十章　文明实践志愿者如何参与"防疫战" / 182

第一节　文明实践志愿者为防疫与复工作贡献 / 183

第二节　文明实践志愿服务"防疫战"的九个方法 / 187

第三节　防控"新冠"疫情：志愿服务的十个案例 / 201

第四节　青年志愿突击队防疫服务的"十二条例" / 213

第五节　志愿者防控"新冠"疫情服务的专业化 / 221

附录　调查报告 / 232

　　第一节　广东省文明实践志愿服务调查报告 / 233

　　第二节　广东省乡村社区文明实践志愿服务调查 / 248

　　第三节　广东共青团推进文明实践志愿服务的调查 / 260

　　第四节　广东省文明实践百佳志愿团队培育的调查 / 271

后　记 / 277

第一章

新思想引导

文明实践志愿服务

第一节　新时代文明实践中心建设要把握"四个导向"

新时代文明实践中心试点工作开展以来，各试点县区按照"凝聚群众、引导群众，以文化人、成风化俗"的要求，在"搭平台、建队伍、做服务、惠群众"等方面做出了许多有益的探索。与此同时，一批专家学者、专业人士深入乡村社区，培训和辅导文明实践志愿者，帮助策划和实施传播新思想、服务新需求的志愿项目，推动试点工作取得良好成效。目前，进入第二批试点工作，安排500个全国试点县区，以及大量省市级试点县区，将文明实践志愿服务推向更广泛、更深入。

一年来，我们先后到北京、海南、广东、福建、贵州、四川、湖南、河南、河北、浙江、江苏、山东、山西、陕西、云南等十多个省市，深入40多个试点县区的120多个乡村社区进行培训、督导、交流、沟通。为此，我们结合一年多来在各地区参与专业培训和辅导的经验，进行调查研究，提出文明实践工作要坚持"思想导向、需求导向、问题导向、创新导向"四个导向的观点。现阐述如下，提供各地区党政部门、志愿组织参考借鉴。

一、思想导向

新时代文明实践中心试点工作最重要、最突出的任务，就是面向基层、面向群众宣传习近平新时代中国特色社会思想，打通联系群众、服务群众、引导群众、激励群众的"最后一公里"。习近平总书记在全国宣传思想工作会议上强调："要大力弘扬时代新风，加强思想道德建设，深入实施公民道德建设工程，加强和改进思想政治工作，推进新时代文明实践中心建设，不断提升人民思想觉悟、道德水准、文明素养和全社会文明程度。"① 新时代文明实践就是富有创新性、富有实效性的一种途径。中共中央政治局委员、中宣部部长黄坤明在深化拓展新时代文明实践试点建设电视电话会议上指出："建设新时代文明实践中心，是时代之需、

---

① 《习近平出席全国宣传思想工作会议并发表讲话》，新华网，2018年8月23日。

使命所系、群众所盼，是守正创新做好基层宣传思想工作的战略举措。"① 为此，吸引和激励志愿者作为新时代新思想的宣讲师，探索灵活多样、丰富多彩的形式，推广新的发展理念和治理理念，具有非常重要的意义。

（一）思想宣传

针对原来一些思想传播的形式"单一、呆板、陈旧"的问题，新时代新思想宣传和普及的方式要不断探索、不断创新。中共广东省委宣传部、文明办针对试点县区的需求，开展"七个一百"下基层，在乡村社区举办一场百姓宣讲、一场广场集中展演、一批惠民志愿服务、一次"种文化"培训、一次走访慰问、一批电影下乡、一次主题教育实践等"七个一"活动，通过丰富多彩、生动活泼的形式宣传习近平新时代中国特色社会主义思想，获得广大群众的欢迎和好评。如广东省乳源县在试点工作中，配合"学习强国""学习金句"的推广，创造"金句闪光"的新颖活动，让瑶族群众发挥载歌载舞的特长，组建"金咕咕"新时代新思想宣传队，深入村落和瑶寨，将习近平总书记的论述转变为歌舞的内容，让群众喜欢听、喜欢唱、喜欢传；还采取"汉瑶双语"诠释新思想的方式，在宣传普及中增进民族团结。山东省龙口市运用"习语润心"的形式，采取"大槐树下传思想、小马扎上学文明"的方式，让农村群众喜欢听、喜欢说、喜欢唱。

由此可见，面对乡村社区的群众，思想传播一定要避免单纯"大道理、大讲座、大报告"，而要创造适合不同社区、不同村落的宣传形式，深入群众的生活，深入群众的脑海。

（二）思想引领

在宣传和普及的基础上，关键是要用新时代新思想引领基层党员和群众的观念，引领基层党员和群众的行为。习近平指出："毛泽东思想活的灵魂是贯穿其中的立场、观点、方法，他们有三个基本方面，这就是实事求是、群众路线、独立自主。"② 新时代文明实践也是要让群众的思想活起来，善于思考发展环境，善于把握发展机会。浙江省慈溪市横河镇彭桥村党总支书记，在文明实践中创新引导和服务群众的方式，在村民服务大厅的前面门口上书"为您服务"四个大字，后面门口上书"顺心暖心"四个大字；一方面，将党的为人民服务、以人民为中心、为人民对美好生活的向往而奋斗等宗旨理念传递给群众，另一方面引导群众共同

---

① 《黄坤明在深化拓展新时代文明实践中心建设试点工作电视电话会议上强调 聚焦群众需求大胆创新实践 推动新时代文明实践中心建设取得更大成效》，新华网，2019年10月11日。

② 《坚持和运用好毛泽东思想活的灵魂》，《习近平谈治国理政》第一卷，外文出版社2014年版，第25页。

奋斗和追求生活幸福。这样，把党和国家的方针政策、制度措施，用通俗易懂、家喻户晓的方式传播，成为乡村社区群众发展的科学指引。

（三）思想激励

新时代文明实践中心试点工作深入基层、深入群众，为活跃群众思想、激励群众创造提供新动力。北京市海淀区西北旺镇大牛坊社区，针对农村城市化进程中许多农民住上高楼大厦，衣食无忧却"闲得无聊"的状况，创办了"思享汇""好书汇"等阅读和交流的场所，也激励居民学习书画、诗歌、剪纸、园艺等，成立各种文化社团，在学习和交流中互相激励、共同进步。他们提出了"村民上高楼、思想上台阶"的口号，引导和激励"村民变居民"的广大群众不断增强素质，创造发展机遇。从调查的情况看，新时代文明实践中心试点工作，通过党员志愿者、青年志愿者、专业志愿者的宣讲和普及，让乡村社区群众思想活跃了，认识提高了，素质进步了，生活发展了，取得了可喜的效果。我们认为，传播新时代新思想就是要创造丰富多样的形式，适应不同群体需求，真正入脑入心、赢得人心。

二、需求导向

新时代文明实践中心试点工作要适应群众需求、满足群众需求，通过开展志愿服务活动，为群众提供多方面、全方位的关心和帮助。为此，党员干部、志愿者骨干就要深入乡村社区，深入城乡群众，通过"走基层、接地气、听心声"的调查研究，掌握群众的真实需求，提供切实有效的服务。

（一）深入了解群众需求

目前，一些部门和干部借口工作忙、事务多，要么在办公室靠材料和汇报了解基层情况，要么下乡也是蜻蜓点水、走马观花。这样是难以真正掌握群众的心态和需求的。革命战争年代，毛泽东在《湖南农民运动考察报告》开篇就说道："我这回到湖南，实地考察了湘潭、湘乡、衡山、醴陵、长沙五县的情况，从一月四日起至二月五日止，共三十二天，在乡下，在县城，召集有经验的农民和农运工作同志开调查会，仔细听他们的报告，所得材料不少。许多农民运动的道理，和在汉口、长沙从绅士阶级那里听得的道理，完全相反。"[①] 由此可见，毛泽东没有停留在"会议室里的汇报"，而是深入乡镇、农村，与农民运动骨干深入交流，正确把握和分析农民运动的方向。进入中国特色社会主义新时代，党员干部、志

---

① 《湖南农民运动考察报告》，《毛泽东选集》第一卷，人民出版社1991年第2版，第12页。

愿者骨干只有深入基层、深入群众、促膝谈心、亲切交流，才能够把握群众的真实需求。

（二）满足群众生活需求

中国幅员广阔、人口众多，每个地区的群众需求千差万别，需要党员干部、志愿者骨干在针对性调查和研究的基础上，开展适合当地实际、适合当地群众的文明实践活动。如贵州省黔南自治州龙里县，新时代文明实践的重点就是吸引群众开展"赛擂台"活动，激发参与家乡建设、改善家乡面貌的热情，通过"赛门前、赛后院、赛村头、赛村尾"等，实现人居环境改善，建设美丽乡村。在建设"先行示范区"的深圳市南山区桃园街道，则是开展"三区三有"的活动，即"校区有梦、园区有智、社区有爱"，充分发挥大学生的青春热情创造梦想，充分发挥院士、教授的智慧创造业绩，充分发挥居民的友善爱心互帮互助。所以，"满足群众需求"不是一句简单的话，而是要针对不同地方实际和不同群体需求，策划和实施灵活多样的志愿服务活动，有效服务群众，有效引导群众。

（三）助力扶贫助困需求

习近平2018年在广东考察时，专门到英德市的贫困村——连樟村访问群众，与他们亲切交谈，并且留下"乡亲们一天不脱贫，我就一天放不下心来"的肺腑之言，让山区群众久久难忘。文明实践志愿服务就要围绕扶贫助困、精准脱贫等工作，了解和把握困难群众的具体难处、具体需求，提供深入、细致、持久、有效的关爱和帮助，切实解决问题，切实改善生活，切实帮助具有特殊需求的群众。

（四）积极引导需求变化

新时代乡村社区群众的需求不断变化，追求越来越多。文明实践志愿服务就不能停留在简单和浅层次的活动，而是要把握群众需求变化，提供多层次、多样化的服务内容，包括帮助乡村群众上网、淘宝，帮助乡村妇女跳广场舞、健身舞，还有帮助居委会、村委会干部掌握信息化管理技术，掌握网格化管理技巧等，都有利于改善乡村状况，满足群众需求。新时代文明实践的需求导向，就是要贴近乡村、贴近生活、贴近群众，扎扎实实了解基层群众的需求与愿望，既提供切实有效的关爱服务，也传递党对群众生活的关心关怀，从而引导群众一心一意跟党走。

三、问题导向

新时代文明实践试点工作，要敢于面对基层面临的困难与问题，在新思想的指导下探索多种方式和途径，不断解决问题、创新发展。

（一）善于发现问题

在文明实践志愿服务中，党员志愿者、青年志愿者、社会志愿者等要坚持实事求是的原则，深入乡村社区，了解民心民意，及时发现各种困难和问题。邓小平在党的十一届三中全会上指出："只有解放思想，坚持实事求是，一切从实际出发，理论联系实际，我们的社会主义现代化建设才能顺利进行，我们党的马列主义、毛泽东思想的理论也才能顺利发展。"① 在新时代的各项工作，更要坚持解放思想、实事求是。为此，文明实践志愿服务从现实中发现问题，从群众中了解问题，作为探索服务的依据。陕西省西安市临潼区新家园社区面对"村改居"居民、购房入住居民、流动人口等多样化的环境，针对原来人口混杂、秩序混乱、治安问题突出、满意度不高等问题，采取逐项分析问题、逐步采取对策的方式，提出"为老服务、为小服务、为中服务、为众服务"的全覆盖志愿服务模式，将回应群众问题、探索服务途径作为新时代文明实践的重点，逐渐打开局面、改善状况，增强群众的满意度和幸福感。可见，敢于发现问题，善于发现问题，就是文明实践志愿服务深入乡村社区、深入基层群众的关键。

（二）积极正视问题

党员志愿者、青年志愿者、社区志愿者、乡村志愿者在发现各种问题之后，既不回避、也不畏难，而是用积极的态度正视问题，寻找解决的方式方法。如贵州省龙里县谷里村党支部，正视村中存在的"依赖性""穷铺张""纠纷多""环境差"等问题，引导党员和群众讨论交流、获得共识，并且成立"感党恩志愿服务队""纯民风志愿服务队""和事佬志愿服务队""家乡美志愿服务队"等，积极进行文明生活、和睦生活的倡导和服务，逐渐改善乡村状况，打造新文明新风貌。

（三）解决社会问题

文明实践试点县区积极发挥志愿者的力量，探索多样化解决社会问题的途径。北京市大兴区通过提高文明素质，为建设"新国门"大兴国际机场作出贡献，有序、安全、高效完成国际机场用地的征地拆迁工作，并且借助机场建设契机改造乡村环境，营造美丽生态。广东省丰顺县在文明实践中学习"枫桥经验"，激励志愿者开展乡村社区的矫治工作创新，引导社矫人员参与志愿服务，在友善助人的

---

① 《解放思想，实事求是，团结一致向前看》，《邓小平文选》第二卷，人民出版社1994年第2版，第143页。

过程中获得思想改造、获得做人新生。

（四）促进基层治理

党的十九届四中全会《决定》指出："不断满足人民对美好生活新期待，战胜前进道路上的各种风险挑战，必须在坚持和完善中国特色社会主义制度、推进国家治理体系和治理能力现代化上下更大功夫。"① 新时代文明实践试点工作以及志愿服务，都是促进社会治理创新的有效形式。很多试点县区围绕基础治理的需要，将文明实践志愿服务组织与政府治理部门对接、与乡村社区治理工作对接，采取"政府部门＋社会组织＋乡村社区＋群众参与"的方式，不断壮大治理创新的社会力量。浙江省诸暨市传承"枫桥经验"，在新时代文明实践试点工作中建立"红枫义警"志愿服务队，让党员、公职人员、店铺业主、员工、村民、青少年参与社会治理有多样化的途径，激发更多的主动性和积极性。我们感到，发现问题、正视问题、针对问题、解决问题，可以探索出基层社会治理的新思维、新路径，让文明实践志愿服务在乡村社区发挥更加重要的作用。

四、创新导向

新时代文明实践中心试点工作，要充分发挥干部群众的主动性、积极性、创造性，探索和创新思想宣传与志愿服务的新形式、新途径。为此，各个试点县区都非常重视创新思维、创新行动，让文明实践志愿服务充满生机活力。

（一）深入发动群众

文明实践志愿服务，不论是思想宣传、文艺传播，还是关爱服务、基层治理，都要充分发动群众、充分依靠群众。习近平指出："群团组织开展工作和活动要以群众为中心，让群众当主角，而不能让群众当配角、当观众。"② 为此，各试点县区都在乡村社区的群众中选能人、选贤人，激励他们作为志愿服务宣讲师、展示员的主体力量。广东省乳源县的"金咕咕"宣传队由汉、瑶族群众组成，走村入寨、宣讲表演，深受基层的欢迎。博罗县的"红色骑行队"由村居干部、党员、群众组成，入村入户宣传交流、了解民情、解决问题，受到千家万户的欢迎。真正将群众动员起来，真正让群众当了主角，文明实践志愿服务就充满活力。

---

① 《中共中央关于坚持和完善中国特色社会主义制度 推进国家治理体系和治理能力现代化若干重大问题的决定》，《人民日报》，2019 年 11 月 6 日。

② 《保持和增强党的群团工作和群团组织的政治性先进性群众性》，《习近平谈治国理政》第二卷，外文出版社 2017 年版，第 309 页。

（二）激励群众创新

新时代文明实践的创造动力来自群众，要善于从乡村社区群众中发现，进而激励创新创造的热情，让他们的想法获得实现，发挥作用。湖南省辰溪县激发乡村群众"村村办春晚"的热情，并且从中选择一部分体现文明风尚、倡导友善互助的节目作为"常备节目"，让群众演员在节假日、周末等轮流到乡村表演，满足村民文化生活需求，也传播新思想新文明。河南省许昌市七一社区，志愿者通过"爱心花房"为广大居民提供园林服务，也吸引居民参与美化社区环境。贵州省清溪市乡愁社区开展"先锋行动、诚信银行"活动，激励党团员志愿者开展服务积分，并吸引群众参与积分比赛。这些社区、农村的各种创新活动，都是来自基层党员、基层群众的智慧，成为丰富社区服务、丰富乡村服务的重要内容。

（三）共建共治共享

新时代文明实践中心试点工作吸引广大群众参与，探索治理创新的有效方式。福建省上杭县白砂镇的各个村庄，通过"群众想、群众说、群众做、群众赞"的方式，每个村组建五六支志愿服务队伍。全镇几百支队伍非常活跃，既提供互助服务，也开展邻里调解，还做好治安巡逻等，为城乡居民营造和睦安全的生活环境。河北省固安县华夏产业城开展文明实践志愿服务，建设"志愿公园"，群众将自娱自乐与爱心助人相结合，有"健身捐步"，有"琴声怡人"，有"红歌共唱"，有"手艺传人"等，让来来往往的行人在参与和愉悦中做服务、做贡献。因此，文明实践志愿服务是促进国家和社会治理现代化的有效途径。它延伸到社会末梢的社区和农村，吸引和激励广大群众参与，为治理能力现代化奠定最广泛的基础。

第二节　新时代文明实践志愿服务发展思路

中国特色社会主义新时代，文明实践中心建设成为促进乡村社区道德建设、民生改善、治理创新、环保生态、和谐发展的重要举措。围绕如何营造乡村与社区志愿服务氛围、建设乡村与社区志愿服务组织、实施乡村与社区志愿服务项目等，迫切需要提供理论指导和实践经验。

笔者从1987年开始接触广州、深圳的早期志愿者，1995年开始志愿服务研究与传播工作，经历志愿服务"从党员到群众、从青年到全民、从沿海到内地、从城市到乡村、从平原到边疆"的发展历程。2008年笔者出版的《志愿中国：亲历与思考》中发出"农村缺乏志愿服务、农村需要志愿服务"的呼吁；2010年主编和出版全国第一本《中国农村志愿服务发展报告》，对处于萌芽状况的乡村志愿服务进行初步分析；2018年应邀到各省区讲授乡村振兴与农村志愿服务的发展课程，把握新时代乡村志愿服务发展的机遇和趋势。

最近，笔者有机会为中央文明办举办"全国文明实践中心志愿服务培训班""全国文明实践试点县区村党支部书记培训班"授课；为国家文化和旅游部"全国文明实践试点县区文化旅游局长培训班"授课；为全国妇联"文明实践试点县区妇联主席培训班""全国妇联宣传工作培训班"授课；也到一些国家级试点县区、省市级试点县区（镇、村庄、社区）授课，不断深化认识。现在，结合这些实践探索和理论思考，笔者提出文明实践中心与乡村社区志愿服务发展的一些思路，提供广大基层干部和志愿者参考。

新时代文明实践中心志愿服务的发展，是一个自下而上与自上而下相结合的新生事物。一方面，党的十八大以来，对于志愿服务凝聚群众、成风化俗的积极作用越来越重视，就出现了许多地方乡村、社区志愿服务的探索创新；另一方面，党的十九大提出推进志愿服务制度化要求之后，中宣部、中央文明办对于推进志愿服务的制度化、专业化做出部署，将文明实践中心作为传播新思想、推广新服务的重要形式，文化部、民政部、团中央、全国妇联等党政部门和群众组织积极响应。这样，党中央和国家的动员号召与乡村社区的发展热情相结合，形成了新时代基层创新的热潮。那么，在推动文明实践中心志愿服务时，我们就要引导乡村社区实现三个方面的思路转化和行动深化。

思路一：轰轰烈烈 + 扎扎实实 + 长长久久

首先，通过"轰轰烈烈"的启动仪式引起社会的广泛关注。前一段时期，笔者上网搜寻文明实践中心志愿服务的资料，发现非常多的报道都是"××县（市、区）文明实践中心揭牌""××镇（街道）文明实践所志愿服务启动""××村（社区）文明实践站志愿服务活动"等。较多地区报道的是基地揭牌、成立队伍、项目启动。这是适合国情的新措施、新工作、新服务，通过领导参与、广泛宣传，让社会各界关注，让广大群众知晓。在开展"轰轰烈烈"启动与活动的时候，不能停留在形式和声势上，而要按照"丰富人民精神生活，增强人民精神力量，提升人民精神风貌"的要求，让隆重的活动产生引人关注、让人喜欢、令人难忘、给人激励的效果。

山东省淄博市临淄区启动文明实践中心建设的时候，同时发布"临淄文明20条"，通过志愿者的宣传和展示，引导城乡群众讲文明、讲礼貌、重礼仪，做"文明临淄20条"的传播者、践行者，说文明话、做文明事、当文明人；将"文明临淄20条"内化为行为规范，外化为自觉行动，充分展示临淄人文明礼貌、热情好客、和谐、友善、奋发向上的精神风貌，为乡村社区营造氛围。

我们建议各地乡村社区文明实践志愿服务启动时，采用"1 + 1 + N"的做法，即在隆重、热烈的启动仪式、推进仪式基础上，发布深化服务、有具体行动的《文明指引》《服务菜单》，让干部群众在感受浓烈氛围之后，迅速转化为日常生活的公益实践，转化为乡村社区的邻里互助，让新时代党的发展理念、宗旨贴近生活、贴近民心。

其次，通过扎扎实实的服务项目获得乡村社区群众的欢迎。在启动、成立仪式之后，各乡村、社区志愿者队伍不能停留在搞形式、造舆论上，要深入了解群众的需求，开展"进入楼栋、进入邻里、进入家庭"的宣传和服务活动，将习近平中国特色社会主义新思想以生动活泼、通俗易懂的方式，让群众听得懂、记得住、用得上；同时开展扶贫助困、惠民利民的志愿服务活动，让群众对文明实践中心（所、站）有印象、有好感、有好评。

广东省乳源县桂头镇新时代文明实践所志愿服务总队长，带领志愿者前往放流点参与增殖放流活动。在增殖放流现场，志愿者们与渔政大队工作人员分工合作，一部分人负责把一袋袋鱼苗安全平稳运送至投放点，另一部分人负责把鱼苗放归河流。此次活动共向武江投放青鱼、草鱼、鲢鱼、鳙鱼、鲫鱼、鲮鱼6个品种不同规格的鱼苗100万尾,一年来累计投放200万尾鱼苗。这样,乡村文明实践志愿服务与生态保护、养殖产业发展相结合,惠及群众,受到欢迎。

再次,通过"长长久久"的发展机制建设,让文明实践中心(所、站)在乡村与社区深入人心、持续推进,逐渐成为村民、居民的时尚生活方式。这时候,发动乡村、社区的能人为志愿服务发展建言献策、出谋划策;结合本地需求、结合村民兴趣,固化一些受欢迎、有实效的志愿服务组织形式、服务内容、文化要素,从党政部门的推动转化成为群众自主发展的机制。例如,江苏省宜兴市西渚镇白塔村文明实践站在做好弘扬社会主义核心价值观、倡导村民互助友爱风尚的同时,以白塔寺原址的资源为依托凸显"禅德文化",传承乡愁记忆,培育文明乡风。这样,乡村志愿服务队在开展宣传和服务活动时,既传播新思想、新理念,传播文明风尚和崇高道德,也唤醒民俗记忆、增强自我认同;使得文明实践站的志愿服务入情入理、入脑入心,让村民乐于参与、喜欢传诵、持久品味,获得持续发展的生机活力。这是"轰轰烈烈+扎扎实实+长长久久"的典型案例,值得各地参考借鉴。

思路二:体系+组织+项目

当代中国的志愿服务发展,有"体系+组织+项目"和"项目+组织+体系"两种路径。中国志愿服务交流会暨项目大赛就是"项目+组织+体系"的路径,即通过全国项目大赛,每年从4000多个申报项目中,评审出500多个铜奖项目、400多个银奖项目、100多个金奖项目,鼓励项目落地,即深入社区、农村实施推进,从而带动志愿服务组织的培育发展,带动区域志愿服务体系的逐渐建立。文明实践中心(所、站)的志愿服务则是"体系+组织+项目"的发展路径。首先搭建县区、镇街、社区、农村的志愿服务体系,即党政领导担任志愿服务总队(分队、小队)的队长,带动各部门、各机构、各团体加入文明实践中心的志愿服务体系,实现人力与资源的整合,文化与舆论的营造,形成人人关注文明实践、人人参与志愿服务的社会氛围。

这里要注意文明实践志愿服务总队与县区志愿服务联合会的结合,共同构建丰富多样、富有生机的志愿服务体系。县区文明办、团委、志愿者联合会秘书处要积极配合文明实践志愿服务总队的部署,通过将党政方针政策转化为志愿者容易传播、老百姓容易理解的内容,让志愿服务融入县区、镇街、乡村社区的生活,与其他各项工作相互补充、相得益彰。

其次，不断发展和壮大志愿服务组织。这里要重视发展三类志愿组织。一类是党员示范带动的志愿服务组织。即县区、镇街机关党员、事业单位党员踊跃参与的志愿服务组织，深入乡村、社区开展"传播新思想、传递新关爱"的服务活动，将党的宗旨和理念传输到千村万户。另一类是社会特色志愿服务组织，即各类公益机构、社工机构、民间团队的志愿者。要引导他们深入乡村和社区，配合文明实践的要求，开展文化营造服务、村民关爱服务，发挥社会和民间的活力，丰富文明实践志愿服务的内容。再有一类是源于乡村、社区的村民志愿服务队、居民志愿服务队。即在上级党政部门的鼓励下，在文明实践活动的激励下，村民、居民自发建设多样化、灵活性的志愿服务队伍，就近就便开展互助服务、邻里守望解决困难问题。这些村民和居民志愿者队伍不仅仅对于关爱帮助群众、化解矛盾冲突具有积极的作用，而且让村民、居民在参与志愿服务过程中主动接触新思想、新政策、新措施，率先了解党中央和国家的新战略、新精神，把自己的理解传递给其他群众，真正成为新时代富有影响力的"宣传员"。文明实践中心（所、站）培育好这三类志愿服务组织，就能够成为乡村和社区发展进步的积极力量。

再次，设计和实施志愿服务项目。不论做了多少宣传、推广，城乡群众对于文明实践志愿服务的切身感受，就是来源于具体的项目服务。一方面是切切实实改善民生状况、促进扶贫助困的服务项目，另一方面是活跃乡村社区文化生活的服务项目。因此，通过深入乡村、社区掌握群众需求后，可邀请专业人士、社会工作者、志愿者骨干共同设计项目。针对群众的利益需求提供关爱和帮助，就是开展志愿服务的关键环节。

广东省中山市小榄镇文明实践中心揭牌的时候，没有"另起炉灶""大动干戈"，而是充分利用多年来开展"创意菊城"公益志愿服务项目大赛的基础和建设"全民公益园"志愿服务团队培育的基础。小榄镇在镇委书记担任文明实践中心志愿服务总队长，各部门、单位、团体参与的基础上，建设好"机关单位志愿服务队""社会创益志愿服务队""社区乡村志愿服务队"三类队伍；在党员示范和带动的基础上，充分发挥社会特色志愿者尤其是青年文创人才、企业管理人才志愿者的专业优势，深入社区、乡村与群众合作策划服务项目，将传播新时代新思想与丰富多样服务群众的活动有机结合，产生了很好的社会反响。如"红耆行动"就是发挥乡村老党员的革命传统优势，在倡导乡村文明风尚、抵制歪风邪气方面发挥积极作用。"囤粮计划"就是青年人发起，吸引企业家和社会人士参与，深入社区、农村推广新时代阅读,以"读书、交流、成长"为特色的精神文明建设活动,营造了全镇崇尚文明、知书达礼的社会风尚。"美丽大变身"则是社工设计、志愿者推广、热心市民参与,为乡村、社区孤寡贫困老人募集资金修缮破旧房屋的服务项目,通过"爱心大礼包"(288元、388元、588元等)义卖(与慈善总会合作)的方式,既引起广大市民对乡村孤寡老人的关注和关爱,也引导市民群众在奉献和服务中提高文明意识、提升文明素质。这样,在党委、政府高度重视,构建文明实践中心(所、站)志愿服务体系的基础上,突出"党政统筹+民间活力",培育灵活多样、各具特色的志愿服务队伍,开发丰富多彩、富有实效的志愿服务项目,让更多的乡村、社区群众在文明实践中获益、在志愿服务中受惠。这就真正将党的全心全意为人民服务宗旨落到实处,将党为人民对美好生活的向往而奋斗的目标落到实处。

思路三:规范+特色+创新

文明实践中心(所、站)志愿服务要按照中宣部、中央文明办的部署,实现规范建设、规范发展。从全国试点和各省市试点工作安排看,文明实践工作和志愿服务都有规范要求,如打造理论宣讲平台、教育服务平台、文化服务平台、科技服务平台、体育服务平台,还有学一篇重要讲话、读一段传统经典、唱一首优秀歌曲、看一部短片视频、讲一次身边故事、作一次感想交流等。因此,乡村社区志愿服务队伍就要遵循上级的要求,围绕新时代新思想传播和为群众提供关爱帮助,做好最基本的服务;同时,也要根据区域特点、志愿者特色,探寻各种创新。

各乡村、社区在按照规范开展志愿服务的时候,应该注意"基本动作要到位、特色服务要出彩"。例如,我们考察某社区文明实践站的时候,这里原来简单按照要求都设立××社区文明实践站、××社区志愿服务队、××社区文明讲师团、××科技服务团等,给人千篇一律、千人一面的感觉,与其他乡村、社区大同小异。为此,我们在富有热心、乐于创新的社区书记陪同下,在各个小区详细考察,发现该社区有个荷花湾,是社区美景和社区名片。并且,解放战争的时候,人民解放军在荷花湾展开最初的攻城作战,经过英勇奋战取得胜利,为后来攻打大中城市积累了宝贵的经验,因此荷花湾成为红色景点。这样,我们专家组建议该社区的很多文明实践项目,不一定简单套用社区地名,而是借用荷花湾的别称,建立"荷花湾讲师团""荷花湾服务团"等。社区原来就有一个"老党员(退休党员）志愿导游队",专家组建议更名为"红荷（老党员）志愿导游队"。社区的同志进一步发挥说："我们有个'青少年志愿导游队',也可以更名为'青莲（青少年）志愿导游队'。"

我们认为,各地区在建设文明实践中心（所、站）及志愿服务队伍的时候,按照规范要求设置阵地、组织、内容的同时,要大胆创新、勇于探索,结合乡村、社区的特色,寻找富有魅力、引人注目的名称、目录、元素、措施,让老百姓喜欢和自豪。乡村与社区在新思想引领下的新时尚、新文明、新生活,要充分展示中国特色社会主义的生机活力,也要充分体现各地区的"百花争艳",更要赢得广大人民群众的赞赏和喜爱。这样,文明实践中心志愿服务就富有成效、凝聚人心。

第三节 文明实践志愿服务如何守正创新

党的十九大以来,新时代文明实践志愿服务蓬勃发展,从沿海地区到内陆地区,从山区农村到城市社区,都掀起了志愿者参与文明实践活动以及在关爱互助中弘扬新思想新文明的热潮。伴随这项工作的推进,各地基层干部和志愿者就提出"如何把握文明实践志愿服务的方向""如何在志愿服务中体现党的关怀"等问题。我们通过全国和省市级试点县区,发现需要引导干部和志愿者在文明实践志愿服务中坚持守正创新。习近平2019年3月4日在参加全国政协联组会议时指出:"正本清源、守正创新,一个国家、一个民族不能没有灵魂,作为精神事业,文化文艺、哲学社会科学当然就是一个灵魂的创作,一是不能没有,一是不能混乱。"① 中共中央政治局委员、中宣部部长黄坤明2019年5月在广东调研时指出,要"坚持守正创新,打牢基层基础,着力坚定主心骨、振奋精气神,以扎扎实实的工作成效,凝聚干部群众团结奋进的磅礴力量"②。我们经过思考,撰写本文提供乡村社区的干部和志愿者思考,引导大家做到"守正要体现魅力、创新要呈现活力",将新时代文明实践志愿服务做实做细做好。

一、文明实践志愿服务要增强"守正"的魅力

调查发现,有些地方在传播新思想、弘扬革命传统的时候,做得比较单一和呆板,就是将一些观点、口号印制在墙上,将组织架构和队伍建设罗列在墙上。这样,党员干部看了之后触动不大,乡村群众看了之后感触不深,难以达到新思想新文明入心入脑的效果。我们认为,学习习近平重要讲话的精髓,文明实践志愿服务要做到"三个增强",进行生动活泼、富有魅力的传播普及。

(一)增强新时代新思想的感染力

习近平在很多的讲话中,经常运用通俗生动的语言,运用成语和事例,解释决策的要点,把握工作的重点。文明实践志愿服务中就要学习和弘扬这种风格,

---

① 《一个国家、一个民族不能没有灵魂》,《求是》2019年第8期。
② 《黄坤明:坚持守正创新 增强工作实效 凝聚干部群众团结奋进的磅礴力量》,新华网,2019年5月20日。

将新思想的精髓融入乡村社区的群众生活之中,让大家日常生活中容易听、容易传、容易做。浙江省宁波市北仑区党员志愿者陈浩山,在迎接党的十八大召开之际,发动一群热心党员和入党积极分子,组建了"红领之家"党员志愿服务团队,坚持在服务过程中传播新思想新文明。陈浩山是个特别能说的志愿者,见到亲朋戚友、邻里熟人都介绍党的政策、时代特色、服务亮点,吸引辖区党员、社区群众参与志愿服务,建立友善和睦关系。特别是"红领之家"主动承接社区矫治服务,不仅仅关心和引导、教育矫治人员,而且吸引他们跟随党员做志愿服务,在服务社会和他人的过程中接受心灵的洗涤,唤起重新做人的愿望。由于陈浩山和"红领之家"的贡献突出,受到各级党组织的奖励和广大群众的认可。

在配合新时代文明实践志愿服务中,陈浩山和"红领之家"开展"红星行动三对接",与吉林省延边市的山区农村对接,采取"书记对书记、党员对党员、团员对团员"的新方式。"红领之家"的干部志愿者结对山区农村支部书记,提供党建咨询支持和发展资源支持;党员志愿者结对山区农村党员,提供党建知识辅导和致富资源支持;团员志愿者结对山区青少年,提供学习信息交流和成长资源支持。这样,"红领之家"在文明实践中探索志愿服务的新路,在精准扶贫中作出了新的贡献。

(二)增强红色革命传统的吸引力

在很多试点县区,党组织将"不忘初心、牢记使命"学习教育活动与新时代文明实践活动相结合,要求党员领导干部率先重温革命传统、激发奋斗志向,也引导群众了解革命传统、激活奋斗热情。福建省上杭县古田镇红地村打造"红军小镇",不仅仅面对村民开展革命传统教育,也面向来自全国的考察团、交流团、体验团、学习团,提供革命传统教育。红地村"红军小镇"既收集和展示革命战争年代的政策、措施、标语、口号,作为回顾和重温革命传统的主要元素,如展示从"三大纪律、六项注意"到"三大纪律、八项注意"的演变历程,呈现红军战士学习和交流的情形,让大家在参观学习中身临其境、感受深刻。同时,"红军小镇"围绕"红土地创造新生活",结合改革开放以来古田人民的观念变化、生产发展和生活改善,结合中国特色社会主义新时代古田人民坚持"绿水青山就是金山银山"的理念和发展生态农业、商贸旅游业的实践,让党的方针政策深入人心、影响人心。这样,在乡村社区开展革命传统教育的时候,结合新时代发展背景,结合人民群众生活变化,就具有影响力和感染力,真正引导党员和群众提高思想觉悟,响应党的号召,不断努力、发奋进取。

（三）增强中华文化习俗的影响力

我们认为"守正"中对中华文化的传承，不是单纯回顾历史、机械固守历史，而是应当充分吸收中华文化的优秀因素，融入新时代社会主义建设和发展事业。海南省海口市美兰区在前往山东省曲阜市学习交流之后，回到大特区、自贸区的定位之中，就没有机械照搬，而是创造性学习和发挥。一方面，他们发掘乡村社区传统文化中的优秀元素，作为乡村凝聚族群、感染群众的"吸铁石"。如海南省人数庞大的"符氏家族"传承内容丰富、健康进取的《符氏族训》，乡村文明实践站就结合新时代新文明的背景进行解释，丰富内容、增添魅力，成为吸引符氏家族的广大群众努力进取的有效载体。与此同时，美兰区根据习近平总书记提出海南加快建设全岛自贸区的要求，针对乡村社区干部群众素质存在差距的现状，提出"思想大解放、素质大提升、信仰大坚定"的"三大教育"活动；引导群众继承传统而不是墨守成规，弘扬传统而不是故步自封，在新思想新文明的引领下丰富文化传承的新内涵、新元素，成为激励群众拼搏奋斗、创新创造的强大动力。

二、文明实践志愿服务要激发"创新"的活力

文明实践志愿服务的创新，不是为创新而创新，也不是为赶时髦而创新，而是要在新思想新文明的引导下，充分激发党员志愿者、群众志愿者的动力与活力，为乡村社区治理、美好生活向往提供有效的支持，发挥积极的作用。

（一）发挥青少年的时尚创造力

青少年是社会最有活力、最能创新的群体。习近平在纪念五四运动100周年大会上的重要讲话指出，中国青年始终都是实现中华民族伟大复兴的先锋力量！新时代文明实践志愿服务，要充分发挥共青团组织的作用，充分调动青年一代的主动性和创造性，使他们呈现旺盛的生机活力。广东省高州市大井镇引进阳光365志愿服务总队，通过志愿者教会山区留守儿童掌握音乐、美术、书法以及其他技能技巧，鼓励孩子们尝试艺术创造，反映美好生活的追求。在调查过程中，我们对于山区留守儿童聚精会神、认真细致地进行调音、演奏的情形印象深刻，产生了较多的思考。其实，在广大的乡村社区，不仅仅要传承优秀中华文化，还要激励青少年发挥想象力和创造力，形成许许多多具有时尚活力、时代魅力的成果，为文明实践志愿服务增添吸引力和影响力。

（二）激励城乡群众的生活新追求

文明实践志愿服务中传递党为人民对美好生活的向往而奋斗的目标，也激励

广大志愿者和群众共同追求美好生活，创造美好生活。山东省荣成市将文明实践志愿服务与信用建设结合起来，形成"志愿信用"的特色品牌。它为关爱他人、服务社会的干部群众进行"积分、加分、升等级"，对于自私自利、损公利己的人进行"扣分、减分、降等级"。这种做法激励越来越多的人参与志愿服务，为乡村困难群众提供关爱和帮助，为乡村社区环境改善提供"义务工"献计献力。在此基础上，荣成市组成许多支走遍全市乡村社会，为孤寡老人、残疾人、困难家庭提供精准帮助的服务队伍。荣成市"文明光影"志愿服务队，陪伴各类志愿者深入乡村社区，拍摄服务特殊人群、解决困难问题的照片。其中一张老人送别志愿者的照片，既反映出志愿者对老人的关爱服务获得认可，也反映出老人对新时代新生活的热情向往。我们发现，文明实践志愿服务发展顺利、取得成效的地方，都是将传播新思想新文明与关爱帮助群众相结合，不断丰富文明实践的内容，受到广大群众的认可和欢迎。

（三）营造乡村社区的发展新气象

文明实践志愿服务的创新可以结合社区治理、乡村振兴、生态环保、乡村民俗等，不断探索新的形式、新的内容。我们在贵州省龙里县洗马镇哪嗙村考察的时候，发现很多印苗的村民家门口印着两个标识。一个是彩色温馨的"志愿服务卡"，列出"免费为群众普及印苗文化知识，邻里间有大事小事时帮助接待来客，帮助切菜、炒菜，搞好房前房后的卫生"等。另一个是"电商扶贫示范户"标识，印有姓名、产品、联系电话等。这些小卡片、小标识，让来往行人、游客、商户印象深刻，感觉友善和可信。另外，我们在湖南、四川、福建、海南、浙江、江苏、山东、广东等地考察的时候，都发现在文明实践志愿服务的带动下，乡村美化、生态保护等都受到重视，为乡村社区的群众营造了和谐家园、宜居环境。

调查发现，文明实践志愿服务的守正创新，不能停留在上传下达、指定动作，而是要结合乡村社区的实际情况，结合基层群众的实际需求，不断探索和实验，寻找"传播新思想有魅力、开展新服务有活力、创造新生活有动力"的有效途径。

第四节　新时代文明实践如何让党的群众路线深入人心

新时代文明实践试点工作是面向乡村社区广泛传播习近平中国特色社会主义思想，吸引和激励人民群众共同建设美好生活，共同建设美丽中国。其中，最重要的是贯彻和落实党的群众路线，通过文明实践志愿服务，在关爱和帮助群众的过程中，弘扬党的宗旨，密切党群关系，扩大党的群众基础。习近平2019年9月12日在视察北京香山革命纪念地时强调，要"始终赢得人民的衷心拥护，始终保持同人民群众的血肉联系，始终把人民对美好生活的向往作为奋斗目标"[①]。黄坤明2019年10月11日在深化拓展新时代文明实践中心建设试点工作电视电话会议上指出："走好新时代群众路线，大胆探索、大胆实践，推动新时代文明实践中心建设取得更大成效。"[②]

为此，我们围绕文明实践志愿服务促进贯彻落实党的群众路线，进行深入调查研究。一年多来，我们深入北京、浙江、江苏、湖南、福建、海南、山东、山西、四川、广东、贵州、河南、河北等省市的40多个国家级、省市级新时代文明实践试点县区，走进100多个乡村社区进行沟通交流、调查分析，接触广大的社区书记、乡村书记，老年志愿者、妇女志愿者、青年志愿者、民间团体志愿者。大家反映，文明实践志愿服务是让党的群众路线落到实处的有效途径，是在爱心服务中塑造党的形象、赢得群众信任的有效形式。具体体现在六个方面。

一、让群众有念想

在文明实践志愿服务中，宣讲和诠释新时代新思想的时候，很多乡村社区的群众就会用习惯的民俗语言进行理解、进行传播。如在贵州省龙里县洗马镇哪嗙村，印苗的群众就是用"传念想"的方式，将传播新思想与传承民族愿望相结合。他们将"祖先的念想——长辈的念想——新人的念想"传承，并且与党的十九大提出为人民对美好生活的向往而奋斗相联系、相结合，就产生追求未来生活、不

[①]《习近平视察北京香山革命纪念地》，新华网，2019年9月12日。
[②]《聚焦群众需求　大胆创新实践　推动新时代文明实践中心建设取得更大成效》，《人民日报》，2019年10月12日。

断进取奋斗的动力。还有，在北京市海淀区甘家口街道，获得国家劳动模范、市劳动模范的离退休人员组成"劳模志愿服务队"，结合当年自己奋斗和奉献的经历，结合对社会生活变化的感受，到社区、学校、企业等宣传革命传统，宣讲新时代新思想。我们在街道和社区调查的时候，听劳模志愿者们分享宣讲的经验和体会，非常热情、非常活跃，都为能够在新时代文明实践中作出贡献而自豪。

调查中，我们发现乡村社区的广大群众，对于思想理论、政策制度的学习，更多是结合社会现实、结合内心愿望，这样就产生越来越多的"念想"，产生越来越多的追求，对新时代中国特色社会主义建设寄予厚望，对党的"两个一百年"奋斗目标充满憧憬。所以，通过文明实践志愿服务的方式，在服务中传播新思想，在服务中解释新理论，在服务中增进群众的理解，在服务中增强群众的信任，对于贯彻落实新时代党的群众路线具有非常积极的作用。

二、让群众有标杆

新时代文明实践工作的一个重要举措，就是县、镇、乡村社区等成立"文明实践志愿服务队伍"，党政主要领导担任总队长、分队长、队长等。这样，让各级党委书记、支部书记以党员志愿者的身份，更多地深入群众开展关爱服务，开展沟通交流；手拉手、心贴心地诠释党的全心全意为人民服务的宗旨，解释党的以人民为中心的理念。

很多地方的群众对党支部书记有新印象，对党组织有新印象，真正感受到共产党人就是一心一意为人民谋利益、谋幸福的。广东省台山市斗山镇横江村，一段时期基层党组织战斗力不强，群众人心涣散，各项工作推进缓慢，村民的利益需求无法得到有效满足。这个时候，县镇党组织发掘一位在外工作、政治素质强、工作能力强、创新思维强、社会资源广的人才，鼓励他回到村里担任党总支书记。这位书记曾经在广东外语外贸大学学习，懂得四国语言（英语、日语、印尼语、汉语），毕业后在广州工作多年。在做好家人思想工作、获得理解和支持后，他就回到农村担任党总支书记。回村之后，这位懂四国语言的书记发挥各种特长，一方面挖掘村里的"革命传统"资源，激励村民珍惜历史荣誉、珍惜现在生活，共同发奋进取；另一方面发掘村里的"侨乡文化"资源，将近现代华侨同胞捐建房屋、捐助教育、兴办文化、改善村容村貌的故事传播推广。这样，就将横江村打造成为"红色旅游""侨乡旅游""美食旅游""生态旅游"的美丽景点，成为国家全域旅游示范区的重点基地。如今，村书记在宣讲新时代新思想的时候，将村庄环境改变和村民生活变化的内容融进去，让群众听得进、信得过、记得住。

调查发现，全国第一批 50 个新时代文明实践试点县区、第二批 500 个试点县区中，有许多这样思想活跃、充满热情、乐于干事、为民奋斗的村居书记、村居主任，成为落实党的群众路线的标杆人物，赢得群众的信任和拥戴，也成为党在基层联系和凝聚群众的中坚力量。

三、让群众有干劲

新时代中国特色社会主义的建设，需要激发广大干部群众的热情和干劲。文明实践志愿服务就是深入社区、深入农村，通过新思想、新政策的宣传推广，让老百姓对生活有盼头、对未来有信心。党员志愿者在与乡村社区的群众交流沟通的时候，要充分激励群众敢想敢干、创新创造。

福建省上杭县入选第一批新时代文明实践试点县区。在召开全县动员大会的时候，县领导就倡导干部群众围绕文明实践志愿服务大胆想、大胆做、大胆说，基层干部和乡村群众都活跃起来，纷纷出点子、出谋略，力求让志愿服务富有活力、富有实效。其中，白砂镇的各个乡村社区，组建起"头顶事"志愿服务队、"菌农"志愿服务队、"唯美"志愿服务队、"丰林"志愿服务队、"言和"志愿服务队、"红传"志愿服务队、"家园卫士"志愿服务队、"鸭兴"志愿服务队、"氧吧"志愿服务队、"竹之技"志愿服务队等，琳琅满目、丰富多样。我们在调查的时候，看到"头顶事"志愿服务队的称谓，非常好奇，询问是什么服务内容。镇委书记介绍，该村因为老人多，经常头发长了不方便到镇上修剪。为此，志愿者就开展"义剪"服务，并且起名为"头顶事"志愿服务队，表示服务对象老人的剪发需求就是志愿者最大的事情，是"头顶大的事情"。

书记还告诉我们，自从开展文明实践志愿服务之后，很多村里的党员、老人、妇女主动要求建立团队、开展服务，既乐意为他人提供关爱帮助，也希望在村民中树立形象、获得好评。调查发现，文明实践将广大党员和群众的热情调动起来了，干劲激发出来了，就产生了非常大的创造力，在改善民生、扶贫助困、村庄治理、文明倡导、生态环保等方面发挥了极大的作用。

四、让群众有温暖

在基层调查的时候，很多试点县区的宣传部门领导对专家说："宣传新思想、宣传政策，都要跟关心和帮助群众的志愿服务相结合，才能够真正起到良好的传播效果。"我们发现，确实如此。只有善于通过发现群众需求、提供热心服务、解决实际问题、改善群众生活，才能够让群众真正感受党的温暖，真正领会党的宗旨，真正愿意坚定地跟党走，创造新时代的奇迹。

浙江省慈溪市横河镇彭桥村借助文明实践志愿服务，营造了友善和睦、和谐发展的乡村环境。我们在村庄考察交流的时候，村委书记非常自豪地向我们介绍党群服务中心的两个牌匾：进门写的是"为您服务"，出门写的是"顺心暖心"。村书记说道："'为您服务'是原来就写了的，很多服务中心也有这一句话。但是，'顺心暖心'是我让加上去的，是我们村独特的牌匾。我想，当群众来服务中心办事的时候，一定是希望办成事、顺心办事、暖心离开。"全国各地开展文明实践志愿服务的时候，就是在非常多的这些细节做法中，体现对群众的关心和帮助，体现对群众的贴心和支持，让广大群众真正感受党组织的温暖，感受党员的热情，感受新时代生活充满阳光。

五、让群众有准绳

新时代社会经济发展中，既要大胆探索、勇于创新，也要依法依规、反腐倡廉。在文明实践志愿服务过程中，也要将宣传党纪国法、倡导廉洁自律作为重要内容。因此，很多试点县区都建立廉洁馆、清正馆、法纪长廊等。一方面，让广大群众了解和知晓，敢于监督党员干部遵守法纪、廉洁自律；另一方面也让广大群众熟悉法律规范，自觉遵守、自觉维护。

山东省荣成市宁津街道的东楮村文明实践站，依托海草房建起廉洁家风馆。在廉洁家风馆中，既介绍革命战争时期这里走出去的干部战士两袖清风、一生正气，为革命事业而奋斗、为人民解放而奋斗的故事；也介绍社会主义建设时期，这里产生的国家、部门、军队领导人廉洁奉公、严于律己的故事；还介绍近年来在社会经济发展中党员干部遵纪守法、勤奋努力，改变贫困面貌、带领群众共同发展的故事。调查发现，这种在村庄民俗馆、旅游景区、文明站点等多功能基地，设置廉洁家风馆，非常贴近生活、非常贴近群众。不论是本地游览者，还是外地游客，在旅游休闲之余，顺道走进来听一听、看一看、想一想，便能受到廉洁自律的教育，对于遵守和维护党纪国法有更强的责任心。

六、让群众有获得感

文明实践志愿服务的成效，最重要的还是要群众来感受、让群众来评价。说一千道一万，不如群众的感受，关键在于群众是否有获得感、有幸福感、有信任感、有自豪感。为此，试点县区都将传播新时代新思想与关爱服务群众，帮助群众改善生活，增加幸福感相结合。

广东省佛山市南海区大沥镇凤池社区前些年在产业转型、经济转型的过程中，对于村容村貌和群众生活的关注不够，导致产生一些问题和矛盾。近年来，凤池社区积极参与社区治理，积极参与文明创建和文明实践，一方面加快产业转型和更新换代，获得新的经济发展生机；另一方面推动文明发展，做好"三清三拆"，营造美丽环境。经过两年多的努力，凤池社区大变样，不论是村民群众，还是外来人员，都以居住在凤池为幸福，都以工作在凤池为自豪。

凤池社区结合新时代文明实践，概括出"凤池精神——敢为精神"，并且从历史发展进程中宣传解释，非常有影响力和感染力。一是历史上的"敢为闯荡"。来自全国各地，特别是中原大地的人们，历经艰辛、长途跋涉，南移到广东立足，在闯荡和迁移中体现极大的勇气和毅力。二是新中国成立后的"敢为奋斗"。在毛主席和共产党的带领下翻身做主人，分田地、搞建设，一点一滴将村庄发展起来。三是改革开放后的"敢为创业"。凤池人借助改革春风，大胆冒险探索，通过发展种植、发展加工业、发展铝材业等，打造了农村工业化的样板。四是新时代的"敢为善成"。在村庄集体经济发展、村民经济生活富裕之后，凤池社区按照上级的要求体现"51精神"，即用51%的精力做好社会建设、社区治理、群众服务和生态环保，再用49%的精力继续发展经济、创造财富、积蓄后劲、再创辉煌。为此，社区党委提出"敢为善成"的新精神，就是"有善心能做好人，有善意能办成事，有善良能建好村"。从敢为闯荡、敢为奋斗、敢为创业到敢为善成，凤池社区让群众的获得感不断充实、不断丰富。

第五节　文明实践志愿服务发挥乡风民俗的积极作用

新时代文明实践志愿服务，在面向乡村社区传播新思想新文明的同时，要善于挖掘和发挥乡风民俗的元素，运用群众喜爱的内容和形式，丰富文明实践的活动。我们在全国各个新时代文明实践试点县区调查辅导的时候，发现有很多利用民俗丰富志愿服务活动的案例，特整理和介绍如下，期望给大家带来启发。

一、乡风民俗体现价值引导

新时代文明实践试点工作中，志愿者在面向群众传播习近平新时代中国特色社会主义思想的时候，既要将"学习金句""习语润心"等富有启迪、富有激励的内容进行通俗易懂、活泼生动的诠释；同时，也要善于结合乡村民俗的资源，让新时代新思想、新文明新价值与老百姓日常生活息息相关的习俗联系起来，增添传播的魅力。

山东省龙口市在新时代文明实践中创造的"大槐树下传思想、小马扎上学文明"经验，很快就成为创新品牌，不仅在本地的城乡群众中广为传颂，而且成为中国文明网等宣传推广的经验，中央电视台"3·5"学雷锋志愿服务主题宣传特别节目宣传的做法。我们到龙口市讲课和考察的时候了解到，县镇的新时代文明实践宣讲志愿者，深入村里开展服务的时候，发现很多群众特别是老大爷、老奶奶喜欢在有荫凉的村头树下聚会、唠嗑。所以，宣讲员就将"新时代大讲堂"搬出屋外、搬到村头，在村中最有历史感、最有习俗感的大槐树下，结合新时代新思想讲授对村庄发展的机遇、对村民生活的启迪。这样，群众在非常熟悉的场景中学习思想理论，在通俗易懂的话语中学习政策措施，就会有感觉、有趣味、有收获。受到龙口经验的启发，广东丰顺县创造"小板凳上学金句"，海口市美兰区创造"老爸茶品文明"等，都受到群众欢迎，推广文明实践的效果较好。

二、乡风民俗体现民族自信

新时代文明实践试点县区的广大群众，在新思想的激励下不断创造新的生活方式，不断建设新的乡村社区环境，同时注重发掘本地区、本村庄的乡风民俗元素，并进行整理和传播，作为展现民族自信、家乡自信的载体。在中国共产党的领导下，经过四十多年的改革开放，各地区不仅仅在经济上发展繁荣，而且在文化上获得振兴，许多中华优秀传统的因素被发掘出来、弘扬起来，成为广大群众自信自豪的宝贵财富。这些逐渐被吸纳成为乡村新时代文明实践的内容，增添了乡村志愿服务的魅力。

我们到西安市临潼区讲授文明实践志愿服务及其项目创新课程的时候，有位接待的志愿者王茜霖在交流中提到，她小时候就喜欢"华服（汉服）"，也长期做"华服"传播的志愿者，曾经深度参与共青团中央举办的"中国华服日"等大型活动，并且在团组织指导下完善了青年"华服"传播与中华文化复兴的结合。今年以来，配合新时代文明实践试点工作，她们不仅仅在传统媒体及新媒体传播"华服"文化，而且深入社区和乡村宣传"华服"文化，包括开展"华服"模特走秀、"华服"文艺表演、"华服"知识传播等，深受城乡群众的欢迎。与此同时，"华服"志愿者也在社区和乡村进行正确的引导，消除"国学""汉服"热潮中出现的极端复古、拘泥旧礼等影响。目前，这些"华服"青年与我们商量，如何将中华文化复兴与新时代文明实践更好结合，发挥有效的促进作用。

三、乡风民俗体现工艺传承

新时代文明实践试点县区的很多乡村，在志愿者的支持和推动下，激活传统农艺和手工艺，焕发新生和魅力。长期以来，中国的山区和农村，都有很多祖传的工艺、家传的手艺。有一段时间，受到开放风气影响，这些地方出现了一些崇洋媚外、喜新厌旧的情况。祖传和家传的手艺面临传承的困难。文明实践志愿服务针对村民重新发掘民俗工艺魅力，开展"传家风、传工艺、传美好、传幸福"的活动，营造充满活力的乡村氛围。

我们到贵州省黔南自治州龙里县洗马镇哪嗙村考察的时候，看到村民承诺墙上面，一位王万菊大姐的志愿承诺是"传承印苗文化，让艺术变成财富"。陪同的当地宣传干部介绍，王万菊是一位印苗妇女，当年许多人因为印苗刺绣收入低而放弃的时候，她默默地坚持传承这门手艺；并且向镇村申请，每周抽一些时间到学校给女学生传授刺绣手艺。十多年来，她培养了数十位印苗刺绣新传人，并且通过阿里巴巴的支持，将印苗刺绣在淘宝工艺店对外销售，不仅在国内的大中城市热销，而且销售到日本、新加坡、泰国等地，给村民带来经济收入和生活改善。与此同时，他们将印苗刺绣工艺传承与印苗人发展变迁的过程，整理成为说唱、歌舞的内容，传颂新时代党的关怀与帮助，传颂新时代的美好幸福生活。

四、乡风民俗体现邻里关爱

改革开放以来，市场经济的冲击和利益竞争的影响，让一些地区出现人际关系淡薄、互助精神式微的状况。新时代文明实践试点工作开展以来，很多志愿者和志愿组织深入乡村，发掘和振兴优良传统，并且与"学雷锋、做好事""友善互助""助人为乐"等相结合，营造乡村社区的和睦环境。

我们到广东省高州市大井镇担水村考察文明实践志愿服务的时候，正巧遇上阳光365志愿服务总队与村民联合开展"乡村婆孙乐·包粽子"的活动。这天是周末，村里的老人和小孩把家里拿来的糯米、豆、糖等煮熟、搅拌，然后一起拿粽叶来包裹。志愿者穿来走去地帮忙，看到那个老人缺原料就递送一些，看到小孩包裹时遇到困难就搭把手。笔者走进一群包粽子的人中间，有位老奶奶特别高兴地拉着笔者的手，让笔者观摩她孙女包粽子的过程。并且，老奶奶自豪地说："我孙女上次获得画画二等奖。"阳光365志愿服务总队队长赵健勇说："最近，我在各个村志愿者的微信圈发公告，哪个村开展集体包粽子活动，增进乡村互助关爱，总队就奖励100元。于是，很多村庄行动起来。其实各种原料、物资的成本都远远超过100元，但是村民乐意，志愿者更开心。"这些偏僻的山村，因为中青年都外出务工谋生，就剩下留守老人和留守小孩。阳光365志愿服务总队开展的"乡村婆孙乐"就是通过各类志愿服务活动，让志愿者带来关爱和快乐，为老人和小孩提供开心活动的帮助；并且，利用各种的节日活动、周末活动，将乡村传统的习俗、工艺逐渐恢复起来、兴旺起来，带动男女老少追求新时代新生活的热情。

五、乡风民俗体现美好生活

新时代文明实践试点县区，围绕城乡群众对美好生活的追求，鼓励志愿者发掘传统民俗和生活风俗，与新时代文明生活相结合，创造多样化、富有特色的服务形式。

山东省荣成市针对老人院、社区、农村高龄老人祝寿的愿望，探寻将传统生活习俗与时尚生活方式相结合的喜庆做法。以前一段时间，晚辈给爷爷奶奶祝寿的时候，流行订制生日蛋糕，有时候志愿者到老人院祝寿的时候也订制生日蛋糕。然而，后来他们发现生日蛋糕高糖高脂，对老人特别是高龄老人的健康不利。近年来，很多志愿者就转换形式，将传统的胶东大馒馍进行创新，做成生日大蛋糕的样式，附上"生日快乐""长寿健康"等亲切通俗的祝福语。这样，胶东大馍馍的"生日蛋糕"送到老人院，大家看着开心、吃得健康，老人们心里都充满快乐温暖。

六、乡风民俗体现美丽中国

新时代文明实践试点工作要与"美丽乡村""乡村振兴"等有机结合，发挥在思想传播、文化活跃、生活改善、环境美化等方面的积极作用。如今，全国各地的社区与农村，都在开展"三清三治"、美化村庄、人居环境建设等，在引导居民、村民积极参与乡村治理的过程中，也作为体现良好的乡风民俗，提升思想道德水平的有效途径。

我们在北京市大兴区的一个村庄考察的时候，村书记介绍，原来村庄周边的环境比较混乱，村民房屋外面乱堆乱放，外来车辆与杂物堵塞道路。开展新时代文明实践工作以来，结合美丽乡村、人居环境的建设，村里既做好村民的引导与说服工作，也做好流动人员的引导与解说工作。通过清理和整治，在村庄周边整理出几个小型"健身公园"，既提供村民运动和休闲使用，也提供流动人口活动与交流使用。村书记说："健身公园搞起来之后，村民才感觉生活好多了，又漂亮，又能运动，还可以休闲交流。现在，大家都觉得很有意义，就是不知道怎么形容。"我们通过观察，建议村书记在文明实践展旁边写几句话——"强国健身、强村健身、强家健身"，这样就把家国情怀、家乡情结与"健身公园"有机结合，激发村民和流动人员的自豪感。

各地区在开展新时代文明实践试点工作的时候，要改变简单化、呆板化的思维，善于利用丰富多样的元素，凸显新时代新思想的魅力；特别是结合社区与农村的乡风民俗，在亲切、快乐的氛围中倡导文明、改善生活。这是来自试点县区的启示，提供参考借鉴。

第二章

文明实践如何
以志愿服务为主要活动形式

第一节　文明实践为什么要以志愿服务为主要活动方式

新时代文明实践中心试点工作，要求以志愿服务为主要活动形式，组建县区、镇街、村居的志愿服务总队（分队、队）。为此，很多基层干部询问："为什么文明实践以志愿服务为主要活动形式，我们应该怎么做？"这里，我们先介绍志愿服务的含义，按照《志愿服务条例》的解释，志愿服务是指志愿者、志愿服务组织和其他组织自愿、无偿向社会或者他人提供的公益服务。其次，我们看到在宣传习近平新时代中国特色社会主义思想的时候，党的全心全意为人民服务宗旨，党的以人民为中心理念，党的为人民对美好生活的向往而奋斗的目标，既对志愿服务发展具有指导作用，也在志愿服务中获得贯彻落实。所以，进入新时代，党和国家对于志愿服务越来越重视，也希望通过志愿服务活动将文明实践做得深入、做得扎实。

一、志愿服务更有利于走进群众传播新思想

在调查中，我们了解到群众对于过去开展政治理论宣传停留于开大会、作报告的简单做法不够满意，希望宣传形式更加丰富多样、宣传内容更加真实生动。新时代文明实践通过志愿服务的形式，让志愿者以身边人、身边事来传播和推广新时代新思想新文明，就能够取得更好的效果，受到群众的欢迎，有利于群众的接受和理解。

北京市海淀区甘家口街道发挥拥有很多全国劳模、市级劳模的优势，在新时代文明实践中组建"劳模志愿服务队"，走进社区、走进学校、走进广场、走进会所，开展宣讲新时代新思想，宣传新时代奋斗精神的活动。由于这些劳动模范来源广泛，既有科学家、教授，也有老厂长、老书记，还有乘务员、环卫工，他们不是抽象空洞地灌输理论，而是结合自己的服务经验宣讲，结合多年来不断成长成熟的思想认识宣讲，就能够让群众听得进、想得通、做得到。并且，这些劳模还有新时代的"明星效应"，他们到社区和学校宣讲的时候，被社区群众、中小学生团团围住，进行交流沟通。孩子们说："我们从教材中听到这些伯伯、叔叔、奶奶、阿姨的故事，现在看到他们来到身边，非常激动！"榜样的力量是无穷的，

"劳模志愿队"的宣讲和传播服务，让广大群众对思想理论、方针政策有更加深刻的理解、更加切身的感受，愿意认同和拥护，达到了很好的宣传推广效果。

二、志愿服务更有利于发挥党员的示范作用

调查中，群众反映通过文明实践志愿服务的开展，让党员、团员带头关爱互助、友善助人，发挥很好的示范作用，改变了原来认为党员干部光说不做、说多做少的刻板印象。"每个党员都是一杆旗帜""每个党员都是一种力量"在文明实践中获得充分的体现，对群众产生广泛和积极的影响。

广东省佛山市南海区西樵镇樵华社区的"根叔"，是一名非常热心和认真负责的党员志愿者，经常为了群众的安全、社区的安全作出贡献。有一次，傍晚下大雨，根叔发现一个行人密集的道路，下水道井盖遗失了。他就立即打电话给城管部门，请派人前来更换。打完电话之后，根叔没有走开，而是身穿雨衣、举着手电筒，将自己当做"路标"，提醒下班匆匆走过的行人、骑自行车的人绕过这个下水道洞口，避免掉下去。直到40分钟后，城管部门的工作人员来更换井盖，根叔才离开。这个故事在各个社区、各个村庄广泛流传，大家通过根叔的身影，感受到党员全心全意为人民服务的宗旨，感受到党员志愿者无私奉献的精神。在文明实践中心试点县区，从县区书记到村居书记，都带头做志愿者、带头参与志愿服务，让"奉献、友爱、互助、进步"的志愿精神在城乡广泛传播，成为生活中的一部分，吸引群众也积极参与，构建邻里关怀、友爱互助的社会环境。

三、志愿服务更有利于广大群众的踊跃参与

改革开放以来，城乡群众对于社会事务参与的需求与心态发生了变化。他们不太喜欢被动员、被指挥、被志愿，就是不喜欢缺乏自主性，仅仅是听行政指令的各项形式活动。相比之后，群众自发自愿、自主自由的志愿服务活动形式，就受到更多的欢迎。文明实践志愿服务既根据群众的兴趣爱好设计活动内容，也通过丰富多样的回馈激励维系群众的参与热情。我们在基层的调查了解到，乡村社区群众对于行政化的"听报告、开大会、作表态"不感兴趣，而是喜欢参与友好交流、邻里互助的活动，志愿服务就是非常好的形式。

中山市小榄镇利用多年开展"创益菊城"的良好基础，吸引社区、村庄的群众兴趣团队参与文明实践志愿服务，策划和实施了很多富有特色的活动。东莞市中堂镇潢涌村发挥20多年开展"文明户"评选和积分奖励的优势，将"文明户"

率先参与文明实践志愿服务作为新举措、新特色,对于本地居民和外来务工人员都有很好的带动作用,形成"人人讲文明、人人献爱心、人人共创建、人人享和谐"的良好氛围。其实,在社区、农村的经济生活改善之后,很多村民、居民并不在乎志愿服务回馈激励的一点点小礼品、小奖品值多少钱,而是看重这些礼品、奖品是社会对自己的认可,是组织对自己的表彰,很有面子、非常自豪。所以,吸引和激励广大群众参与文明实践志愿服务,有利于形成全社会共创文明生活、文明环境的氛围。

四、志愿服务更有利于弘扬新时代奉献精神

新时代文明实践通过宣传新思想、倡导新文明,激励人民群众共同奋斗、拼搏进取,共同创造新生活。习近平勉励广大干部群众"美好生活是奋斗出来的",要争做新时代的"追梦人"。文明实践通过志愿者的参与和感受,不断传递新时代的奋斗精神、拼搏精神。深圳市南山区在中国首个钢结构博物馆设立文明实践志愿服务基地,培训一批党员团员志愿者,中小学生"小小志愿者"在博物馆参与义务讲解的服务,不仅仅为观众带来知识和享受,而且志愿者自身在讲解过程中感受中国人奋斗发展的历程,增强了新时代奋斗创造的热情和动力。梅州市丰顺县开展"小板凳,讲文明"活动,利用周末时间,邀请各行各业的先进人物,在坚真公园的榕树下,为坐在一排排板凳上的听众讲解成长经历、奋斗故事。特别是中小学生,被大人们讲述努力拼搏的经历所感动,尤其是被改革开放40年来的奋斗和创业的事迹所感动,就会更加努力学习、立志成才。我们发现,广大群众都渴望美好生活、追求美好生活,在参与文明实践志愿服务中领悟共同奋斗的真谛,就能进一步激发他们建设美好生活的热情和动力。

五、志愿服务更有利于激励社会共建共治共享

新时代文明实践中心试点工作,要促进共建共治共享的社会化治理格局。动员广大群众参与志愿服务,有利于共建美丽家园、共创美好生活。山东省荣成市东海岛的村民,在参与志愿服务,开展村落卫生清洁、生态环境保护、村民关系协调、文化宣传推广活动的时候,可以获得"信用积分",既有小小的礼品奖励,也有社保、就业、医疗等方面的措施奖励。这样,村民们就非常积极地参与文明实践志愿服务。东海岛有一个村,"大妈志愿者"提出来:"村里不要聘用环卫工了,我们自己做好村里的卫生,轮流值日、奉献爱心。"如此一来,村民从不关心

环境卫生到自己做好环境卫生、维护环境卫生，营造了美丽清洁的村庄环境。这个经验宣传推广之后，荣成市越来越多的村庄都不再聘用环卫工，由"大妈志愿者""大叔志愿者"自主做好村庄环境卫生的服务，同时给予"文明积分"奖励，形成"你追我赶、你做我赞"的良好社会氛围。

  调查发现，不同的政策措施也会形成不同的群众心态。很多社区、乡村在20世纪60年代初"学雷锋、做好事"的社会氛围中，大多数村民、居民自觉自动做好卫生清洁、环境保护的服务。但是，90年代以后，越来越形成依赖性，要求村里聘请环卫工、保洁员等，甚至养成随手扔垃圾等不良习惯。如今，他们参与文明实践志愿服务，通过自己动手、美化环境，重新感受主人翁的自豪和骄傲，也促进邻里关系的和睦友善。由此可见，志愿服务对于乡村治理、社区治理具有积极的促进作用。

第二节 文明实践如何充分发挥志愿者骨干的作用

新时代文明实践要以志愿者为主体力量,这就要求试点地区的各级干部善于发现和培养志愿者骨干,吸引广大群众参与文明实践志愿服务,营造爱心奉献、友善互助的社会氛围。

一、激励党员干部发挥奉献精神,争当文明实践志愿服务的先锋力量

新时代文明实践中心的建设,要求充分发挥党员的示范带动作用,激励党员率先加入志愿组织、参加志愿活动,为群众树标杆、做榜样。目前,很多试点县区都以县、区委书记担任文明实践志愿服务总队长为契机,横向建立各部门、各单位的文明实践志愿服务队伍,各部门党委(支部)书记担任队长;纵向建立乡村、村居文明实践志愿服务队伍,镇委书记、村委书记担任队长。那么,如何充分发挥党员干部、社区党员、农村党员的奉献精神,通过志愿服务弘扬党的为人民服务宗旨,就是文明实践中值得探索和创新的路径。

广东省丰顺县文明实践中心,鼓励党员干部学习革命前辈李坚真的精神,带领党员志愿者队伍深入农村开展理论宣讲和关爱扶助的服务。特别是针对一些村庄潮汕人与客家人形成隔阂、关系紧张的状况,鼓励党员志愿者率先向不同语系的群众提供问候、关心、帮助、服务,拉近党员和群众的关系,拉近"双语"群众的关系,从而消除矛盾纠纷,建设和睦家园。山东省肥城市曹庄村由于历史遗留原因,部分村民的农用设施塌陷补偿金一直未解决,造成部分村民拒不交承租费,村里应收的收入也收不到,村民和村里矛盾一度紧张。为彻底解决这个老大难问题,曹庄村以新时代文明实践活动为契机,村内党员志愿服务队发挥模范作用,在入户盯靠做工作的同时,从队长到成员自愿凑钱,千方百计筹措资金300万元,为这些村民一次性发放了补偿金,腾空土地120亩,收归村集体所有。复垦后的土地,栽植了国槐、白蜡、法桐、竹子,既美化了村庄环境,又年增收60万元,实现了村集体与村民的双赢。不论大事小事,村里哪里有困难,哪里就有党员志愿者忙碌的身影。活动的开展不仅检验了党员志愿者的党性修养,同时凝聚起向上向善的道德力量,密切了党群干群关系。

调查发现，党员干部、社区党员、农村党员在文明实践志愿服务中提供的关爱和帮助，让广大群众深受影响、深受激励。群众看到的不仅仅是一个个党员志愿者的服务，还有党组织在关心群众、帮助群众。这对于改善环境、建设家园，就会产生非常积极的作用。

二、面向乡村社区宣传推广，吸引老年、妇女、青少年踊跃参与文明实践志愿服务

新时代文明实践以志愿服务为主要活动形式，其目的就是要让广大群众踊跃参与、共建共治、共享成效。所以，各级文明实践中心、所、站，就要采取多种形式，选择适合群众喜好的途径，开展多样化、有活力的志愿服务，让城乡群众受到吸引、积极参与。

贵州省龙里县洗马镇针对原来存在的村里比较脏、邻里不融洽、建设不齐心等问题，在新时代文明实践中，采取"四法"吸引群众转变思想观念，参与志愿服务。即点赞法、比武法、算账法、表彰法。如开展"赛擂台"的"大比武"，鼓励村民"赛前庭、赛后院、赛室内、赛围墙"，通过积极参与家里家外、村头村尾的清洁卫生志愿服务、环境治理志愿服务，建设美丽乡村、美好生活。又如表彰法让村民志愿者充满自豪感。洗马镇通过组织每一轮参与比赛的村寨牵头人，逐个对参与建设的村寨志愿者进行打分，根据得分的高低，排出一、二、三等奖。对获得名次的村寨志愿者，召开表彰大会进行公开表彰，颁发奖牌，并要求村寨在显眼位置悬挂，让把家园建设得好，获得名次的村寨志愿者的脸上有光，心中自豪。同时，对于人居环境整治成效突出的自然村寨，镇里邀请县融媒体中心拍摄专题片，在电视上进行滚动播放。镇里将各自然村寨治理建设情况拍摄成视频，除在颁奖晚会上进行播放外，还通过广场电视和自媒体进行传播，让群众感受到家乡变化，让村庄志愿者受到传颂和赞扬。这样，开展文明实践就不仅仅是党组织和党员的责任，也成为广大群众喜闻乐见的活动。

调查发现，一方面要寻找切合乡村实际、赢得群众喜欢的志愿服务形式，让每一个村民都便于参加、易于参加，另一方面要特别注重志愿服务的实效，要看得见、有感触、得实惠。如龙里县洗马镇的"四法"就是让群众你追我赶参与文明实践志愿服务，既感受屋里屋外环境的美化整洁，也获得精神表彰和物质奖励。他们就真真切切感受到党和政府给予的实惠，参加的热情越来越高。

三、发掘和培育文明实践志愿者骨干力量，做好志愿服务项目的策划和实施

新时代文明实践工作中，志愿者骨干的发掘和培养是关键环节。一是要在热心报名的志愿者中发掘骨干力量，通过综合分析填表中的特长与经验，面试的交流和了解，培训的参与和积极性，从而寻找热情高、爱奉献、有号召力、有组织力的骨干。二是开展活动中发掘骨干力量，通过安排文明实践志愿服务活动，在大家参与服务、奉献爱心过程中，寻找具有协调能力，善于统筹计划的骨干。三是活动总结中发掘骨干力量，通过服务活动结束时的分享交流，寻找具有思考能力、善于总结提升、积极传播推广的骨干。发掘这些不同类型的骨干之后，安排在文明实践志愿服务组织的不同岗位，就能够更好地发挥他们的作用，提高组织的服务能力和传播能力，同时围绕新时代文明实践开展丰富多彩的服务活动。

广东省中山市小榄镇文明实践志愿服务总队成立之后，充分发挥全镇拥有1528支志愿服务队伍和4.4万名志愿者的优势，对于各类骨干志愿者进行科学理论和党的政策培训，吸引他们将志愿服务的重点与新思想新文明的传播相结合，策划出"学习册""儿歌集""志故事""导师团""21天环保计""红益网"等特色文明实践项目，让新思想看得见、听得懂、传得开，提升人民群众的幸福感和获得感。小榄镇的志愿者骨干分为三类：一类是党员干部中的热心志愿者，善于将政策理论宣传与关爱扶助服务有机结合；另一类是社区、农村的热心志愿者，善于结合村居特点，实施贴近群众需求的服务项目；还有一类是专业志愿者和创意志愿者，他们活跃的思维带给小榄文明实践很多新的创造，让志愿服务充满生机活力。可见，各地区文明实践志愿服务发展中，要非常重视志愿者骨干的发掘和培养，引导他们成为推动志愿服务持续发展、不断创新的中坚力量。

四、在文明实践中尊重志愿者的自主性和创造性，促进志愿服务可持续发展

在文明实践志愿服务中，为了避免过度行政化、指令性对志愿者热情和积极性的伤害，就要特别注意尊重志愿者自己的选择，发挥其特长和兴趣，使其在志愿服务的过程中有成就感、获得感。

浙江省诸暨县枫桥镇，在长期坚持"枫桥经验"的同时，配合新时代文明实践试点工作，创造了"红枫义警"的新组织、新亮点。据介绍，青年社区民警赵

信在走访了集镇天竺街陈荣周等20多名店主后了解到，这一带的群众都有一个共同的愿望——参与公益组织，但苦于没有组织和方向。于是，赵信积极与他们沟通。在赵信、陈荣周的带领下，"红枫义警协会"应运而生，既配合派出所做好社区、乡村治安的义务巡逻、维持秩序等，也兼顾居民村民、流动摊贩的邻里互助、困难帮扶等；逐渐成为远近闻名的志愿服务组织，还获得2019年浙江省志愿服务项目大赛的金奖。这些具有自主性和创造性特色的志愿服务组织，就能够在文明实践中不断壮大力量、丰富服务，具有持久的发展活力。

我在浙江省志愿服务项目大赛当评委的时候，评审"红枫义警"项目，曾询问答辩选手："很多人会以为'红枫义警'是派出所工作的延伸，仅仅是配合治安巡逻，你们怎么回答这种疑问？"答辩的选手介绍："确实，'红枫义警'成立之初，就是群众希望共同维护安全、祥和的生活环境，乐意与派出所的干警一起努力。但是，这些志愿者不是接受派出所的任务，而是自主开展服务，根据群众的需求和志愿者的兴趣，不断设计和实施服务项目，甚至有时候是派出所干警配合志愿者的服务。志愿者在做好群防群治的同时，创造'老杨调解工作室''帮帮团'等互助项目，在解决群众生活困难、开解群众疑难心事的过程中创造良好治安环境。"所以，新时代文明实践中心试点县区，在初期建立党政统筹、行政推动的"志愿服务总队—分队—队"体系之后，如何充分发挥城乡群众的自主性、创造性，建立多样化、灵活性的志愿服务队伍，鼓励志愿者在自发自愿、发挥个性的前提下开展丰富多彩、富有实效的服务活动，值得探索和创新。

第三节　志愿者在文明实践中开展什么类型的活动

新时代文明实践中心建设，要把学习习近平新时代中国特色社会主义思想作为中心任务，也要开展丰富活跃文化生活、持续深入移风易俗的活动，要促进农民增收致富，促进全民爱岗敬业、创新创业。志愿者就要围绕这些多方面、多领域的内容，开展切合主题、贴近民生的服务活动。

一、志愿者积极参与宣讲科学理论和党的政策的服务

志愿者要大力开展新时代新思想的宣传推广服务，打通科学理论、政策制度走向乡村、走进群众的"最后一公里"。这里，最关键的是需要志愿者的创造性和灵活性，不是机械、教条地照搬照套，而是结合本地实际情况、群众实际需要进行生动活泼、新颖实用的传播普及。

广东省乳源县开展新时代文明实践活动，通过"学习强国""学习金句"吸收丰富的思想资源，转化为本地的理论宣讲志愿服务项目，建立了"金句闪光"志愿服务队，招收老党员、老干部、老教师、老瑶农、老乡亲等志愿者，深入瑶族村寨、客家村寨宣传推广新思想新文明。这些"金句闪光"志愿者分别用瑶族话、客家话、普通话诵读和解释习近平新时代中国特色社会主义思想的精粹，既生动活泼又贴近习俗，让老百姓喜欢听、跟着学、有乐趣。同时，一批瑶族党员和群众，建立"金鸪鸪"志愿服务队，运用瑶族文化传播新思想新文明，不仅仅是宣讲解读，也融入唱歌、跳舞、游乐等活动，让金色瑶乡群众载歌载舞、欢乐喜庆的同时感受新思想新文明的魅力。

我们参加在乳源县举办召开的"广东省新时代文明实践工作推进会"时，乳源县委县政府就以"金句闪光"为主题举办晚会，通过汉族、瑶族同台演出，瑶族话、客家话、普通话融合交流的方式，反映汉瑶人民克服困难、不断奋斗、改变贫穷环境、追求美好生活的过程，将学习习近平新时代中国特色社会主义思想，与建设"五彩瑶乡""金色瑶乡""绣美瑶乡"的历程紧密结合，富有感染力、富有启发性。我们认为，志愿者善于运用现实的案例、群众的感悟、独特的思考、精辟的语言来宣传推广新思想新文明，就能够真正受到乡村社区的欢迎，真正产

生广泛传播的效果。

二、志愿者积极参与倡导文明生活与主流价值的服务

文明实践志愿服务要推动乡村社区的文明生活与和睦关系。这样，志愿者就要深入村居、深入家庭，了解群众的生活习俗、生活行为，引导大家自觉改变陋习，培养文明生活方式。

"红色夜评会"是陕西省延川县新时代文明实践中心推出的亮点活动之一。"红色夜评会"定期在各村举行，不拘形式、地点，以固定流程，融入多元化内容，让群众自己评、评自己，自己议、议自己，使群众在活动中实现自我教育。如关庄镇甄家湾村开始一周一次的"红色夜评会"，伴随着歌声落下，村主任高东阳带领村民们学习文章《幸福都是奋斗出来的》；随后，就前段时间村里举办的苦菜节、母亲节、端午节等活动进行总结和点评。高东阳说："前段时间村上举行的各类活动得到大家一致好评，我在这里也要感谢大家积极参与。也希望以后的活动大家都能踊跃参与，对待外边来参加咱村活动的客人要礼貌、文明，给咱村争光。"下面聆听的村民非常自豪，热烈鼓掌。

这些试点县区的社区、村庄，将大道理、大知识与群众喜闻乐见、易懂易传的生活体验相结合。志愿者鼓励群众在自评自议、互评互议的过程中，发现不文明行为的害处，看到文明友善行为的好处，从而形成崇尚文明、营造和谐的氛围。特别是党员志愿者、青年志愿者要将社会主义核心价值观的内涵，与居民、村民的日常生活紧密联系，运用生动活泼、可学可传的元素，让群众将主流价值融入生活之中，融入思想心灵，成为自己的习惯思维、习惯行为。

三、志愿者积极参与普及现代科技和移风易俗的服务

文明实践志愿者在深入社区、深入乡村，开展传播普及科学技术、文明新风的时候，要善于寻找和捕捉具有地方特色、受到群众欢迎的形式和内容，特别是找到群众喜闻乐见、易于接受的"地方特产"。

我们到海南省海口市美兰区考察辅导的时候，发现新时代文明实践中心的志愿服务非常具有特色活力。如美兰区结合文明实践试点工作，在全省首创"田教授"工作模式，探索脱贫攻坚、互助自强路径。通过从贫困户中推选出22名种养能手，聘请其为"田教授"，经过交流、学习、引导，有效激发其他贫困户脱贫致富主动性，带领贫困户"加速奔跑"。"田教授"模式有效地激发了贫困户的内生

动力。接受帮助的贫困户脱贫后变身"田教授"主动帮助他人，并主动向党组织靠拢，先后有10名脱贫户（其中2名"田教授"）提交了入党申请书。

此外，在江苏省海安市，开展文明实践志愿服务以来，农家书屋不单是农民家门口的"图书馆"，更是助农增收致富的"智库"。海安一家桃园种植基地负责人卢保春说："我们桃园采用宽行密植法，配套了深沟高垄、生草覆盖、生物治虫等科技手段，探索出一套成熟的优质冬桃生产技术，成功的秘诀就是在农家书屋学到了真本领，拿到了致富的金钥匙。"依靠科技好种田，相信科学多增收。农村是一片创新创业的热土，农民朋友，特别是青年就利用家门口的农家书屋多读书、读好书，运用农业新品种、新技术、新成果，提升科学种田的效益。

我们了解到，原来很多乡村都有"农家书屋"，但是一方面由于图书更新慢，新品种少，吸引力减弱；另一方面没有人际交往和交流，缺乏启迪和感染力，就越来越少人了。开展文明实践志愿服务以来，专家志愿者来到"农家书屋"、大学生志愿者来到"农家书屋"、乡村能人来到"农家书屋"，为村民及其子女提供咨询、交流，增强了"农家书屋"的魅力，吸引群众阅读和分享，寻找有益于务农、有益于生活的知识技巧，越来越受欢迎。

四、志愿者积极参与推进民生改善和扶贫助困的服务

文明实践志愿服务最终要以"群众喜欢不喜欢""群众满意不满意"为评价标准。那么，志愿者就要围绕乡村社区群众的民生改善需求、扶贫助困需求，开展灵活多样、富有实效的服务活动，才能够赢得群众的认同和满意。

在山东省荣成市，暖心食堂是人和镇北齐山村的新时代文明实践项目，主要是面向村内80周岁以上的孤寡老人和弱势群体开放，为他们提供免费的午餐，通过可口的饭菜，改善他们的生活。考虑到许多老人的腿脚不便，北齐山村买来了一辆暖心饭盒流动服务车，专门给老人们送饭上门。每次来刘大爷家送饭，他都非常感动，颤颤巍巍的双手捧着暖心爱心饭盒，不停地说着谢谢。志愿者介绍说："他家有个病重的老母亲，一直需要人伺候，但自己也年岁高了，手脚不利索，有时候我们来送饭就会直接把饭喂给老母亲。""个性化、点单式的服务，能够让我们的志愿服务更精细，更贴心。"北齐山村党支部书记陈建明说，村里的暖心饭盒根据老年人身体状况完善菜谱，让老人吃得更加营养、健康。

还有，福建省福安市文明实践志愿服务队为全市65周岁以上老年人建立电子健康档案5.51万份，每年为老年人提供一次健康管理服务，包括生活方式和健康

状况评估、体格检查、辅助检查和健康指导等,着力打通关心群众、服务群众的"最后一公里"。茂名市阳光365服务总队,前往文明实践试点县区的高州市大井镇担水村、将军村等开展"乡村婆孙乐"服务,为偏僻山村的"三留守"人群(留守老人、留守儿童、留守妇女)提供关爱和帮助。我们在山东荣成市考察辅导的时候,看到一张图片,是一对志愿者夫妇为老人院过生日的"寿星",做了一个非常大的胶东大馍馍,上面点缀祝福的花朵和语言,非常温馨、非常贴心。当时,老人院的当月"寿星"和其他老人都特别感动,感觉志愿者就像儿女一般亲切热情。所以,志愿者在参与文明实践活动的时候,不一定是做"惊天动地"的大事,也不一定是做"轰轰烈烈"的大事,从对居民、村民、特殊群众的一点一滴关心、帮助着手,做好一件件的好事,就能够产生非常好的效果。

五、志愿者积极参与做好乡村治理和环保生态的服务

文明实践志愿服务要促进乡村振兴和民生改善,其中就需要做好乡村治理和环保生态的服务。近年来,乡村治理是新话题,也是老难题。一些村庄由于利益矛盾,造成村民隔阂、不团结,经常产生各种问题;一些村庄在经济发展、生活改善之后出现铺张浪费、攀比消费,造成村民新的经济困难。为此,志愿者就要从村民身边的"小事"、村里面临的"难事"入手,探索乡村治理志愿服务的有效方式方法。

湖南省宁乡市,红白喜事放鞭炮是从古到今的习俗。村里有喜事不放鞭炮,这在很多地方是想都不敢想的事情,在宁乡市喻家坳乡实现了!这其中就有新时代文明实践志愿者的功劳。"以前,村里谁家办个喜事,往往都要好几天,横幅拱门、烟花鞭炮、鼓乐戏台……如今,红白喜事简单办,遏制了邻里间相互攀比、奢侈浪费的现象。办喜事放鞭炮,不仅空气质量下去了,而且耗费钱财,一场喜事多的花费三五万,少的也要一两万,多得不偿失啊!"喻家坳乡喻家坳村党支部书记银余良感慨地说道。这样的老大难问题在志愿者们助推下迎刃而解,党员志愿者带头,青年志愿者主动劝说家里的长辈,村里制定统一的红白喜事简约标准,大家相互监督、自觉遵守。王军认为:"农村本土志愿者熟悉农村,了解服务对象,他们都是有声望、有经济头脑的乡贤,且长期在本地居住,与群众感情深厚,工作针对性、持续性很强,他们是乡村振兴的宝贵资源。"这些红白喜事、习俗庆贺在形成不断攀比的风气时,既造成村民巨大的经济压力,也引起村里的是是非非。文明实践志愿者通过讲道理、立规矩、帮做事、促成效,让村民少花钱、有面子，就将倡导文明风尚与延续村风民俗有机结合，探索出乡村治理的新路子。同时，在经济发展、生活改善之后，文明实践志愿者要引导社区、乡村群众培养环保意识、爱护生态环境，保护青山绿水，建设美丽乡村。这样，志愿者的服务内容就越来越丰富多样，越来越发挥积极作用。

第四节　志愿者参与新时代文明实践能够有哪些收获

志愿者在参与新时代文明实践的活动中，既为乡村社区群众提供奉献和服务，赢得基层组织和广大群众的好评；也让自己在服务过程中获得快乐与充实，获得提升和成长。志愿服务具有"助人与育人"的双功能，关注和重视志愿者在文明实践活动中的收获与成长，对于保持志愿服务持续发展动力具有重要作用。

一、志愿者丰富了思想认识，了解新时代新思想的魅力

新时代文明实践志愿服务的主要任务是宣传习近平新时代中国特色社会主义思想，对于志愿者的政治要求、理论要求都比较高。很多试点地区就采取"党校教师志愿者＋基层干部志愿者＋村庄乡贤志愿者＋大中学生志愿者"的"四结合"方式，通过准确把握新思想的内容，再结合本地实际和村民需求进行丰富和创新，获得面向群众有效宣传的内容。

湖南省辰溪县党校志愿者与青年志愿者合作组建"一枝一叶"文明实践志愿服务队，通过选择"习语近人""近平故事"等书籍、文章片段，结合各镇村的实际需要，编写宣讲材料、编制通俗读物，深入村头巷尾、田间炕头进行宣讲传播，取得很好的效果。与此同时，很多志愿者感到自己的政治思想觉悟、科学理论水平获得提高，具有很大的收获。湖南省开展文明实践志愿服务以来，很多志愿者都分享自己在服务过程在的收获与成长。怀化辰溪县"国亮"计划志愿者李霞表示："'国亮'计划，以国学文化点亮人的精神家园。自从我成为这个志愿项目的志愿者后，我自己却成了最大的受益者，和爱人之间的感情越来越好，和婆婆的关系越来越融洽，也为孩子的成长提供了爱的成长环境。我会一直在这条幸福的路上坚定地走下去，让更多的'我'和家庭、孩子受益。"郴州桂阳县"好人"志愿者史纯华直言："这些年来，我参加了各种志愿服务活动，获得了很多珍贵的荣誉，也认识了很多公益路上的好友；在开展活动的同时，也增进了自己的见识和阅历，对自己的人生态度也有更清晰的认识。"岳阳华容县理论宣讲志愿者王良庆总结，通过参与志愿服务活动，锻炼了志愿服务的水平和能力，也迫使自己不断学习"充电"。每宣讲一次，他都要修订课件，收集宣讲效果，认真总结反

思一次，以利下次扬长避短，收到更好的宣讲之效。

调查发现，在传播新思想新文明的志愿服务活动中，引导志愿者将学习和传播科学理论的任务，与自己提高思想觉悟、坚定理想信念、保持进取热情、创造美好生活等变化相结合，就能够提升志愿者的素质能力，逐渐成为新时代社会主义的建设人才。

二、志愿者提升了自我价值，获得参与和奉献的人生快乐

文明实践志愿者在参与服务的过程中，通过帮助他人、丰富自我，不断提升自我的社会认知和社会价值，感觉人生不断充实、富有意义。广东省博罗县文明实践志愿者开展"爱学习"服务活动，通过"爱学习"生动形象诠释其所代表的两层深刻含义：一是让乡村青少年爱上读书、爱上学习，二是让乡村青少年学习习近平的新理念新思想新战略和党的十九大精神。其中，"爱学习童书馆"为乡村学生提供以故事书为主的阅读平台，通过学生自主阅读、特邀志愿者带领阅读等方式，丰富学生阅读视野、培养良好阅读习惯；"爱学习故事汇"是学生之间、学生与青年志愿者之间的分享学习活动，志愿者通过用讲故事这种趣味横生的形式讲述红色革命故事，分享个人经历，促进农村青少年儿童健康成长，从而使他们从小树立爱党爱国爱人民的人生观与价值观。"爱学习"让志愿者和乡村儿童"双成长"。志愿者在活动中为了贴近儿童、传播知识，主动学习和掌握最新的思想理论、知识技巧；乡村儿童在快乐的活动中获得知识、获得启迪，对社会、家庭的认识不断丰富，从而产生新愿望、新追求。

另外，山东省寿光市文明实践志愿服务中，政协原主席王茂兴牵头发起的一支以"五老"为主的400多人的传统文化志愿讲师团，带动了近2000人参加辅导员队伍，先后举办各类宣讲活动近万场次，把优秀传统文化的"种子"撒满了菜乡大地。特别是制定了"寿光24孝"，推行"敬老饺子宴"活动，村村为80岁以上老人开办"饺子宴"，两个月办一次，由志愿者组织，爱心人士捐助或村集体列支费用，民间文艺队伍义务演出。老人吃的是饺子，得到的是尊重和尊严；年轻人付出的是劳动，收获的是道德的提升和快乐。同时，寿光市新时代文明实践中心还广泛组织开展文明户、好党员、好媳妇、好婆婆、好少年、寿光好人等系列评选，让典型"组团"上榜。村内村外，方方面面，已有60多万群众登上光荣榜，形成强大正能量冲击波，让大家到在做好事、做善事中获得充实与升华。

调查发现，不论是老年志愿者还是青少年志愿者，都希望通过参与文明实践

志愿服务，在帮助他人的同时获得自己的充实和成长，获得丰富精神生活、体验快乐生活的机会。为此，增强文明实践志愿服务的丰富性、生动性、趣味性、实用性，具有非常重要的价值。

三、志愿者增强了能力素质，掌握服务和传播的知识技能

新时代文明实践活动中，在吸引广大党员干部、村居群众参与志愿服务的时候，也非常注重培训和提升志愿者的素质能力。中央文明办在浙江省慈溪市举办"文明实践试点地区村居书记培训班"的时候，大家看到慈溪市志愿者学院、慈溪社会组织创新实践园这两个"智囊团"和"孵化器"，努力推动全市37.8万志愿者、1084支志愿服务队伍向专业化、品牌化、社会化、精细化发展。市志愿者学院围绕文明实践活动需要，联合宁波大学科技学院，协同机关、高校和社会力量，组织开展知识传授、技能传习、业务交流等学习培训，培育志愿者骨干和志愿服务组织管理人才，打造志愿服务品牌。社会组织创新实践园采取"政府引导、专业运作、社区联动、社会参与"的运营模式，每年开展社会组织公益创投活动，引导社会公益组织广泛参与文明实践，为群众提供多元化、精细化服务。

另外，广东省开展"文明实践百佳志愿服务团队"创建工作，率先举办"百佳"培育团队的专题培训班，传授学习理解新思想、深入乡村开展服务、提高专业服务水平、做好乡村志愿活动督导的知识技巧，让志愿者领袖和骨干提高配合文明实践开展活动的能力，提高深入乡村社区开展服务的能力。调查发现，对文明实践志愿者能力素质的培养，既有利于志愿组织在乡村社区做好文明实践各项服务活动，也有利于志愿者在日常服务中提高水平，还有利于志愿者将知识技巧运用在工作与生活之中，取得更好的成绩。

四、志愿者扩大了人际交往，构建和睦友善的邻里关系

文明实践志愿服务促进不同团体、不同群体的交往交流，有党员志愿者与青年志愿者共同进入乡村社区开展服务活动，专业志愿者与村民志愿者共同开展文明传播活动，老年志愿者与少儿志愿者共同开展"乡情传说"服务活动等。这样就让原来大量村民外出务工，留下老人、妇女、小孩的山村增强了人气、热闹、快乐，也让更多的村民有与其他各类志愿者交流沟通的机会；既有利于村民之间相互交流、增进理解、营造和谐环境，也有利于村民与外来志愿者相互交流、增进感情、建立友善关系。

重庆市东城街道灌坝社区推行"小家"带"大家"的工作模式,志愿者按楼层、属地、爱好、行业、兴趣等进行自由组合,10个以上志愿者家庭可成立"互助小家",落实小家成员生病住院、家庭较大困难"两必到"制度,增进成员认同感。明确每月10日为文明实践主题日,"小家"志愿者优先为小家成员提供志愿服务,并按照自愿原则吸纳群众参与,有效解决"僵尸志愿者"长期不活跃问题。广东省丰顺县开展"文圩日"系列志愿服务活动,通过"文明圩日"的宣传推广、"文化圩日"的文艺表演、"文乐圩日"的休闲快乐、"文亲圩日"的邻里沟通等,为乡村群众搭建沟通交流、友善互助的平台,促进村与村之间、户与户之间、人与人之间建立友好和睦的关系。调查发现,文明实践志愿服务深入社区、深入乡村,开展丰富多彩的活动,让广大群众的生活热闹起来、心情舒畅起来、关系和睦起来,效果越来越明显。

五、志愿者拓展了社会视野,激发对美好生活的更多向往

新时代文明实践试点工作中,不仅仅试点县区的干部群众和志愿者积极投入,而且中央、省市部门行业和志愿者也积极参与。文化和旅游部面向试点县区的乡村社区,开展"公共文化进基层、文明实践树新风"的活动;中国文联的中国文艺志愿者协会组织多场深入乡村的"到人民中去"演出;团中央的中国青年志愿者协会发动大学生"三下乡",为文明实践试点县区的乡村提供"小蜜蜂"知识技术服务;全国妇联的巾帼志愿者深入农村家庭开展关爱和帮扶服务等。广东省委宣传部、省文明办牵头策划新时代文明实践广东"七个一百"精品项目,创作征集了一批精品教案、剧目、图书、挂图,遴选培育了一批基层宣讲能人、志愿服务团队、媒体挂点记者,目的就是要推动精品项目资源激活、整合、下沉、互动,为基层文明实践工作提供更加有力的理论指导、内容支撑、人才保障。这样,试点县区及其乡镇、村居的志愿者就能够获得中央、省市的支持和帮助,不断丰富志愿服务的内容和形式。

海南省海口市琼山区云龙镇新时代文明实践所"五彩云龙"广播站,文明实践传播志愿队的成员参照各级提供的辅导材料,按照播音稿顺序,有条不紊地将《写好"三大文章"建构"五彩云龙"》《毒品预防宣传——致家长的一封信》《人人参与扫黑除恶公告》(海南话版)等内容进行播放。如今广播站的工作已常态化,每天在多个时间段播放。自"五彩云龙"广播站成立后,形成了覆盖广、速度快的高效农村基层宣传平台,小到村里事务,大到国家政策,拉近了党委、

政府和老百姓的距离，打通了宣传群众、教育群众、引导群众、凝聚群众力量的"最后一公里"，架起一座政民互联互通的桥梁，有力推动了云龙镇新时代文明实践工作的开展。与此同时，广播站志愿者通过收集和整理全国各地的信息资料，收集和整理本地乡村的信息资料，"不出一尺门，了解天下事"，视野开阔了、思想活跃了，成为乡镇人人赞誉的"百事通""小灵通"。笔者到全国各试点县区，以及广东各试点县区考察辅导的时候，经常看到社区、乡村志愿者运用最新的知识技能，开展贴近农村、贴近群众的服务活动。这样，乡村社区的志愿者在参与文明实践服务活动的时候，不断了解和掌握全国、全省的新信息、新知识，有利于扩大视野、增长见识，提高自身的综合素质。

第三章

文明实践志愿服务
制度化与机制建设

第一节　新时代文明实践志愿服务要做好机制建设

按照新时代文明实践中心（所、站）的主体力量是志愿者，主要活动方式是志愿服务的要求，广泛吸引党员干部、专业人士、社区居民、农村群众及社会组织人员参与试点建设，营造全员参与文明实践、全员开展志愿服务的良好社会氛围。中共中央政治局委员、中宣部部长黄坤明在2019年2月28日全国学雷锋志愿服务工作推进会上指出，"以志愿服务为运行机制推进新时代文明实践中心建设，更好地宣传群众、教育群众、服务群众"，还强调"制度化常态化是推动学雷锋志愿服务持续健康发展的关键所在"。为此，要积极探索和建立科学发展的机制。我们经过调查分析，认为文明实践志愿服务要建设好六个机制。

一、党政统筹志愿服务协同化机制

全国试点县区文明实践中心建立志愿服务总队，党政主要领导担任总队长，各部门、各单位、各机构参与服务，镇、村的文明实践所、站也建立分队、小队等。这样，文明实践志愿服务就通过党政统筹的方式，形成各方协同发展的格局。第一，从横向看涉及党政各部门的协同。如党委组织部的党建工作，政法委的社会治理工作，统战部的新阶层工作等，如何与文明实践志愿服务协同发展；政府发改委的经济发展工作、教育局的素质教育工作、卫生局的全民健康工作、农业局的乡村振兴工作、文化局的公共文化工作、民政局的民生保障和改善工作等，如何与文明实践志愿服务协同发展；群团组织如工会的员工保障工作、共青团的青年发展工作、妇联的妇女儿童权益工作以及残联、科协工作等，如何与文明实践志愿服务协同发展。第二，从纵向看涉及县、镇、村的协同机制，如何调动镇委镇政府的积极性，如何激发村党总支和村委会的热情，将志愿服务做到基层、做到实处。第三，从外延看，涉及文明实践中心与社会公益机构、志愿组织的协同发展。即总队如何吸引和支持社会公益机构、志愿组织参与文明实践志愿服务，发挥创造性和提高活跃度，让服务更加接地气、有实效。

从统筹协同的机制建设看，一方面文明实践中心志愿服务总队在设计和实施服务项目的时候，要换位思考、共建共享，主动考虑志愿服务工作对于党政各部门工作的互相连接、互相促进。例如，广东省试点、小榄文明实践中心志愿服务的讲课纳入"中心组学习"，五套班子领导都参加，邀请专家讲解课程党建引领志愿服务与社会治理——新时代文明实践中心志愿服务的思路。这样，组织部、宣传部、政法委、统战部、经贸局、民政局、教育局、农业局等都从文明实践志愿服务中了解到对本部门工作的促进作用，对社会经济和社会文明的促进作用，参与和支持的积极性便提高了。全国试点、湖南省辰溪县举办文明实践志愿服务启动仪式的时候，县委书记、县长、副书记等都主动穿着志愿者服装参与活动，在各部门领导、镇村干部中树立志愿者的形象，促进志愿服务的协同发展。为此，制定文明实践志愿服务的制度措施，就要广泛征求意见、广聚社情民意，将志愿服务队文明素质提升的功能，与志愿服务促进各部门、各单位、各机构工作发展的功能有机结合，真正实现协同发展的良好效果。

另一方面，组织部、统战部、政法委、经贸局、教育局、文体局、农业局等在开展基层党建工作、新阶层凝聚工作、社会治理与社会稳定工作、创业就业工作、乡村振兴工作的时候，看看哪些内容是可以与志愿服务结合，通过志愿者的参与有利于提高工作成效、赢得群众赞誉的，就主动与文明实践志愿服务沟通合作，达到共建共赢的效果。贵州省龙里县文明实践中心，挑选县委办公室、组织部、宣传部、文化局、团委以及部分镇、村的骨干人员，组成"文明实践志愿服务创意会"，每周围绕组织创新、项目创新、服务创新、文化创新等进行讨论交流，集思广益，从而陆续制定和实施激励干部群众参与服务、创造亮点的政策措施，取得了良好的效果。为此，文明实践中心（所、站）要制定与党政各部门、各单位、各机构联动开展志愿服务的制度、指引和激励措施，逐渐实现长期有效的协同发展。

二、党员志愿服务示范常态化机制

共产党员、共青团员是文明实践志愿服务的先行者、示范者、带动者，通过他们积极参与志愿服务，为社区和乡村的群众送温暖、送智慧、送知识、送技能、送物资、送真情，让广大群众特别是困难群众感受到党的关爱和帮助，感受党的全心全意为人民服务宗旨。目前的关键是要建立党团员志愿服务示范的常态化机制。

一是激励党团员定期参与社区农村志愿服务的制度。四川省率先探索"党员双报到"的制度，鼓励党员在周末到社区服务中心报到，参加志愿服务并开展党的方针政策宣传活动。广东省佛山市南海区实行激励党员"每年参与40小时志愿服务"的制度，纳入评先评优的体系。中共中央印发的《中国共产党支部工作条例（试行）》提出："每月相对固定一天开展主题党日。组织党员集中学习、过组织生活、进行民主议事和志愿服务等。"文明实践中心（所、站）要结合这些党组织的制度措施，拟定激励和吸引党员、团员参与文明实践志愿服务的细则，让党团员愿意参与、乐意参与、积极参与、有效参与。

二是提供党团员志愿服务的"项目菜单"制度。文明实践中心（所、站）安排志愿者骨干，通过收集和整理全国党团组织开展志愿服务、党团员参与志愿服务的项目、案例、故事等，编写《党团员文明实践志愿服务项目菜单》，提供给基层党团组织、社区与乡村党组织参考，便于他们在开展党团员志愿服务的时候学习借鉴。

三是创造党团员文明实践志愿服务的品牌，发挥对社会的示范作用和吸引力。浙江省宁波市优秀党员陈军浩，创办"红领之家"开展党员示范的志愿服务，并且吸引和带动居民、外来人口参与志愿服务，营造友善互助、共建共享的美好家园。如今，"红领之家"还面向县区的文明实践中心（所、站）传授党员志愿服务经验，带动乡村"红色志愿服务"的兴起和发展。在贵州省清镇市的乡愁社区，党员发起建立"红信银行——先锋行动、诚信银行"，将党员示范的志愿服务作为亮点，带动广大群众参与，做好扶贫助困、文明倡导的服务，并且开展回馈激励，形成长久发展的机制。这些优秀的党员志愿服务品牌，在全国有许多，值得收集和整理，为党员文明实践志愿服务示范机制的建设提供参考。

三、社区农村志愿服务项目化机制

文明实践志愿服务要落到实处、发挥实效，就要推动项目化，策划和实施适应群众需求、具有社会影响力的服务项目。项目化就是为乡村社区的志愿服务"起一个好流传的名字，建一套流程化的机制，做一种可持续的效果，设一些可测量的指标"，让临时性、形式化的活动转变为持续发展和增强实效的服务项目。

笔者到一个地方的文明实践试点授课的时候，有位基层干部说："谭老师，没有听你讲课之前，我还不知道有志愿服务项目，只知道有志愿服务活动。"其实，开展学雷锋志愿服务活动，就是实施项目的基础。笔者在辰溪县试点交流的时候，他们介绍今年春节期间，配合文明实践志愿服务，开展"村村办春晚"活动。全县260多个村，有200个村办了群众性春晚，受到广大村民的欢迎，也发掘了村民中的志愿者骨干。笔者就辅导说:"村村办春晚是活动,你们思考如何将其中的有益元素常态化、生活化、机制化,就成为志愿服务项目了。"笔者建议辰溪县在200多条村的春晚节目中,挑选十多个宣传文明生活、反映乡村民俗的优秀节目,作为日常农闲时候到邻近镇、村,特别是在农贸市场和集市的时候进行文明宣传、友善传播的"拿手好戏"。笔者给他们起了一个名词"湘情文艺轻骑兵",就是学习习近平给"乌兰牧骑红色文艺轻骑兵"回信的精神,在湘西大地传播新思想、新文明、新生活。

还有,一些老党员开展的"一枝一叶总关情"宣讲活动,介绍习近平同志的故事和事迹,传播新时代新思想。笔者就建议题目直接命名为"一枝一叶"志愿服务项目,同时不仅仅在"道德讲堂""乡贤学堂"宣讲,而且深入山区农村的留守学校,一边讲故事,通过励志和引导留守儿童健康成长;同时,也针对留守儿童的需求,提供亲情陪伴、青春期教育、生活能力培养等关爱和服务,成为富有深情和实效的志愿服务特色项目。山东省龙口市开展"大槐树下讲文明"活动,将原来临时性、不持续的农村文明宣传,变成连续性、多样化、有魅力的项目。从市委书记来到"大槐树下"讲文明,到著名专家来到"大槐树下"讲文明,再到农村大叔在"大槐树下"谈文明、乡村大妈在"大槐树下"唱文明,该项目产生了广泛和深入的影响,成为村民生活的新习俗。

在文明实践中心的试点县区,要引导志愿服务总队了解"项目化"并不都是"洋气"和"高大上",而是将现有的很多适应乡村群众需求、具有实际效果的服务活动,经过归纳和提升,实现可操作、可持续、可复制、可传播、可评估,成为非常好的志愿服务项目。我们应该将中国志愿服务交流会暨项目大赛的制度措施、各地志愿服务项目创投活动的制度措施,经过修订和简化,作为指导文明实践中心(所、站)推进志愿服务项目化的规则、指引,提供乡村社区志愿者参考借鉴。

四、社会组织志愿服务灵活化机制

各地区的文明实践志愿服务不是党政部门"唱独台戏""一枝独秀",而应该是在党政统筹和引领下,带动广大社会组织、乡村社区社团共同参与、积极有为的"百花争艳"。我们在调查的时候,发现不论是沿海地区,还是内地山区,凡是社会组织、村民社团积极参与文明实践志愿服务的地方,就具有较多的创新特色,具有活跃的氛围,具有生机活力。江苏省宜兴市开展文明实践志愿服务的时候,一方面发挥市、镇社会组织志愿者的特长，鼓励他们深入乡村为村民开展文化活动、关爱服务，并且在活动过程中发掘热心骨干、组建志愿者团队；另一方面发挥乡村社团的积极性，鼓励一些村民的兴趣社团，如"刺绣协会""剪纸协会""园林爱好团""乡贤团"等在兴趣活动的同时，增加宣传新思想、开展新关爱的志愿服务，赋予村民兴趣社团新涵义、新境界。

目前，我们在贵州、湖南、福建、江苏、浙江等地的文明实践中心授课、调研的时候，都特别鼓励当地发掘和培育具有自主活力的社会志愿服务团体，作为配合党政部门开展文明实践志愿服务的有生力量，在服务中增添魅力与活力。各省市的试点县区也利用这一机会，制定支持和推动社会志愿组织、乡村志愿团队发展的制度措施，通过资金扶持、能力培养、项目创投、以奖代补等方式，促进社会志愿服务力量的发展壮大。

五、志愿服务社会资源持续化机制

文明实践中心不仅仅要试点阶段的工作，而且要为持续发展、不断创新探索路径。因此，构建社会化支持和参与文明实践志愿服务的资源体系非常重要。一是财政资金的支持。目前，根据试点工作要求，各县区都有一次性财政资金投入文明实践中心（所、站）的建设，以及文明实践志愿服务项目的扶持。但是，应该加快制度化建设，通过各地人大的审议，转变为常态化拨付的资金，让文明实践基地建设和志愿服务发展具有持续、不断提升的资源。二是联动部门的资金资源。目前，各级党委组织部门在乡村社区的基层党建经费、党群服务经费不断增加，其中很多工作可以和文明实践志愿服务相结合；政法委的基层治理创新和社会稳定工作经费增加，也是文明实践志愿服务发挥作用的领域；教育部门、文体部门、农业部门的很多工作经费中，都涉及文明实践志愿服务发挥作用的领域。这样，就需要通过调研和分析，在各部门、各单位相关经费使用的时候，与文明实践志愿服务的项目实施有机结合，发挥更好的作用。三是工商企业、社会机构、公益基金会的参与和支持。目前，许多企业和机构对乡村社区的志愿服务发展提供资助和支持，应该将这些资金资源吸引到乡村文明实践志愿服务的大框架之中，实现共建共赢。四是建立人人参与的爱心基金，推动文明实践志愿服务的广泛传播。在试点县区的慈善总会（或其他公益基金会）下设立专项基金，支持和扶助文明实践志愿服务的开展，扩大关爱和帮助乡村社区群众的领域。这些"一元捐""十元爱心、百倍关心"等微小的捐助活动，不仅有利于筹集志愿服务项目实施的资金，而且还给广大干部群众提供了参与和体验的机会。干部群众参与小额捐助，并且定期获得志愿组织的服务信息反馈的时候，就拥有了作为"爱心人士"的自豪与骄傲，更加乐意为文明实践志愿服务出钱出力。五是整合相关志愿服务及其研究的资金。目前，涉及县区、镇村的志愿服务类型非常多，其中不少与文明实践志愿服务可以资源共享，应该收集和整理不同类型的志愿服务资金资源，共同创新服务、提高成效。

广东省社工与志愿者合作促进会获得企业家何伯权的资助，开展为期 5 年的"公益小镇志愿服务研究与推广项目"，选择"5 + 5 + N"的典型案例。即广东省 5 个公益小镇，全国 5 个公益小镇，以及其他参照公益小镇，进行专业督导和调查研究，定期出版《中国公益小镇发展报告》。这其中选择 3~5 个文明实践试点的镇街，纳入督导研究。我们初步探索社会资金资源参与文明实践志愿服务创新发展的方式方法，为这项试点工作注入了社会活力。

六、志愿服务培训督导专业化机制

文明实践志愿服务是新理念、新事物，需要在实践中不断提高水平，不断创新机制，也就特别需要专业的培训督导、调查研究。

第一，建立培训体系，特别是培养和打造文明实践志愿服务讲师团。目前，我们到很多试点地区，听到的反映困难在于两个方面：一是开展服务之前请不到合适的师资来做培训，基层志愿组织只能"盲人摸象"地探索前进；二是请来的师资不了解基层实际需求，讲抽象理论多，文明办干部和志愿者骨干无法掌握和应用。为此，从全国层面应该开展"文明实践志愿服务师资班"培训，选拔人员组建文明实践志愿服务讲师团，特别是为各省市培养师资人才。这样，在深入县区的文明实践志愿服务培训时，就能够传递统一的认识、一致的观念、可行的做法、可学的机制。

第二，开展专业督导。伴随文明实践志愿服务的常态化和机制化，需要引入专业督导的方式。所谓"专业督导"，就是招募专家学者、专业社工、志愿者骨干、公益领袖作为乡村社区文明实践志愿服务队伍的"专业陪伴者"，定期与志愿团队交流沟通，观摩志愿服务项目的实施，帮助策划服务品牌的名称、标识、内容和机制，帮助解决服务中遇到的各种困惑和困难，帮助提升志愿者的实践和创新能力，帮助总结志愿团队的服务经验和特色。我们曾为全国试点县区——乳源县提供"金色瑶乡"志愿服务系列项目的专业督导，在服务活动中提炼民族品牌、扩展社会影响、营造关爱氛围、创造瑶乡特色；为省级试点县区——小榄镇提供"六个一"文明实践志愿服务品牌项目的专业督导，在服务过程中积累志愿文化成果，成为面向社会传播的资源，成为社区农村易传易用的"志愿锦囊"。同时，我们希望积累这些专业督导的方法、技巧之后，成为可复制、可推广的经验。

第三，做好调查研究。文明实践志愿服务在探索和发展过程中，需要组织专业力量进行跟踪调查、进行理论研究。这些调查研究成果，包括定期不定期的调查报告，如典型县区的调查报告或者综合调查分析，提供实施部门参考借鉴；包括根据实践经验提炼出来的《文明实践志愿服务组织发展指引》《文明实践志愿服务项目实施指引》《文明实践志愿服务阵地使用指引》等，让乡村社区的志愿者学习参考，指导实际的服务活动；包括文明实践志愿服务的理论创新文章，探讨对于新时代新思想传播，构建乡村社区服务体系的价值等。这些来自实践、富有启迪的调查研究成果，对于各地党政部门、志愿组织，都有非常重要的参考价值。

第二节　新时代文明实践志愿服务的制度化

新时代文明实践试点工作中，志愿服务要适应"中国特色社会主义进入了新时代""把人民对美好生活的向往作为奋斗目标"的要求，按照推进诚信建设和志愿服务制度化的部署，通过完善制度建设激励志愿者奉献爱心、友善服务。

改革开放40年来，伴随经济体制改革、人民生活改善，文明实践从"五讲四美三热爱"到社会主义精神文明的蓬勃发展，推动着学雷锋志愿服务发展普及、深入人心。从2013年以来，国家和地区逐渐重视志愿服务制度化建设。中央文明委印发《关于推进志愿服务制度化的意见》，提出"建立完善长效工作机制和活动运行机制，积极构建中国特色志愿服务制度，推动志愿服务活动广泛深入开展，营造我为人人、人人为我的良好社会风尚"。几年来，各地区积极探索、大胆实践，建立类型多样、特色各异的制度，为促进志愿服务的组织发展、项目创新、服务深化、文化传播发挥了重要的作用。

现在，习近平总书记的贺信对志愿服务提出新要求，人民群众对志愿服务提出新期待，志愿服务就要进一步推进制度化，特别是加强"统筹协调的制度建设、公众参与的制度建设、组织发展的制度建设、专业服务的制度建设、回馈激励的制度建设、理论创新的制度建设"六大领域的探索，营造全社会志愿服务繁荣的制度环境。

一、加强统筹协调的制度建设

当代中国的志愿服务是继承学雷锋活动的传统，传承中华民族邻里互助的风尚，借鉴外国公益服务经验，由青年志愿者和社区志愿者率先发起和探索的；伴随走向全社会关注、全民参与的新阶段，就需要党政部门的高度重视和统筹协调。十九大报告提出"坚持党对一切工作的领导"，其中也包括对于志愿服务事业发展的领导。2008年，中央文明委印发《关于深入开展志愿服务活动的意见》，提出"要在中央文明委领导下，成立由中央文明办牵头，民政部、全国总工会、共青团中央、全国妇联、中国科协、中国残联、中国红十字总会和全国老龄办共同参加的全国志愿服务活动协调小组，负责全国志愿服务活动的总体规划和协调指导，督促检查各地各部门开展志愿服务活动的情况，总结推广先进经验"。近年来，各地区、各行业按照要求建立统筹机制，协调志愿组织和志愿者活动，取得了良好的成效。但是，从各地调查的情况看，文明实践志愿服务中仍然存在不少困难与问题，需要进一步完善政策、细化制度、明确职责、发挥作用。

一是充分发挥各试点县区党委，特别是宣传部门的统筹作用。统筹牵头是把握方向、推动发展，而不是事无巨细、包办代替。近年来，中央文明委陆续印发促进志愿服务事业发展、推动志愿服务制度化建设的文件，对于全国志愿服务的健康有序发展具有重要作用。中宣部等8部门《关于支持和发展志愿服务组织的意见》，中宣部等7部门《关于公共文化设施开展学雷锋志愿服务的实施意见》，以及中央文明办联合民政部、团中央等印发的志愿服务注册制度、信息管理等文件，从多个方面提供了支持和保障。目前，需要进一步细化试点县区文明实践志愿服务总队的运行制度，将志愿服务与传播新时代新思想、精神文明创建、践行社会主义核心价值观、社会诚信建设等有机结合，成为社会文明发展和社会治理创新的有力抓手。同时要制定协调制度，梳理文明办牵头与调动民政、团委积极性的关系，在统筹牵头的前提下充分发挥政府部门、群团组织的积极作用，协调推进志愿服务的社会化发展。

二是充分发挥各级民政部门的行政管理作用。志愿服务作为社会民生工作的重要组成部分，民政部门具有重要的行政管理与政策资源支持职能。近年来，民政部联合相关部门印发一系列加强志愿服务组织建设与规范发展的文件。但是，目前不少地区的民政部门感觉左右为难，有些地方民政部门试图"强势"介入志愿服务的管理工作，又难以处理好与文明办、团委的关系；有些地区民政部门等待观望、犹疑不决，又无法很好承担行政管理的职能。因此，需要进一步制定政策、制度，明确民政部门作为民生工作的主管机构，在推动志愿服务发展，提供政策支持、资源支持、行政协调、法律监管方面的具体职责。

三是充分发挥共青团等群团组织在组织推进志愿服务事业方面的职责，更好地发挥促进群众性学雷锋志愿服务活动繁荣的功能。从20世纪90年代起，党中央支持共青团率先发起青年志愿服务，成为新潮流、新时尚。江泽民为中国青年志愿者行动题词，胡锦涛在中国青年志愿者协会成立大会上讲话，习近平为青年志愿者回信勉励。因此，青年志愿服务成为中国社会主义新风尚的体现，成为青少年思想道德教育的重要途径。在中国特色社会主义新时代，青年依然是社会最活跃最有生气的先锋力量，也是志愿服务创新发展的重要推动力量。所以，充分发挥共青团等群团组织的纽带作用，动员和吸引广大群众特别是青少年参与志愿服务，共建美好社会，具有特别重要的意义。

与此同时，积极推动党政各部门、社会各机构组建特色志愿服务组织、开展丰富志愿服务活动，对于促进社会和谐、民生改善具有积极的作用。为此，要在新时代完善志愿服务政策、制度，健全统筹协调机制，激发全社会活力，营造"奉献、友爱、互助、进步"的社会氛围，实现人民对美好生活的向往。

二、加大公众参与的制度建设

新时代文明实践志愿服务发展具有从青年到全民、从社区带社会的广泛性、多样性。一方面，志愿者不仅仅局限于青年群体，老年、妇女、专业人士、民间组织人员、境外在华人员都热衷参与；另一方面，志愿服务不仅仅局限在社区领域，公共场所志愿服务、山区扶贫志愿服务、援外国际志愿服务等蓬勃兴起。这样，就要制定和完善一系列推进公众参与、广泛发展的志愿服务制度。

一是制定和完善党员带头参与志愿服务的制度。2014年中共中央办公厅印发《关于加强基层服务型党组织建设的意见》，此后，北京市印发《关于组织全市共产党员、共青团员积极参加学雷锋志愿服务活动实施意见》，河北省印发《关于全省共产党员广泛参与志愿服务活动的意见》，陕西省印发《关于在职党员到社区为群众志愿服务的意见》等，鼓励党员在志愿服务中发挥"先行、示范、带动"的作用，为广大群众做表率、做引领。党的十九大之后，特别是在文明实践试点工作中，党中央对于党组织在社会组织发展中的领导作用更加重视，对于党员在志愿服务发展中的引领作用更加重视。这就需要组织部门、宣传部门进一步制定政策、制度，激励党员在志愿服务中当先锋、做奉献，弘扬党的全心全意为人民服务宗旨，传播党的执政为民理念。

二是制定鼓励和吸引不同社会群体参与文明实践志愿服务的制度。目前，除了党团员、青少年成为志愿服务的主体力量之外，企业志愿者、老年志愿者、妇女志愿者、专业志愿者、民间组织志愿者、境外来华人员志愿者等热情日趋高涨，参与服务的愿望强烈。为此，要制定"分类引导、资源共享"的各社会群体参与志愿服务制度细则，包括老年志愿者的参与途径、激励措施和风险防范机制，员工志愿者的参与机制、激励措施和共享途径，境外来华人员志愿者的鼓励措施、参与途径和文化融合机制等。只有面对各种类型的社会人群，制定和实施具体细致、切实有效的引导和激励措施，才能够让公众广泛参与志愿服务的热情持续高涨，成为共建共享美好社会的重要力量。

三、加快组织发展的制度建设

在新时代文明实践工作推进中，志愿服务组织发展迅速，迫切需要政策、制度的支持和保障。2016年，中宣部等8部门印发《关于支持和发展志愿服务组织的意见》，成为推动和规范志愿服务组织发展的指导文件。在此基础上，应该结合各地区、各行业志愿服务组织发展的多样性需求，制定和实施一系列具体制度措施。

一是加大针对志愿服务组织和志愿服务团体的专门支持，加快完善相关管理制度。目前，依法注册的社会组织有较为规范的管理制度，但是由于是针对形式多样、规模多样的社会组织，与以"奉献、友爱、互助、进步"精神为核心的志愿服务组织管理具有差异，导致志愿服务组织登记注册之后面临监管严苛、规范繁琐的问题，逐渐失去活力，导致爱心志愿者的流失。另外，针对大量备案式的志愿服务团体，如何提供支持和鼓励，如何进行指引和规范，缺乏法律法规和政策制度。为此，迫切需要结合各地区、各行业的特点，制定系列的制度、细则，便于志愿服务组织、志愿服务团体规范发展、发挥作用。

二是建立促进不同类型及功能的志愿服务组织发展的制度。《志愿服务条例》提出鼓励发展志愿服务行业组织。我们经过调查发现，新时代需要发展志愿服务的统筹型组织、支持型组织、传播型组织、实施型组织等多种类型。统筹型组织包括国家与地区的行业型志愿服务组织，即各种志愿服务联合会、志愿者联合会等，发挥联合、互补、共享的功能，为各种具体开展关爱和帮助社会人群的组织提供统筹协调、管理推动等服务。中国志愿服务联合会通过配合中央文明办、民政部等，推进志愿服务组织能力提升、志愿服务文化传播，特别是大力推进中国特色志愿服务理论研究，积极倡导"志愿者之城"建设和"邻里守望"志愿服务发展，发挥了很好的行业促进功能。支持型组织主要是为志愿者做好关爱服务提供智力、资源、资金支持的组织，目前很多人以为仅仅有公益基金会是支持型组织，其实更多类型如志愿服务研究组织、专业组织也是。如北京志愿服务发展研究会，汇聚北京乃至全国200多位专家学者，通过调查研究、辅导咨询，为志愿者提供理论与知识的支持。再如广东省社工与志愿者合作促进会，汇聚300多位专家学者、资深社工、志愿者骨干，开展研究、策划、督导、评估等工作，为志愿者的服务提供指导。北京和众泽益志愿服务中心、惠泽人公益中心等也是进行专业化支持的机构。未来，这类支持型组织会逐渐增多，为广大志愿者和自由自在提供多方位的支持和推动。

三是促进各种社会组织建立志愿服务团体。我们的调查发现"双向交叉"的情况：一方面，大量志愿服务团体在登记注册成为社会组织的时候，就不是用志愿服务组织的身份，而是登记注册为社会工作机构、慈善爱心机构、公益基金会等；另一方面，越来越多的行业协会、文化组织、公益社团等，在组织内部建立志愿服务团体，开展关爱和帮助社会人群的活动。所以，我们要改变"志愿服务仅仅是志愿组织的活动"的狭隘观念，要鼓励各类社会组织建立志愿服务团体，开展爱心奉献活动，帮助有需要的人群。在新时代文明实践发展中，这些方面的政策制度出台就有利于引导志愿服务组织的发展繁荣，有利于社会各界组织和实施文明实践志愿服务活动。

四、加强专业服务的制度建设

在新时代文明实践建设中，人民对美好生活的向往日趋强烈，对于志愿服务的需求越来越广泛多样，对志愿服务的水平要求越来越高，希望获得更有针对性、更有实效性的专业服务。为此，要积极推进专业志愿服务发展的制度措施，激励专业志愿者和专业志愿组织的发展。

一是推进"社工＋志愿者"联动工作机制。在志愿服务的发展繁荣过程中，社工发挥专业协调作用，志愿者发挥服务推广作用，都成为社会和谐、民生改善的重要力量。通过制度建设，激励社工机构开展志愿服务的专业培训、专业督导、专业评估工作，提高志愿组织开展服务活动的社会效益；激励志愿组织招聘专业社工担任协调工作，鼓励资深志愿者报考社工师资格，积极配合社工机构延伸专业服务项目。这样，构建"专业社工服务＋全民志愿服务"的社会网络，有利于在社区、农村、企业、学校提供更加适应群众需求、更加富有成效的服务。

二是激励各行各业的专业人才参与志愿服务组织。目前，教师、医生、律师、会计、设计员、文艺人才、经营管理人才、咨询服务人才等都乐于参与志愿服务、奉献爱心热情。为此，要制定激励各行各业、各类专业人才参与志愿服务活动的制度，力求能够针对性地发挥他们的特长，让他们在服务中有作为、有成就感。

三是注重培养志愿者的专业服务素质。我们在调查研究中发现，有许多普通志愿者长期坚持专项志愿服务，如助老服务、助残服务、困难家庭子女服务、社区环境生态保护服务等，逐渐培养了专业技能，成为这一领域的专业服务人才。

要制定政策措施，引导广大志愿者"干一行、爱一行、专一行、精一行"，在志愿服务的特定领域坚持和深化，作出更好的贡献。

四是构建专业志愿服务资源共享网络。伴随志愿者来源多样、志愿组织类型多样，各种专业服务资源越来越丰富。但是，原来缺乏共享机制，导致较多的资源浪费。文明实践试点县区要出台专业志愿服务资源共享、资源互补的政策措施，鼓励志愿组织实现服务人才的"开放、互补、共享、共赢"，整合资源做好关爱群众、服务群众的工作。

五、加大回馈激励的制度建设

在文明实践试点县区，广大志愿者对于回馈激励制度的需求日趋强烈，既希望通过回馈激励获得更好的生活，也希望通过回馈激励获得社会荣誉和精神满足。

一是荣誉激励的多样性。广大志愿者受到"向雷锋同志学习"的精神激励，怀着爱心和热情参与志愿服务，并没有图利益、求回报，但是特别需要获得社会的认可和荣誉，获得社会对于爱心奉献、友善互助的高度肯定。为此，对于志愿服务的荣誉激励，既要有崇高、神圣的功勋嘉奖，也要有灵活、多样的社团嘉许。从国家和省市的层面，形成国家领导人、领导机构对于卓越志愿者给予特殊嘉奖的制度，有利于对广大志愿者产生鼓励、促进作用，让每一个人都崇尚"奉献、友爱、互助、进步"的重要精神。同时，倡导不同的志愿组织设立富有特色、琳琅满目的嘉许形式、嘉许内容，就会让志愿者对于自己的奉献特别有自豪感，对于组织特别有归属感。

二是生活激励的有效性。目前，各地区在探索"志愿银行""公益银行""时间银行"等多种途径的生活回馈制度，将志愿者的奉献和服务与"爱心商家""旅游回馈""景点优惠"等相结合，形成"好人有好报""好人有幸福"的社会机制。

三是发展激励的广泛性。目前，广大群众对于美好生活的向往丰富多样，也希望为自己的美好前途获得发展机会，共享美好社会。这样，对于志愿者在学习进修、职业规划、创业发展方面的回馈激励，就有越来越强烈的需求。通过总结先行先试地区的经验，在公民参与志愿服务对于入学、入职、晋升、发展等方面给予优先考虑和激励，就能够形成人人崇尚志愿服务、人人热心助人为乐的社会氛围。

四是诚信激励的持续性。志愿者是现代社会诚信最突出的代表群体。一方面志愿者通过关爱他人、服务社会，倡导和推广了友善诚信的理念；另一方面，绝大多数志愿者在奉献和服务中提升了自己的道德境界、思想素质，自觉成为诚信的践行者和维护者。因此，将志愿者纳入社会信用体系建设的重要群体，为长期提供爱心服务的志愿者建立诚信档案，提供信用等级和信用嘉奖等多样化的激励，就能为树立全社会的诚信风尚树立良好基础。文明实践试点县区涉及方方面面的回馈激励，需要制定和实施科学、合理、可行、有效的系列制度，为志愿者和志愿组织提供保障。

六、加快理论创新的制度建设

在新时代文明实践发展中，理论来源于实践，又指导和推动实践的发展创新。在中国特色社会主义理论的引领下，新时代的志愿服务要进一步总结提升、进一步创新理论，为广大志愿者和志愿组织提供更加科学、更加睿智的指导。

一是中国特色志愿服务理论体系。当代中国志愿服务发展有两个线索：一条是从北京大栅栏1983年开始的"学雷锋综合包户"志愿服务，以传承中华文化和雷锋精神为特色；一条是从广州1987年开始的"手拉手热线电话"志愿服务，以借鉴和参考外国及港澳的现代公益、志愿服务为特色。但是，在发展壮大的过程中，不论是"京腔粤韵"还是"南腔北调"，都实现了中华文化、革命文化、雷锋精神、公益精神、友善互助、快乐奉献等要素的结合，成为具有中国特色的志愿服务模式。在这一过程中，迫切需要进行深入的理论探索、理论创新。陆士桢教授带领一大批学人从事的"中国特色志愿服务理论体系建设"，已经取得初步的成果，但是仍然面临许多的任务，面临较多的难题，需要广大理论工作者集体攻关、攻坚克难。

二是中国邻里守望志愿服务理论。邻里互助、守望相助是中华民族的优良传统，在创造"美好生活"的进程中必将发扬光大。中国志愿服务联合会2013年成立以来就积极倡导"邻里守望志愿服务"，鼓励志愿者"从你我做起、从身边做起、从小事做起"，通过一点一滴的关爱和服务，为社区、农村群众带来温暖、创造幸福。新时代需要对这些中国特色、中国实践的邻里守望志愿服务进行科学总结、理论提升，提炼富有启迪的理念和观点；一方面面向世界传播志愿服务的"中国品牌"，另一方面为广大社区、农村的志愿组织提供理论指导。

三是中国志愿服务组织发展理论。在中国特色社会主义新时代，志愿服务组织既是共产党领导下的活跃力量，也是来自民间、自发自主的积极力量，成为公民参与社会治理的重要载体。为此,新时代的志愿服务组织既没有原来的行政化色彩,也不带有西方化的自由松散色彩,而是获得党的领导和支持的健康社会力量。为此,我们要通过长期和深入的研究分析,提炼中国特色志愿服务组织的特征和要素,提出具有国际影响力的组织发展理论。

四是中国志愿服务项目创新理论。志愿服务发展经历了活动—项目—品牌的阶段。过去,志愿服务停留在临时性、短期化的活动状态,缺乏深化和持续的机制。伴随党和国家对志愿服务的大力支持,志愿组织逐渐走向开发志愿服务项目、提供持续服务的新阶段。通过中国志愿服务交流会暨项目大赛的推动和吸引,越来越多的地区和行业实施志愿服务的项目化运作,以策划、设计、组织、实施基层群众需要的服务项目,作为事业发展的重要环节。未来需要进一步创造志愿服务的品牌,创造具有美誉度、公信力的志愿服务项目,赢得社会的广泛认同和参与,充分发挥志愿服务对人民美好生活的贡献。理论工作者要跟随志愿服务项目的策划与实施进程,不断总结经验、提炼规律,形成富有创新性和指导价值的理论,丰富志愿服务文化宝库。

五是中国志愿服务社会价值理论。志愿服务的社会价值与经济价值,一直是国际国内关注的话题。国际机构进行了有益的探索,建立了不同类型的志愿服务指数等。新时代的中国志愿服务,需要对其社会贡献、经济贡献进行科学的测量,进行精准的评价。为此,在文明实践志愿服务发展中,理论工作者要深入志愿者和志愿组织的服务现场,掌握服务状况、对象反馈、环境变化等因素,逐渐建立既有科学信度,又有中国特色的志愿服务指数,为丰富国家与地方的统计指标做出贡献。

在新时代文明实践试点工作的推进中,志愿服务迎来发展繁荣的良好机遇,推进志愿服务制度化具有非常重要的意义。我们认为,围绕统筹协调、工作参与、组织发展、专业服务、回馈激励、理论创新等方面建立健全制度体系,就能够促进文明实践志愿服务快速和健康发展,为人民向往的美好生活做出贡献。

第三节　新时代文明实践志愿服务组织的培育

文明实践中心（所、站）志愿服务总队（分队、小队）的建立，在按照文件要求搭建组织架构的基础上，关键是发掘和吸引有爱心、有热心、有专业、有技能的党员和群众，争当志愿者，争相做奉献。我们从调查的情况看，"五个发掘"对于志愿服务队伍的建设与发展具有重要作用。

一、发掘"领头雁"——志愿队伍负责人

党建引领志愿服务，也是乡村、社区文明实践志愿服务发展的关键要素。因此，发掘乡村、社区的"领头雁"，让优秀党员成为乡村、社区的"掌舵人"，也成为文明实践志愿服务队的负责人，成为创新服务项目、拓展服务内容的组织者和推动者。博罗县罗阳镇观背村因为原来的村委会软弱涣散、治理无力，导致村容脏乱差、邻里关系矛盾多、外来人员安全感弱，成为远近闻名的"问题村"。县委选派第一书记陈湘驻村开展工作，解决存在问题、推动村庄改变。陈湘也是博罗县的一名党员志愿者，他在加强基层党组织建设、推进社区治理的同时，积极利用志愿服务组织的力量，建立村的志愿服务队伍。陈湘书记引进县里的"手留余香"志愿服务队进驻观背村，关爱村民、帮助村民、引导村民、提升村民。"手留余香"志愿服务队没有唱"大口号"、搞"大活动"，而是踏踏实实从义务帮助村民修缮坑坑洼洼的烂泥路开始，每个周末就有一批志愿者进村里修缮铺路，逐渐感动村民，老人、妇女、小孩都出来帮忙，逐渐修建成美观便捷的村中小路。同时，陈湘邀请文化志愿服务队将社会主义核心价值观的宣传画与罗阳镇及观背村的民俗历史画等手绘在村中各家各户的围墙上，既宣传精神文明，又激发村民的自豪、自信。

这样，在党组织引领、村委会推动、志愿组织吸引的基础上，观背村村民自愿参与志愿服务、自觉倡导文明风尚，将原来的"问题村"转变成为现在的"文明村""生态村""旅游村"，获得了良好的社会经济效益。目前，新接任的村党支部书记致力于打造"文化部落"，发展农村文化创意产业，带动农民生活的跨越式发展。所以，选拔优秀的乡村、社区"第一书记"，并且担任志愿服务队长，就

能够将志愿者资源与村民、居民相结合,成为乡村社区文明建设、经济建设、生态建设、治理创新的积极力量,发挥非常重要的作用。

二、发掘"热心人"——志愿队伍骨干

在村委书记、社区书记的带领下,要善于发现和培养党员志愿者、青年志愿者、妇女志愿者、老年志愿者等骨干人员,让他们成为文明实践中心(所、站)志愿服务的支撑力量。佛山市南海区桂城街道平西社区在经济发展遇到困难、社区治理面临难题的时候,积极发掘新生力量充实到社区党委、居委会,也充实到社区志愿服务组织,带动社区新文明、新风尚。当时社区发现有一位叫何佩文的年轻党员,热爱家乡、热心服务。在外地读大学期间,她就组织各省学生来平西社区"三下乡"服务;毕业后在中国移动公司南海分公司工作的时候,周末也回到社区参加志愿服务。平西社区党委书记向街道组织办推荐这位优秀党员、志愿者骨干,经过选拔和考察,动员何佩文 2014 年回到社区担任党委委员、妇女主任,同时负责筹备和组建志愿者队伍。四年来,她从组建第一支队伍——"党员志愿服务队",邀请社区书记担任队长,她自己担任第一副队长,大事小事亲力亲为,逐渐拓展出"童子军——青少年志愿队""关爱家庭——妇女志愿队""候鸟天使——外来工志愿队"等 17 支志愿服务队,在社区的群众生活改善、困难人士帮扶、家庭纠纷调解、邻里关系构建、小区环境美化等方面做出贡献。特别是"关爱家庭——妇女志愿服务队"最初建立的主要目的是反家暴和调解信访,但是当妇女志愿者组织起来,一方面奉献爱心、展示才能,另一方面帮助他人、获得快乐,逐渐成为社区治理的积极力量。

如今,平西社区社会风气逐渐改善,文明风尚树立起来了,为产业转型、生活发展奠定了良好的基础,为基层党建工作和党组织发展提供了坚实的基础。这些乡村社区的党委委员、村委副主任,以及团支部书记、村长助理、主任助理等骨干,也是文明实践中心(所、站)志愿服务队伍的骨干力量。还有,很多退休干部、教师,热心妇女、热心团员青年都可以成为骨干,担任特定服务小组、服务项目的负责人。他们通过策划和组织符合群众需求、适应时代要求的服务活动,体现党组织对群众的关心和帮助,传递人与人之间的友爱和温暖。

三、发掘"新社团"——结合兴趣团队

文明实践中心(所、站)志愿服务队伍的建设,要善于发掘和利用乡村、社

区原有的兴趣团体、文化社团等资源，而不是从零开始、推倒重来。随着农村社会经济发展和文化生活丰富，越来越多的村民、居民组建了丰富多样的社团，文明实践中心（所、站）要善于发现这些社团的领袖、骨干，引导他们将兴趣活动与志愿服务相结合，做好"新思想的宣传员、新知识的授业师、新创意的扩散人、新服务的奉献者"。我们调查时看到的一个镇，很多乡村、社区都兴起"广场大妈"活动，不仅在镇广场跳舞，还经常在村居的小广场、房屋旁边跳舞。她们纯粹"自娱自乐"的时候，有时候也因为噪音扰民引起矛盾纠纷。文明实践所（站）的党员志愿者，就分别联系这些"广场大妈"，吸引他们将学到的舞蹈带到中小学校，在"第二课堂"与学生一起跳舞、健身，有些还因此成为"爱心妈妈"，专门关爱和帮助特殊留守儿童；也吸引他们在节假日参加"新时代文化大舞台""慰问修路建设者"的表演，让"广场大妈"在服务社会和他人的时候产生自豪感和荣誉感，就更加乐意推广文明风尚、遵守社会秩序。此外，还有很多厨艺爱好者社团、民俗爱好者社团、蝶翅画爱好者社团、根雕爱好者社团等。引导这些社团、群体的成员，将兴趣爱好与志愿服务结合，为有需要的群众提供帮助，积极参与新思想、新文化的宣传推广，就能够发挥很好的作用。

四、发掘"好奇者"——吸引群众参与

文明实践站建设过程中，不仅仅要发动党员团员和积极分子参加志愿服务，而且要吸引更多的普通村民、居民参与志愿服务，还要吸引外来务工人员参与志愿服务。这样，就需要发掘和培育普通老百姓的"好奇心"，引导和激励他们对新思想、新文化"好奇"，对关爱和帮助他人的志愿服务"好奇"，对建设文明乡村、美丽乡村、和谐社区的事务"好奇"。安徽省黄山市新潭镇文明实践所结合乡土特色，开展从广场舞到旗袍秀，从舞龙表演到戏曲演唱，从"球场飞人"到"太极高手"，从"烹调大王"到"园艺大师"等活动，做到村村有节目、月月有节庆，吸引很多村民、外来人观赏；真正让群众有看头、有盼头、有兴头，在浏览和欣赏的同时，被文明实践志愿服务所感染，陆续参加志愿服务队伍。老百姓天生有好奇心、好奇感，开展丰富多样的志愿服务活动，让群众在观赏、了解的同时受到吸引、受到激励，就能够引导他们参加志愿者队伍，一起献爱心、做服务。

五、发掘"智多星"——专业力量加盟

文明实践志愿服务在吸引广大群众参与的同时，特别要吸引和激励专业人员、

能工巧匠等乡村与社区的"能人"参与，成为策划志愿服务项目、实施志愿服务活动的骨干，发挥创造性作用。这些"能人"既包括县镇文化工作人员、文艺爱好者，也包括中小学老师、培训机构师资，还包括农村技术员、科技能手等。他们有智慧、有知识、有技巧、有经验，既能够结合地方民俗宣传和推广习近平中国特色社会主义新思想，也能够设计丰富活泼、引人喜爱的志愿服务项目。

浙江省舟山市定海区退休教师郭玲娣，发挥余热、热心公益，2016年建立"爱心奶奶工作室"。近年来，配合文明实践志愿服务的发展，她联合浙江海洋大学东海科学技术学院的青年志愿者，发起"海岛萤火虫——志愿者助力特殊未成年群体成长"项目。该项目将新思想新文化、核心价值观的传播，与海岛民俗资源相结合，带领外来务工人员子弟、海岛留守儿童等，将海岛、沙滩捡拾的贝壳、海螺、小石头等进行工艺拼接，做成琳琅满足、赏心悦目的"海洋工艺品"；既能够用来进行海洋文明、海洋科普宣传，也能够用来作为流动儿童、留守儿童玩耍的工具，还能够用来作为义卖的公益产品。另外，宁夏回族自治区的科普专业工作者，积极配合文明实践志愿服务下基层、进乡村、入农（牧）户，将固定的"地质博物馆"资源盘活，用车装载运输到县、乡、农村，开展"流动的地质博物馆"志愿服务；让农村、牧区的群众可以观赏珍贵的地质标本，让山区的留守儿童为新奇的"地质标本"所吸引，愿意学习和继承李四光等科学家的精神，为国家富强、人民幸福而努力学习、努力奋斗。

乡村社区文明实践志愿服务队伍，可以发动和激励本地的"能人巧匠"，也可以邀请城市和外地的专业志愿者参与，共同丰富志愿服务活动的内涵，让广大群众受到启迪、受到熏陶。广东省社工与志愿者合作促进会，会长谭建光和副会长李森、涂敏霞、雷杰等人，他们当中既有专家教授，也有专业社工，还有专业志愿者，积极配合文明实践志愿服务的发展，到各个县区、镇街、乡村社区出谋划策、评审推荐，帮助策划和实施富有创新特色、富有惠民实效的志愿服务项目，让各地的文明实践志愿服务充满生机活力。全国有非常多的专业机构、专业社团、公益组织、民间团体，都可以发掘很多专家、能人，成为志愿服务的"智慧人才"。

第四节 文明实践志愿服务组织的规范化发展

在新时代文明实践中心试点县区,从县区、乡镇、村居各个层面都建立了种类多样、各具特色的志愿服务队伍。这样,如何按照试点工作要求,引导和促进志愿服务组织的规范发展,提高志愿服务的能力,有效满足人民群众的需求;同时,防范和规避各种风险,确保志愿服务组织坚持党的领导、坚持社会主义方向、坚持以人民为中心、坚持健康发展,需要深入探讨。我们根据调查情况,提出以下几点引导。

一、文明实践的志愿服务组织和志愿服务团体

按照《志愿服务条例》规定,志愿服务分为组织与团体。《条例》中对于志愿服务组织作出解释:"本条例所称志愿服务组织,是指依法成立,以开展志愿服务为宗旨的非营利性组织。"同时,对于没有正式登记注册,而是在相关机构备案的团体进行说明:"城乡社区、单位内部经基层群众性自治组织或者本单位同意成立的团体,可以在本社区、单位内部开展志愿服务活动。"例如,在新时代文明实践试点——中山市小榄镇,参与文明实践志愿服务的组织中,"菊城公益发展中心""友益思""邻舍"等正式登记注册的社会组织、社会企业属于"组织";而"永中志愿银行"、新市社区"红耆行动"、"助学团"等在单位、社区备案的志愿服务团队属于"团体"。

我们开展文明实践志愿服务的时候,要注意"组织"与"团体"既有共同的特点,也有不同的要求。如通过"中国志愿""i志愿"等系统发布志愿服务项目,招募志愿者开展服务等,不论是登记的志愿组织,还是备案的志愿团体,都可以按规定做。但是,涉及要依法公布、依法管理、依法检查环节,通常要正式登记注册的志愿服务组织才能够进行,挂靠备案的志愿服务团体就不能做。在这种情况下,试点县区及其镇村的文明实践志愿服务总队(分队、队)就可以发挥所在区域志愿者联合会的作用,通过依法登记的志愿者联合会面向社会,开展依法依规的各种广泛宣传和招募,从而为文明实践志愿服务总队(分队、队)提供人员支持、资源支持、项目支持。

二、文明实践志愿服务组织发展的类型

调查发现，在各试点县区，文明实践志愿服务组织主要有三大类型。第一类是由党政部门组建的志愿服务团队，如县委书记担任总队长的"文明实践志愿服务总队"，部门领导、单位书记担任队长的"党员志愿服务队"等。第二类是社区、乡村群众组织的文明实践志愿服务多样化团队，如"夕阳红"老年志愿队、"和事佬"村民志愿队等。第三类是社会化、专业化组织参与文明实践志愿服务的类型，如北京"夕阳再晨"社会工作服务中心及志愿服务队在海淀区的参与，广州启智社会工作服务中心及志愿服务队在天河区的参与，茂名阳关社会工作服务中心及志愿服务总队在高州市的参与，广东医科大学"暖风"志愿服务队在廉江试点农村的服务参与等。在实际的服务过程中，党政部门、机关单位的志愿服务队，组织动员力强，资源比较丰富，前往乡村、社区开展宣传新时代新思想服务，开展关爱基层群众服务的时候，能够产生较大的社会影响力。社区和农村群众组成的志愿服务队伍，虽然比较松散、朴素，但是了解服务对象的需求，了解村居的生活民俗，开展的服务活动接地气、受欢迎。社会专业服务队伍针对性强，提供知识和技术等方面的服务，能够解决群众的实际问题，有助于群众改善生活、获得发展。这些不同类型的志愿服务组织各有所长、各有特色，在文明实践中要用其所长、发挥特长，有效促进乡村社区的文明水平提高、生活水平提高。

三、文明实践志愿服务组织活动的流程

文明实践志愿服务具有双重特点：一方面具有文明实践的特点，要将传播新思想与关爱帮助群众的服务相结合；一方面具有志愿服务的特点，要建立规范有序的服务流程。从各地总结的经验看，需主要把握几个主要流程。

第一，立项——根据群众需求设计服务项目。志愿服务队要深入社区、农村，必须了解群众喜欢什么样的宣讲方式、文艺表演，需要什么样的关爱服务、互助服务，不能仅凭志愿者和志愿组织的热情，而不顾群众的需求。在有些试点县区，机关单位的志愿者喜欢选择距离县城较近的村庄提供宣讲及表演服务，导致有些村庄每周都要接待来宣讲、表演的志愿者，给村委会工作造成压力，给村民生活造成干扰。所以，要通过网络联系、微信联系、走访联系、个别联系等方式，具体了解居民、村民的服务需求，针对性设计项目、开展服务，才能有良好的效果。

第二，招募——通过信息系统招募志愿者。明确了面向乡村社区的服务项目

之后，文明实践志愿服务队就要通过"中国志愿""i志愿"等信息管理系统，发布服务项目信息，招募各类志愿者。这里需注意的是，要列出志愿者需要具备哪些能力、技术，包括宣讲能力、表演能力、关爱经验等，让合适的人报名和参与，有效地为村居群众提供帮助。

第三，培训——开展项目培训，提高服务素质。志愿组织深入社区、农村开展文明实践志愿服务之前，还要对志愿者提供项目服务必要的培训，如对于宣讲新思想的把握要点、开展文艺活动的特色亮点、提供民生服务的具体重点等。一方面，有些机关党员志愿者，对于理论政策的掌握比较多，对于乡村社区的民情民俗了解比较少，通过培训就能够将理论政策知识与民情民俗特色相结合，在志愿服务中更有成效、更受欢迎；另一方面，社会志愿者、乡村志愿者的热情高、兴趣大，但是缺乏理论政策知识或专业服务技能，通过培训就会获得补充，在实施服务项目时提高针对性、实效性。

第四，服务——开展服务活动，惠及城乡群众。志愿组织在设计项目、招募志愿者、开展培训之后，就能够有效开展深入社区和乡村的服务，并且将传播新思想与拓展新关爱相结合，为老百姓提供实实在在的关怀和帮助，让群众在生活改善、脱贫致富的过程中感受党的关心，密切党群关系。

第五，反馈——收集群众反馈，调整服务内容。志愿组织要注意在服务过程中不断收集群众的反馈信息、意见建议，根据需求的变化及时调整服务内容，提供新的关心和帮助。随着经济社会发展，乡村社区群众的需求也在不断发展变化，这就要求文明实践志愿服务及时调整形式、充实内容、贴近群众的新需求和新愿望。

第六，保障——做好安全保障，持续推进服务。为了避免文明实践志愿服务沦为"作秀""一次性""一刀切"，就要根据社区与乡村的特色，契合城乡群众的需求，不断做好志愿组织开展可持续服务的资源保障，包括提供志愿者交通、午餐、保险等补贴，以及对志愿者培训、辅导的费用。这样，才能够让文明实践志愿服务有持续发展的基础，不断带给基层群众新观念、新情感、新服务、新实惠。

四、文明实践志愿服务组织的培训辅导

为了提升文明实践志愿服务的水平，促进规范化和专业化，就要持续开展志愿组织的培训，针对不同类型的志愿者提供知识、技术、技能、经验的传授。志

愿者培训包括普通志愿者培训、骨干志愿者培训、领袖志愿者培训、专业志愿者培训。①普通志愿者培训，针对新报名参加文明实践志愿服务，或者初次参加特定服务活动的志愿者。如对参加新思想宣讲活动的志愿者，需要进行准确把握思想政策的培训；对开展助老助残关爱活动的志愿者，需要传授平等亲切、友善评议接触对象的培训等。②骨干志愿者培训。要对热心的骨干传授带领志愿者开展服务活动的技巧，在服务中发挥示范作用的技巧，维系志愿者和激励热情的技巧等。③领袖志愿者培训，针对志愿者协会正副会长、秘书长，以及志愿服务总队（分队、队）的队长等。要培养他们管理和引导组织发展的能力，策划和实施志愿服务创新项目的能力，激励志愿者保持热情的能力等。④专业志愿者培训。一方面是培养志愿者开展专业服务的能力，如应急志愿服务能力、环保志愿服务能力、法律志愿服务能力、助学志愿服务能力等；另一方面是培养专业人员将知识技能运用到志愿服务的能力，如专家学者的智慧志愿服务能力，技术工人的技能服务能力等。通过系统和渐进的培训教育，让志愿者掌握不同阶段的服务知识技巧，有效服务社会、帮助他人。

五、文明实践志愿服务的回馈激励

在新时代文明实践试点县区，要大力做好志愿者激励，包括荣誉激励、优惠激励、保障激励、发展激励等。一方面，在表彰激励志愿者的时候，需要创新方式、创新内容。如广东省佛山市南海区"公益盛典"为老年志愿者颁奖的时候，设计邀请她儿子上台，在上千名观众的见证下，为母亲颁奖；为优秀产科医生颁奖的时候，邀请当年难产的孕妇，带着儿子上台向救命恩人颁奖。这些激励富有感染力和影响力。另一方面，对广大社区、乡村的志愿者的激励，要拓展内容、丰富形式，如广东省志愿服务联合激励计划，包括星级志愿者优惠或免费参观旅游景点，文化消费获得优惠，学习就业获得积分加分等。这些多样化的激励，运用在文明实践志愿服务中就能够吸引更多群众的参与，有利于营造文明和谐的乡村社区生活环境。

除此之外，还要做好文明实践志愿服务的风险防范，做好文明实践志愿服务的传播推广，做好文明实践志愿服务的成效评估等。这样，志愿服务才能够真正惠及群众、持续发展、发挥作用。

第五节　文明实践志愿服务要避免"六个单一化"

在全国文明实践中心试点工作中，各地区在推动文明实践志愿服务发展的时候，力求按照中央的部署，结合本地的实际，适应群众的需求，探索和创新志愿服务活动，力求做到"传播新思想有魅力、开展新服务有活力、创造新生活有动力"。但是，我们在试点县区以及镇街、乡村调查的时候，也有反映说在文明实践志愿服务中存在行政化、形式化、单一化、机械化等问题。有些基层干部说不知道具体怎么做好，就应付上面的试点任务，造成形式化和单一化的状况。有些群众抱怨说："本来是做好事，但是反复拉我们听课、开会，应付检查、应付参观，成为麻烦事了。"为此，试点县区和乡村社区迫切需要改变形式化现状，走向常态化和有实效的志愿服务。为此，我们根据调查的材料，提出避免"六个单一化"，开拓文明实践志愿服务创新发展的思路，与各地区交流分享。

一、避免设计单一化，注重丰富性

文明实践中心以及站、所都设置了展示场所，包括展示大厅、展示广场、展示亭、展示园等。党政部门以及志愿组织为展示设计做了大量的工作，都能够按照文明实践中心"六个一"的要求，配置各种新思想、新服务、新生活的元素。但是，从很多地方的文明实践中心（所、站）展示设计的格局看，主要是存在"呆板"和"分割"的单一化问题。一是呆板。很多地方的展示大厅（广场、园亭）在第一、第二部分体现政治要求，为了完成任务，又缺乏灵活的思路，就往往是将各种原话、条文罗列出来。这样，各个展示大厅的内容与形式大同小异、形式单一，对乡村社区群众缺乏吸引力和影响力。二是分割。这些展示设计往往是将新思想内容全部在第一和第二部分罗列出来，到第三、第四部分才体现本地镇、村的党员志愿服务故事、村民邻里守望故事、乡村民俗文化故事。这样就感觉每一块都是分割、不关联的，缺乏联系性和互补性。

为此，我们建议文明实践中心及所、站的展示设计，尽量将宣传新思想内容与党员、群众实践体验的内容相融合，交相辉映。例如展示"坚持党对一切工作的领导"等要求的同时，旁边介绍乡村党支部书记、委员学习贯彻这一要求，增强乡村党组织战斗力的一两句体会,结合实际、生动活泼;又如展示党的乡村振兴战略方针的时候,旁边介绍乡村群众在生产发展、生活改善时讲述的通俗语言,这样就富有特色、富有说服力。在一些展示介绍习近平新时代中国特色思想的书籍、视频的专栏,旁边可以介绍党员及群众观摩、学习之后的体会,一两句就会很有生动性、感染力。文明实践中心及所、站的展示既要符合政治性、规范性,也要体现丰富性、活泼性,才能够让干部群众"喜欢看、有启发、长见识、鼓干劲"。另外,很多地方的文明实践中心及所、站,都设有文明大讲堂、道德讲堂、乡贤讲堂等;但是如果有些地方延伸一下,设立少贤讲堂、山村"小院士"活动室等,通过面向留守儿童的志向培养、素质培养,提高新一代的学习进取精神,就给人有新意、有特色的观感。

二、避免宣讲单一化,注重生动性

目前,在各个全国试点县区以及省市级试点县区,送课下基层、送课到乡村成为文明实践讲师团重要的任务,安排非常多,场次非常密。但是,我们在乡村调查的时候,有乡村党支部书记就反映:"你们每个月送一次课来乡村,我们欢迎,也能够组织一百几十人的群众听课。但是,你们各个部门争先恐后,每周送两三次课来乡村,我们就不仅无法组织村民听课,连接待都忙不过来了。"特别是有些专家讲课理论性太强,不接地气,群众听了一次就不想再听了。

我们认为,文明实践宣讲团送课到乡村的形式和内容都可以创新。从形式看,要更多鼓励分散式、灵活性、有针对性的"送课",如送课到炕头、到田头、到店铺、到门口。即将大型组织群众听报告的方式,转变为讲师团成员分散为一些群众家里的老人讲解,在慰问关心的同时传播新思想;到一些乡村店铺,与聚集的村民聊天交流的时候传播新思想;到田地旁边与劳动的群众共同干活,学习农活的同时传播新思想。这样的传播形式既不干扰乡村群众的生产生活,也贴近群众的行为习惯,传播新思想新文明更受欢迎、更有效果。从内容看,要善于将新思想新文明的理论,转化为生动活泼、通俗易懂的内容,在与乡村群众讲故事、谈体会的过程中引导扩大社会视野、提高思想觉悟,真正领会新时代新思想的深刻内涵。从内容上说,讲师团成员要善于将新时代新思想的元素,与自己的体会、经验相结合,与自己对社会的认识和思考相结合,通过讲故事、讲体会、讲思考、讲观点的渐进过程,让基层干部和乡村群众听得懂、学得进、用得上。这样,就要求专家学者、专业人员更多到乡村社区,通过观察分析、沟通交流,了解乡村群众的真实想法和发展需求,并融入宣讲内容之中,从而更有针对性、更有引导性。

三、避免项目单一化,注重灵活性

我们到一些县区的时候,有些干部坦率地说:"没有听课之前,我还不知道有志愿服务项目。以前只知道有志愿服务活动,不知道志愿服务项目的概念和内容。"所以,一些文明实践试点的镇、村,开展志愿服务项目的种类较少、形式单一,更多是一次性轰轰烈烈的活动,缺乏日常化、生活化的影响力。究其原因,几十年来志愿服务的发展,在城市社区传播较多,在山区农村传播很少,导致干部群众以为志愿服务就是搞活动、做好事。如何引导向文明实践志愿服务项目发展,实现常态化和持续化,需要进行辅导和帮助。

一是要善于将活动转化为项目。如春节期间开展的"村村办春晚"是农村文化志愿服务活动,可以择取其中一些"传播文明、彰显习俗"的好节目,在农闲时候组建"乡村文艺轻骑兵",把农民自编、自导、自演的好节目,在农村集市贸易开市之前巡回演出,在盛夏农村休闲广场演出,作为宣传文明实践与活跃农村文化的服务,就成为富有特色与活力的项目。要引导各乡村将原有临时性、短期性的志愿服务活动,逐渐常态化和日常化,转变为持续服务群众、改善民生的项目。

二是不断延伸和丰富项目。乡村社区最初只是按照上级的要求,开发一些政治学习、科技传播、生活知识辅导的项目,类型比较单一,内容比较枯燥。这样,文明实践志愿者就要善于在原有项目的基础上,不断开发和延伸,推出更多更细化的志愿服务项目。如原来仅仅是文明实践讲师团志愿者到乡村的"道德讲堂",讲授新时代新思想的内容。但是如果反复宣讲的场次多、内容单一,群众就越来越缺乏兴趣,每次召集人员就越来越困难了。这时候,将宣讲的项目与服务的项目相结合,开发灵活多样、实用有效的新项目,就能够吸引群众、受到欢迎。如有些地区开展"乡村工匠"精神的培养,一方面用生动活泼的宣传品,传播习近平总书记对"大国工匠""工匠精神"的倡导和要求;另一方面,将乡村农艺、工艺、手艺汇集起来,邀请长期从事乡村技艺的大叔、大婶现场展示,并且向青少年传授,就能够产生教学相长、学用结合的效果。并且,面向乡村群众展示"新时代、新匠人"的特色,将网络创意、文化创意、传媒创意、游戏创意等"新技艺"引入乡村,让人耳目一新、富有启迪,就拓展了文明实践志愿服务项目的类型。广东省丰顺县在推进乡村文明实践的时候,利用传统商贸"圩日"的习俗,每月举办"文圩日",包括文明圩日、文化圩日、文乐圩日、文亲圩日等,让群众通过丰富文化、沟通交流的"圩日"接触现代文明、加强邻里情感。我们发现,在原有简单志愿服务项目的基础上,不断拓展、不断延伸,就能够创造出灵活多样的新项目,赢得乡村群众的关注和参与的热情。

四、避免服务单一化,注重针对性

文明实践志愿服务在深入乡村社区为群众提供关爱和帮助的时候,要注重服务对象多样化和群众需求多变化,而不能运用简单和机械的方式。有些地方开展文明实践志愿服务就是"三板斧",一是开展宣讲活动,二是关爱扶助老人,三是开展环境清洁。但是,仅仅这些服务很难做到持续性和常态化,也很难让群众看到志愿服务的丰富性和有效性。我们认为,乡村志愿服务要提高针对性,不断设计和实施富有特色和吸引力的项目。例如,针对乡村老年人的志愿服务,除了关爱慰问、卫生清洁之外,也可以开展"天天读报"服务活动,即中小学生志愿者放学之后,到老人家中将当天报纸的新闻、故事诵读给老人听,让老人感觉自己仍然接触社会并有充实感。还可以开展"每周一技艺"服务活动,即党员志愿者、青年志愿者每个星期收集和选择灵巧简便的手工技艺,前来给老人展示和辅导,让乡村老人了解新技艺、掌握新手艺,增强肢体的运动。

此外,针对乡村妇女、留守儿童的志愿服务活动,在关爱陪伴的同时,也要增加感情沟通、心灵沟通,提供亲情引导和增强能力的服务内容;特别是向乡村妇女传授和辅导现代家庭的新型生活用品适应、智能家居使用等技巧,让她们有见识、有憧憬。其实,在一些简单、零碎的服务之时,不断增添一些服务内容,不断变换一些服务形式,就能够让乡村文明实践志愿服务具有新的魅力和吸引力。

五、避免传播单一化,注重多样性

目前,我们到一些试点县区交流辅导的时候,地方领导和基层干部反映:"了解新时代文明实践志愿服务的内容,看到的到处都是宣讲、咨询、演唱,感觉比较单一,不够实际。"其实,这与很多地方的传播形式单一化、机械化有直接的关系。一些县区、乡镇,只为了完成任务,而不是用心开展服务,常常是简单地开展一些活动,做常规化的报道。这让干部群众觉得文明实践志愿服务"只有虚的东西,缺乏实际效果"。因此,我们要注意文明实践志愿服务传播的多样性和丰富性。

一是将新时代新思想的学习深入人心，吸引群众关注和参与。如广东省东莞市中堂镇潢涌村文明实践站，将传播新思想与弘扬村庄千年历史文化、弘扬村庄百年奋斗传统、弘扬村庄改革先行精神相结合，让广大群众在传承文化民俗的基础上深刻理解习近平新时代中国特色社会主义思想的内涵，作为激励创造新生活的强大动力。二是在新时代新文明活动中注入人性化、人情化的因素，从而增加传播的吸引力。如湖南省辰溪县孝坪镇开展文明实践"好媳妇"评选活动，2019年妇女节为"好媳妇"举办颁奖典礼的时候，上台颁奖的不仅仅有领导嘉宾，更多的是公公婆婆，邻居群众为好媳妇点赞。这样，整个文明实践好家风宣传的活动就富有活力，在当地群众中掀起热潮，受到各级领导的好评。三是要注意收集和传播活动背后的故事、活动之后的故事。例如，在有些乡村关于生态环保、清洁卫生的宣传活动之后，媒体只是报道大型宣传推广活动。其实，这些活动编制了朗朗上口的新儿歌、新童谣，让孩子们回家传播给爷爷奶奶、爸爸妈妈，收到很好的效果。通过生态环保活动的宣传，乡村乱扔垃圾、乱倒脏水的情况减少了，大家都愿意多走两步，将垃圾扔到公共垃圾桶。这样，村庄和家庭周围的卫生改善了、环境优美了。宣传报道应该跟踪了解，收集这些"幕后的故事"，才能够展示文明实践志愿服务的积极作用。

六、避免机制单一化，注重创新性

目前，有些地方对于文明实践志愿服务的机制简单化理解，一方面认为就是搞搞宣传活动，造完声势就可以了；另一方面认为就是将原来的志愿服务活动汇合起来，集中开展和宣传推广就可以了。这种单一化的认识，就不能够充分发挥文明实践志愿服务的创新特色、丰富成效。我们的调查发现，避免机制单一化，就需要大胆探索、积极创新。

一是建立联动合作机制。如文明实践中心（所、站）与党群服务中心、文化艺术中心、村民祠堂等合作，共享资源、共创业绩。山东省龙口市的一个镇，利用党群服务中心地址，加挂文明实践所并进行改建的时候，就将中心后花园的围墙拆除，让群众不仅仅可以通过前门进来文明实践所，也可以从后花园走进文明实践所，还可以在后花园坐一坐、休憩一下的时候感受文明熏陶。我们就建议该镇撰写一篇《文明实践的"拆围墙"与"聚民心"》新闻稿，体现这种联动发展、惠及民众的新经验。二是建立社会参与机制。除了党政推动之外，要通过面向社会各界的发动和激励,形成专业志愿者队伍、特色志愿者队伍、村民志愿者队伍、学生志愿者队伍共同参与,为乡村文明实践提供多样化、可持续服务的机制。这些社会力量就具有灵活性,能够摆脱行政化、形式化的干扰,切实有效服务乡村群众的利益需求,广泛多样传递党的关怀。三是建立资源共享与互补创新的机制。如将党政统筹的优势与社会活跃的优势相结合,吸引大中城市、沿海地区的公益志愿服务资源,开展"牵手有爱"的城乡志愿服务合作,为乡村注入新理念、新风尚、新技巧,让乡村文明实践志愿服务不断增添活力、增添魅力。我们认为,文明实践志愿服务机制的建设不是一蹴而就的,而是在实践中不断探索、不断创新、不断完善,逐渐形成具有生机活力的发展机制。

通过对全国文明实践中心试点县区,以及省市级试点县区的调查,我们发现"六个单一化"是制约文明实践志愿服务良好发展的因素;同时,也发现有不少地区的党政部门和志愿组织在积极探索解决"六个单一化",促进文明实践志愿服务持续发展、惠及群众的各种方式方法。我们将调查的材料整理提炼,提供广大试点地区及其志愿组织参考借鉴。

第四章

文明实践志愿服务的项目策划

第一节 新时代文明实践志愿服务的项目设计

各地区文明实践中心（所、站）的志愿服务活动要能够吸引群众关注和参与，能够陶冶群众的思想情操，提升群众的道德情感，就必须注重精心设计、精心组织。文明实践志愿服务既要传播新思想新文化，也要体现新奉献新关爱，就要做好"虚功实做"与"实中有虚"相结合，才能产生良好的社会效果。

一、突出主流价值——党建引领、核心价值观

文明实践中心的主要任务就是"用中国特色社会主义文化、社会主义思想道德牢牢占领基层思想文化阵地"。为此，乡村社区志愿服务的首要任务，就是要创造丰富多样、新颖活泼的方式方法，宣传习近平中国特色社会主义新思想、宣传社会主义核心价值观。其关键是要通过志愿者的创造和发挥，让这些宣传、传播活动生动有趣、受人欢迎、凝聚人心、富有实效。广东省中山市小榄镇文明实践中心的志愿服务，充分发挥"囤粮计划（乡村阅读志愿服务）""永中银行（中学生公益志愿银行）"的社会力量，开展"学习100句""新时代新儿歌""百人志愿导师团（一对一帮助青少年健康成长）"等项目；发挥青少年的创造性、创新性，将新时代的发展理念、生动故事，变成简单易懂、便于流传的新儿歌，口口相传、入心入脑。

吉林省抚松县黄家崴子村地处长白山脚下，掩映在深山老林中，是当年"东北抗联"从抚松到临江的必经之地，尚存有抗联的房屋遗址一座、水井两口，流传着许多抗联战士英勇斗争的故事。村党总支、村委会就建起"黄家崴子抗联纪念馆"，整理许多抗战物件，编辑许多抗战故事，最初是为了教育本村的青少年，后来引起社会的广泛重视，成为"红色旅游"和城市中小学革命教育基地。在文明实践志愿服务中，黄家崴子村充分发挥"抗联纪念馆"的作用，将艰苦卓绝的革命斗争精神与新时代发奋拼搏进取的精神相结合，成为激励新一代创造美好生活的动力源泉。调查发现，文明实践志愿服务对新思想、新文化、核心价值观的宣传、传播，不应满足于开会、报告、喊口号、做宣誓，而是创造灵活多样受到群众喜欢和流传的内容，在日常生活中广泛传播，在群众休闲文化中广泛传播，

才能够达到人人喜爱、人人吸收的传播效果。

二、贴近民生需求——扶贫助困、惠民利民

文明实践中心（所、站）志愿服务要关爱和帮助人民群众，促进民生改善、促进扶贫助困，才能够更好地传播新思想、营造新文化。乡村社区的志愿队伍要善于将宣传与服务项目结合、活动与关爱相结合。贵州省少数民族众多，并且分散居住在山区、农村，文化不发达、信息不通畅。迄今仍然有一些老人、妇女、青少年只会讲本民族的语言，但是不会写本民族的文字；既不会讲汉语也不会写汉字。这些少数民族的村民连名字都不会写，更难以进入经济市场，寻求发展前景。为此，结合文明实践志愿服务，贵州省文明办、团省委、志愿者行动指导中心开展"乡村夜校"服务，选拔大学生志愿者进入山区，为少数民族进行文化扫盲、技能培养、政策讲解、文明培育的服务，受到当地党政部门重视，受到乡村广大群众欢迎。一些少数民族朋友说："通过学习，我终于会写自己的名字了。"他们非常高兴、非常自豪。这种乡村志愿服务对于脱贫攻坚、乡村振兴具有积极作用，对于少数民族群众的生活改善、解决问题也具有积极作用。

我们调查时听到一个镇的党员志愿者队伍介绍服务经验，非常有启发。当时，一支党员志愿者队伍深入村居，了解孤寡老人、困难老人的生活情况，发现有一户孤寡老人房屋破旧，特别是屋内外都没有厕所；只是放一个马桶在屋内，大小便之后也留在屋内，待到夜晚才拎出去倒掉。这样，来人每次探访的时候，都闻到全屋子的屎尿臭味。党员志愿者就筹集一些资金，购置砖瓦，利用一个夏季的周末去为老人在后院建一个简易厕所。当他们穿着红色的党员志愿者服装，一砖一瓦砌厕所的时候，突然听到半卧在屋檐下的老人哼起歌曲。仔细一听，老人在哼唱"社会主义好，社会主义好"的歌曲，虽然语调不准确、不连贯，但是很高兴地不停哼唱着。党员志愿者随后也一同唱起《社会主义好》的歌曲，感受党的关爱暖人心、人民群众心向党的浓厚氛围。后来，党员志愿者队的队长说道："我们宣传新思想、新政策，单单靠口头说并没有这么好的效果，然而，我们穿着党员志愿者服装为群众做好事的时候，群众自动自觉唱起《社会主义好》歌曲，宣传效果更加好，更加深入人心。"所以，文明实践志愿服务要善于通过关爱促进宣传、通过服务促进传播，让新思想、新文化为人民美好生活助力，也赢得人民群众的喜爱和拥戴。

三、体现时尚要素——新颖活泼、具有魅力

改革开放40年来，社会文化发生极大的变化，人民群众的兴趣爱好也不断变

化。为此，文明实践志愿服务要贴近时尚、贴近生活，才能够真正受到人民群众的欢迎。我们调查的一个镇，其开展社会主义核心价值观宣传的创新形式引起我们的关注和重视。多年来，有些地方传播社会主义核心价值观形成固定的做法，即选取核心价值观的一个词进行解释，然后举两个例子，一个历史人物的例子、一个当今人物的例子，对群众进行宣传教育。这种千篇一律、千人一面的宣传做得太多，老百姓就印象不深、理解不深，不容易记得住，更难以转化为实际行动。这个镇的宣传办、文明办与志愿组织合作，另辟蹊径探索核心价值观教育的新路子。他们每月发布的社会主义核心价值观宣传活动材料，采取"逆向思维"，即大小标题、前置内容都没有刻意突出"核心价值观"字眼，而是开展关心村民、居民，吸引村民、居民的活动。如立夏节气的周末，他们开展"立夏斗蛋"活动，鼓励大人、小孩一起参加，在志愿者的引领下不用手争相获取吊在上面的"彩蛋"。群众争相出奇招，不断使巧劲，通过团结互助获得成功。这个活动宣传单页的尾端印制有大大的"和谐"字眼，将核心价值观的传播融入欢乐的活动之中。还有开展"穿针引线"的活动，吸引社区的家长带着孩子来学习针线活，共同编制魅力的布艺品。这里采用南方方言的谐音，在活动宣传单页的尾端印制有大大的"友善（与'穿针引线'的'线'是谐音）"一词，让群众在愉快的活动中了解和吸收核心价值观的内涵。可见，文明实践志愿服务要善于吸收新元素，设计新名称、新内容、新形式，让新思想新文化的传播更加有趣有益、深入人心。

四、融入传统文化——民族特色、民俗元素

在文明实践中心（所、站）志愿服务活动中，要善于融合传统文化和民俗特色。首先是革命传统文化的元素，包括战争年代的革命故事，社会主义建设初期的奋斗故事等；其次是中华传统文化，包括儒家、道家文化的优良传统，以及各地区传统文化的因素；再次是来自民间的民俗、风俗元素，包括节庆喜好、生活习惯等。博罗县在建设文明实践中心的时候，做好"五大服务平台"和"四堂实践课"，同时积极发掘本地区作为革命战争年代根据地的资源，以东江纵队革命纪念馆为龙头，积极探索"四红计划"的志愿服务，即"红领、红爱、红传、红创"。"红领计划"是县、镇、村党组织领导人带头深入群众，传播新思想，开展新服务，在提供关爱和温暖的同时弘扬党的为人民服务宗旨，诠释党的以人民为中心理念。"红爱计划"是动员党员志愿者、团员志愿者与乡村群众特别是困难群众结对服务，问寒问暖、送医送药、咨询辅导、传授技能，在帮助群众改善生活

的同时，让党的形象深入人心、赢得民心。"红传计划"是招募党员志愿导游、学生志愿导游，整理东江纵队的革命故事，不仅在博物馆传诵推广，还将图片、实物建立"流动的革命博物馆"，深入乡村巡回宣传。山东省济南市章丘区文明实践中心传承孔子的文化，成立"儒风公益"志愿服务队，将新时代新文明与儒学文化相结合，在走村入户的关爱和服务中，带给群众文化的熏陶、文明的感染。这些将革命文化、中华文化、地区文化、民间习俗融入文明实践中心志愿服务的做法，能够贴近中国国情、贴近乡村实际，更加受人欢迎、更加影响广泛。

五、促进城乡对接——牵手有爱、共享家园

目前，中国的志愿服务发展呈现出"城市发展快、农村发展慢；沿海发展快、内地发展慢；平原发展快、边疆发展慢"的状况，乡村社区文明实践志愿服务的推进还要借助城市、沿海的力量，获得资源共享、协同发展，开发多样化的合作服务项目。为此，我们倡议开展城乡"牵手有爱"的志愿服务联系，即鼓励城市、沿海的志愿服务组织，与山区农村的志愿服务组织结对、结盟，在交流沟通、合作服务的过程中发展壮大，不断创新乡村志愿服务项目。梅州市五华县是山区贫困县，2010年计划成立志愿者联合会的时候，遇到缺人才、缺项目、缺资金的问题。县文明办、团县委、民政局分析县情特色，发现恰恰因为是贫困山区，改革开放以来就有很多人外出务工，几十年来前往深圳、广州、东莞、佛山务工的五华人超过40万人。这样，其中一些创业成功、职业成功的人士，就成为引入城市资源，支持五华县志愿服务发展的积极力量。其中，五华籍的原深圳市福田区委书记谢百泉（退休干部）、企业家魏宝芳、公益人胡东辉等人积极牵线搭桥，不仅动员五华籍企业家捐钱捐物，而且联系深圳、东莞的社工、志愿者到乡村开展培训和服务，同时让当地的农民志愿者、学生志愿者参与和学习，逐渐掌握志愿服务的新理念、新技能。近年来，配合文明实践志愿服务的发展，五华县培育了"党徽暖童心"党员志愿者关爱帮助留守儿童服务项目，"少年足球梦"青年志愿者帮助山区学生体育特长发挥服务项目，"山乡天使"医疗志愿者走村串户义诊服务项目等。由于五华县得到深圳、广州、东莞、佛山等地志愿组织的支持，建立培训和服务的合作机制，逐渐在县、镇、村三级建立多种类型的志愿服务队伍，成为乡村文明实践的活跃力量。所以，应该在全国试点县（区）、省市试点县（区）积极探索城乡"牵手有爱"文明实践志愿服务的合作，积累成功经验之后，向其他地区传播和推广。

第二节　文明实践志愿服务项目要多样化与专业化

　　新时代文明实践志愿服务，既要推动多样化的发展，也要推动专业化的提升。国务院颁布的《志愿服务条例》第六条中规定"本条例所称志愿者，是指以自己的时间、知识、技能、体力等从事志愿服务的自然人"。《条例》从过去界定志愿服务仅仅是奉献时间和精力进行延伸，增加了奉献知识、技能的内容。这对于引导文明实践志愿服务具有重要价值，表明志愿服务逐渐从单一、机械、浅层次、作用小的服务功能，转变为丰富、灵活、多层次、作用大的服务功能。十多年前，群众对于志愿服务简单化、单一化的批评是"老三样"即"扫大街、看老人、做表演"。伴随志愿组织的改革创新，现在逐渐改变单一服务状况，呈现出智慧志愿服务、技术志愿服务、信息志愿服务、行为志愿服务等多种功能，越来越受到群众的欢迎，越来越发挥贴合需求、改善民生的作用，也成为新时代文明实践的有效载体。

一、智慧志愿服务

　　在新时代文明实践中心试点县区，志愿组织的智慧志愿服务就是充分发挥志愿者的思维、创意优势，在志愿服务领域提供战略、策划、指导等帮助，积极传播习近平新时代中国特色社会主义思想，弘扬新时代社会文明和道德风尚，解决各类志愿组织的发展与创新问题，帮助社区与农村解决群众生活改善和提升的问题。原来中国的志愿者主要是大学生、社区老人、城乡妇女，发挥智慧服务的不太多。在文明实践中，党员志愿者、机关志愿者、专业单位志愿者、工商企业志愿者等类型多样，具有智慧、知识、创意、特长的人士越来越多，开展智慧服务的需求也增多了，就促使志愿组织突出这方面的项目与活动。

　　智慧志愿服务既可以借鉴国际经验，也可以发挥国内特色优势。北京惠泽人志愿服务发展网是一个国际发展机构，其精神就是"人道、博爱、奉献"这六个字。人人乐于志愿服务的公民社会，要人人平等，尊重差异，潜能无限，助人自助，用生命影响生命。他们派遣志愿者到需要帮助的国家，与当地的人们分享技能、共同创新、共同学习，为建立一个更加公正的世界而努力。世界500强企业的高管人员、技术人员成立了"全球专业志愿服务联合会",惠泽人联合跨国企业、研究机构也建立了"中国专业志愿服务联谊会",汇聚智力资源,提供智慧服务。最近,惠泽人举办全国专业志愿服务骨干研修班的时候,就对文明实践志愿服务专业发展进行了介绍和交流,吸引各地区的志愿组织领袖关注和参与新时代文明实践。目前,北京、上海、广东、浙江、四川都有不少志愿组织积极探索志愿者智慧服务的方式,包括机关志愿者在社区进行政策解读和机遇分析,高校志愿者结对社区和农村志愿组织进行项目策划,企业志愿者结对大学生志愿组织进行创新辅导等。这些智慧服务的内容和形式,有效地延伸到文明实践试点县区的乡村、社区,对于促进城乡志愿服务提升质量、提高效益具有积极作用。

二、技术志愿服务

在文明实践中,志愿组织的技术志愿服务就是具有技术、技艺等专长的志愿者,在服务中发挥特长,帮助志愿组织丰富服务内容,帮助城乡群众解决实际问题。近年来,技术志愿服务在城市和乡村获得较快的发展。如北京市海淀区全面推进街道、社区、农村的文明实践所、站建设时,就选择具有技术志愿服务优势的"夕阳再晨"社会工作服务中心、"夕阳再晨"志愿服务总队作为合作伙伴。这些专业技术志愿者运用互联网技术,即创新文明实践所、站的志愿服务内容,增添深受群众喜爱、具有新颖特色的项目;也进行网络和新媒体传播,让新时代新思想入村入户、入脑入心,赢得群众的围观、了解、吸收、学习,不断提高学习新思想、领会新政策的水平。此外,一些国际组织、跨国公司的技术志愿服务资源,也与文明实践试点县区的志愿服务有机结合。跨国企业在这方面有较好的探索,也吸引中国志愿组织借鉴和参考。笔者曾参与 IBM 全球服务队在广州的项目,帮助"志愿驿站"解决信息传播的技术,帮助"蓝信封"助学组织解决定期联系的困难等。这对于志愿组织创新技术、拓展服务具有非常好的作用。与此同时,伴随中国的文化复兴、工艺复兴,很多传统技术和技艺成为志愿服务的元素,志愿组织发挥"非遗"传承人的技术、技艺特长,辅导青少年学习和掌握,并且在社区、农村的服务中进行运用,受到关注和欢迎。相比于一般性、简单性的服务,技术志愿服务更加具有社会需求,更能满足群众的需要。所以,文明实践试点县区,既邀请来自外国、港澳、城市、企业的技术志愿者,为乡村社区提供精准、精细的志愿服务,有效满足群众的民生改善需求、扶贫助困需求;另一方面发掘培育本地的"技术能人",如"田教授""茶博士""粤菜师傅""点心大师"

等，将新时代新理念、新生产新生活的传播，与日常生活密切结合，让群众更多地了解、学习、吸收。

三、信息志愿服务

新时代文明实践志愿服务要结合网络时代的背景，加大信息传递和信息服务的内容，为乡村社区群众提供更加多样化的关心和帮助。志愿组织的信息志愿服务就是结合网络发达、信息丰富的时代背景，帮助社会群体掌握和适应信息化技术，推动信息广泛传播和造福社会。这样，就诞生了志愿组织的服务新领域，产生新的效果。目前，针对普遍使用手机、网络、微信、QQ 等，一批志愿组织开展教会城乡老年人学习电脑、智能手机、网上购物、网上挂号、手机拍照、VR 视频等新技能，倡导积极老龄、快乐享老的理念，旨在帮助老年人跟上信息化时代、弥平数字鸿沟，以系统课程与专业服务促进社区营造、社区街道自组织孵化，并培育青年助老志愿服务团队的枢纽型机构。

江苏省宜兴市的一个志愿服务团队，源于一个小男孩的微信圈。这个男孩学习兴趣不大，生活缺乏吸引力和兴趣。一次，家长带他参与志愿组织为社区老人开展的服务时，他无所事事、闲逛观摩。这时，一位志愿者告诉他："小朋友，你帮爷爷按摩一下吧，不需要太多技术，就是轻一点、慢一点就可以了。"这个男孩为社区老人按摩的时候，获得老人们的赞赏和表扬。他非常开心，就在微信上发了服务图片、服务感言，后来，吸引同班同学、亲戚朋友、其他人士共 100 多人加入志愿服务队，开展多样化的服务。这个故事在宜兴市文明实践志愿者中广泛流传，成为激励干部群众特别是青少年参与志愿服务的"励志故事"。调查发现，在山东、浙江、四川、广东等省的文明实践试点县区，志愿者为老人、残疾人、农村群众、留守妇女提供辅导和帮助，激励他们运用网络技术，掌握最新信息，获得信息交流、电商创业、网络购物、游戏益智等机会。信息志愿服务将是未来的发展重点，吸引更多文明实践志愿者探索创新。

四、行为志愿服务

在新时代文明实践试点县区，志愿组织的行为服务就是充分发挥志愿者的爱心与热情，为困难群体提供生活方面的日常帮助，为社区、农村群众提供便捷服务。过去的行为服务停留在探望、聊天、搞卫生、做饭菜等，现在不断丰富、日趋多样，特别是融入专业化的元素，使得志愿服务行为具有更好的效果。例如，林义平从2002年年底开始服务于番禺区义工联助残部，并于2003年3月开始担任助残部的部长。他通过营造志愿者文化氛围，建立相对严谨的架构，建立资金诚信等方面的措施，特别是在众多志愿者骨干的努力下，机构志愿者人数从30多人发展到今天的400多人。他们组织的比较大型的活动包括云南扶贫爱心旅游、北京爱心旅游、原野庄园千名残疾人与志愿者露营晚会、轮椅募捐与推广行动、爱心小药箱行动、云南甘肃贫困山区送温暖行动、中秋收爱心月饼等。为了进一步专业服务残疾人，他们于2009年年初成立了明月关助服务中心，专门致力于残疾人、残疾人亲友、残疾人工作者的心灵成长培训与跟踪探访服务。如今，助残志愿服务队、明月关助服务中心在关爱和帮助残障人士、减轻生活困难的同时，拓展残疾人电商创业、微商创业的途径，为残疾人开创了谋生新路。如今，配合新时代文明实践活动，林义平带领"轮椅飞扬"志愿服务队、"微梦启航"志愿服务队到社区和农村进行励志宣讲、励志表演，通过生动活泼、真切感人的故事，让城乡群众深刻领会习近平总书记勉励"美好生活是奋斗出来的"的丰富含义。

在新时代文明实践中，志愿组织的行为服务包含多种层次。一个层次是简简单单、随手可做的服务，如清洁村庄环境、修建社区花园，探访慰问老人和残疾人，进行文创宣传推广等。另一个层次是延伸爱心行为，如在关爱老人服务中增加兴趣交流和知识辅导，增加简便按摩和运动保健；如关爱残疾人服务中的趣味运动、外出游览等；如巡查社区服务中的园艺、插花、剪纸、烹调、家居布置、影视欣赏等。再一个层次是从简单到深化的专业行为服务，如康复服务、辅导服务等。如今志愿组织的行为服务越来越多样化，越来越有内涵，能够满足不同对象的需求，产生良好的效果。文明实践志愿服务就是通过多层次、多途径、多类型、多项目，不断拓展服务内容，不断丰富服务形式，有利于吸引乡村社区群众参加，有利于满足不同类型的群众需求，进而在全社会营造"我为人人、人人为我"的志愿服务氛围。

第三节 文明实践志愿服务项目实施的"九字真经"

最近,我们应邀到广东、浙江、江苏、山东、湖南、贵州等地的全国文明实践中心试点县区,以及省市试点县区讲课,大多数地方都挑选文明实践志愿服务项目策划技巧的课程。而且,讲课中提及的项目策划"实精好、新特活、高大上"的"九字真经",被乡村基层干部和志愿者骨干多次说起,认为记得住、用得上。笔者老老实实承认,这是一个故弄玄乎的说法。因为,如果仅仅说志愿服务项目要做实、做好,就显得太普通,显得教授没有水平。所以,笔者凑够九个字,美其名为"九字真经",听众就有印象、记得深。现在,我们讲课回来整理思路,发现基层干部群众说得还是有道理,"九字真经"可以详细解释和介绍,便于文明实践志愿者参考使用。

很多基层干部和志愿者骨干问如何策划志愿服务项目、如何提升志愿服务项目,笔者觉得关键是"核聚变"和"核裂变"。具体而言,"核聚变"就是要善于将各地区开展的很多文明实践志愿服务活动汇聚起来,反复推敲归纳,逐渐提炼出"一个亮点、一条主线、一片图景";"核裂变"就是要善于将简单的观点、说法不断延伸和丰富,变成多样化、丰富性的关爱和助人服务,成为百花齐放、百花争艳的美丽景色。因此,"九字真经"就是针对这种提炼的需求,一点点做出来,打造文明实践志愿服务项目的品牌。

一、志愿服务项目的基础:实精好

文明实践志愿服务的项目,最重要是"对老百姓有好处,让老百姓真满意",所以其基础就是"实精好",切实做到乡村社区需要的环节,切实做到基层群众需要的节点,发挥实实在在的帮助和作用。

(一)实——把握需求、具有实效

我们认为,文明实践志愿服务项目来不得半点虚的东西,最关键是让乡村群众感受到能够改善生活、改变环境。我们到贵州省清镇市乡愁社区,这是一个农村城市化的社区、城郊边缘地的社区、拆迁安置房的社区。当时,在合并的新社区起名字的时候,为响应习近平总书记提出的"看得见山、望得见水、记得住乡愁"的要求，确定新的名字为"乡愁社区"，同时也建立了新时代文明实践所。这里充分发挥社区党委的凝聚力、领导力，引领社区居民、外来人员共建家园。一方面社区党员志愿者带头建立"红信银行"，激励党员示范带头，为有困难的家庭提供关爱帮助，为社区环境改善提供常态化服务，从而带动居民、流动人口爱家爱社区，共同参与志愿服务。另一方面在居民和流动人员中建立"社区议事会"，针对群众的需求，一件件沟通商议，获得共识之后，就提供服务、满足需求，营造和睦的社会氛围。再一方面，社区主动联合辖区的贵州省职教城以及其他机关事业单位、工商企业，建立"社区共商共治委员会"，既发挥辖区党委的优势和特长，为社区志愿服务作贡献，也了解辖区单位及成员的利益需求，提供解决问题、改善生活的便利。这样，社区党委在群众中的威信越来越高，在辖区单位中的影响力越来越大，成为为群众办实事、办好事的领头人。

山东省潍坊市文明实践中心，联合阳光融合医院，为山区农民提供"每天有、每周有、每月有、每季有"的"四有公益"志愿服务。在定期深入农村的"健康直通车"志愿服务中，通过一台电脑、一部耳机，联网后就可以跟医院的专家视频通话、做基础诊断，从而让农民能够最大限度得到专家的第一诊断，获得医疗专家的免费诊治，为农民消除病痛、恢复健康。湖南省长沙市芙蓉区文明实践中心开展"文明实践365"志愿服务，构建群众"点单"、部门"派单"、志愿者"送单"、群众"评单"的工作回路，提供群众最需要的服务、解决群众最闹心的难题。这些地方的经验，就是在传播新时代新思想的同时，更加注重开展日常化、生活化的志愿服务，满足群众的细微需求，解决群众的切实困难，真正促进民生改善、生活幸福。

（二）精——精准服务、针对性强

文明实践志愿服务项目最关键是要针对乡村建设的需要、乡村群众的需求，策划和实施切合实际、针对性强、效果明显的项目。广东省博罗县罗阳镇观背村，曾经是脏乱差出了名的"烂村"，村党总支被组织部门确定为"软弱涣散基层组织"。县里抽调司法局党员干部到观背村担任第一书记以后，一方面积极做好村民的思想工作，通过沟通交流让广大群众理解改变村容村貌对每一个村民生活的好处；另一方面竭诚邀请画家、书法家、民间文艺家等到村里面进行"文明上墙""民俗上墙""艺术上墙"等，营造文明环境；再一方面是动员县里面颇有名气的"手留余香"志愿服务队进驻观背村，既开展义帮、义诊等服务，也开展文明传播和良好习惯培养等。不久，在党员和志愿者的带动下，村民与流动人口逐渐改变乱扔垃圾、乱倒脏水等不良习惯，还自觉维护屋内屋外的卫生文明环境。我们前来考察辅导的时候，发现观背村已经打造成远近闻名的"旅游村""生态村""农家乐村""民宿村"，吸引来自省内外的游客观光浏览，村民获得了可观的经济收益。我们发现，文明实践志愿者的精准服务，就是要把握村居发展和群众生活的实际需求，不贪大求全，而是有的放矢，选准一个或几个最能够帮助改变村容村貌、改善村民生活的项目，认认真真做、扎扎实实做，就能够取得成效。例如，浙江省慈溪市桃园社区文明实践站开展樱花邻里节活动，营造景美人和的社区氛围，让村民和游客在观赏、拍照的过程中感受友善和睦。这种"以景色影响人、以景色引导人"的志愿服务活动，产生了出人意料的好效果。相比于过去简单的扫扫路、刷刷墙、拔拔草等服务，现在文明实践志愿服务就要针对乡村社区群众的多样化需求，找准一个个焦点，做好一个个项目，才能够真正受到群众欢迎，产生持久效果。

（三）好——功能拓展、惠及群众

乡村社区的文明实践志愿服务，在抓住一个焦点，开展有特色的服务项目时，还要不断拓展思路、扩大范围，让更多的服务元素惠及群众，带来越来越多的可喜变化。例如，我们在贵州省龙里县洗马镇哪嗙村（社区）文明实践站考察辅导印苗（苗族）志愿服务的时候，发现他们在党的关心和帮助下，在新时代新思想的引导下，一方面通过精心制作"印苗刺绣"的工艺服饰，获得经济收入的增加、生活水平的提高；另一方面通过文明道德和志愿精神的传播，培养友爱互助的良好习惯。各家各户门前粘贴精美的"志愿承诺"，有承诺搞好门前卫生，有承诺为过路行人提供免费水喝，有承诺帮助照看村里的孩子等，营造了安全、卫生、舒适、和谐的生活家园。又如，陕西省延川县寺河村成立红白理事会志愿服务队，遏制"红礼金""白礼金"及酒席成本疯狂上涨，乡村群众负重不堪的状况。安徽省淮北市农村探索"一组一会"机制，以党组织领导、党员志愿者带头，村民理事会主导、乡贤牵头的方式，解决邻里纠纷、改变传统陋习，让乡村群众逐渐获得文明、和睦、愉悦、舒适的生活。这些做法，都是不断丰富文明实践志愿服务的内容和功能，在乡村社区群众生活中发挥越来越积极的作用。

二、志愿服务项目的特色：新特活

乡村社区文明实践志愿服务在做到"实精好"的基础上，要适应时代变化，适应时尚冲击，进一步做到"新特活"；让志愿服务更受群众欢迎、有更多群众参加、更加富有魅力。

（一）新——新颖有吸引力

社区和乡村的文明实践志愿服务要跟上时代、要富有新意，就要与网络信息相结合、与生活时尚相结合、与新锐事物相结合。重庆市在推广乡村文明实践的时候，建设"掌上新时代文明中心"，通过一个集图文、音视频、动漫、小程序多种形式内容的品牌，传播新时代新思想新文明；同时组建"掌上智多星"志愿者队伍，借助网络、手机、APP等向乡村社区群众讲解新思想，传授新技术，推广新文明。广东省中山市推广文明实践志愿服务的时候，发起"随手拍"志愿服务项目，通过志愿者在工作与生活的过程中，随时发现好人好事、益人益事进行拍摄和传颂，倡导文明友善社会风尚；随时发现不文明、不道德、不规范的现象进行拍摄和上报，提供文明办及相关部门监督、制止。这些利用网络和自媒体、新媒体进行正能量传播，消除负面因素影响的做法，受到干部群众的关注和赞赏。

（二）特——独特有感染力

乡村社区文明实践志愿服务还要发挥地方特色、民俗特色，将新时代新思想传播和新关爱新服务推广做得有吸引力、有影响力。这样，不仅仅有"指定动作"的建立"中心"、成立"总队"等环节，还有"自选动作"的社会志愿服务团队展示和体验环节，生动活泼、富有新意，受到城乡群众的欢迎，也引起社会的广泛关注。

（三）活——活泼有生命力

文明实践志愿服务要鲜活、活泼，才有生命力，才能够受到群众的欢迎，才能够吸引群众的参与。这样，志愿者就要把握群众需求和地区特色，不断开发富有特色、活泼有趣的志愿服务项目。如在海南省海口市美兰区演丰镇演东村文明实践站，志愿者开设的花艺课特别受农村妇女的欢迎。大家反映，都以为来到中心就是听报告、读文件，没有想到传播新思想的同时，还有这么多接地气、有乐趣的服务项目。内蒙古四子王旗建立流动的文明实践中心，发动专业志愿者开展多样化的服务，除了文艺乌兰牧骑轻骑兵之外，还有科技乌兰牧骑轻骑兵、学习乌兰牧骑轻骑兵、生态乌兰牧骑轻骑兵。他们载歌载舞、欢乐表演的同时，还宣传了新思想、新科技、新生态，让牧民在愉快享受之时获得知识技术。广东省乳源县新时代文明实践中心，联合中央电视台的演员、歌手，与瑶族同胞一起开展快闪活动，将《我和我的祖国》用时尚的快闪方式增添新活力、新魅力。我们在调查中发现，文明实践志愿服务深入乡村社区、贴近干部群众的关键，就是要打破单一、僵化的形式，创造生动活泼、富有魅力的项目，赢得群众的关注、参与，真正做到入村入户、入脑入心。

三、志愿服务项目的提升：高大上

乡村社区的文明实践志愿服务不仅仅要接地气，而且还要上档次，为此就要逐渐具有"高大上"的元素，将新时代新思想传播、新文明新生活创造相结合，为群众提供富有价值的引导和支持。

（一）高——理想情怀富有高度

文明实践志愿者要"站得高、看得远"，既要"脚踏实地"也要"仰望星空"。例如，天津市开展文明实践宣讲活动的时候，邀请在朝阳社区"社区志愿者展馆"受到习近平接见的志愿者张振东和兰长燕分享服务故事。76岁的张振东退休后长期致力于五大道历史文化的研究和发掘工作，并成为讲解志愿者，为广大群众特别是青少年讲述五大道新中国成立前后的历史变迁，以及见证中国人民站起来、富起来、强起来的启迪。74岁的兰长燕住在新兴街新兴北里，作为志愿者，她长期以来诚信做事、诚心待人，20多户邻居主动将钥匙交给她保管，称她为"钥匙阿姨"。这些文化志愿者、诚信志愿者做的事情虽然琐碎、平凡，但是反映的思想境界高尚、道德情操高尚，感动了许多人，也吸引了许多人，逐渐组成为志愿者大军。还有，在中山市小榄镇文明实践中心，"囤粮计划"志愿者邀请40后、50后、60后、70后、80后、90后、00后共"七个十年"的人聚集在一起，分享学习实践习近平关于"奋斗的青春最美丽"等重要论述。从当年"青年突击队"到现今"青年志愿者"，从"洗脚上田"办乡镇企业到"触电上网"做淘宝微商，他们发自内心、流露真情的分享和叙述，赢得在座听众的阵阵掌声，也激励大家发奋进取、奋斗拼搏。所以，通过文明实践志愿服务，引导乡村社区群众提高思想境界，追求奋斗人生，具有非常积极的作用。

（二）大——视野宽阔富有广度

乡村社区文明实践志愿服务"大"的要求，就是不要被小团体、小地区的视野所束缚，而是要善于跳出来面向全国学习和思考、面向世界学习和思考，做出具有影响力的传播和服务。河北省永清县云裳小镇文明实践所的党组织，为从事商务流通业的党员建立"红色家园"，并且组织流动党员开展"狼牙山红色之旅""嘉兴红船之旅"等，学习各地革命事迹，学习各地改革经验，为新时代发展积蓄力量。广东省深圳市宝安区石岩街道党建服务中心开展"金种子——社区党务工作者成长计划",一方面安排社区党委书记、委员到井冈山、延安、四明山等培训学习,继承革命传统、振奋改革精神;另一方面邀请广东省党建专家前去具体指导,帮助社区党员干部提高思维能力,学会解决实际问题。不论是东南沿海地区还是中西部山区农村,乡村社区文明实践志愿服务都需要经验交流、思想启发。所以,策划和实施具有"大视野、大思维"的项目,让党员干部和志愿者获得启迪、获得激励,能够更好地开展服务,关爱和帮助基层群众。

(三)上——专业发展提升档次

乡村社区的文明实践志愿服务需要上水平、上档次,即不能满足于简单的扫大街、看老人、做表演,而是要分析和把握广大群众的具体利益、具体需求,提供针对性强、实效性强的服务。浙江省桐庐县文明实践中心有一位特殊的志愿者吴素环大姐,她本身是渐行性肌营养不良症患者,却经常坐着轮椅去给盲人做无障碍电影简介服务。她特别受盲人朋友的欢迎,因为在讲解的时候,她非常认真和细致,对电影中涉及任务、地点、事件、物品等都尽量了解,讲述得非常真实、可感,令人印象深刻。例如,涉及做饭菜的镜头,吴素环大姐不是简单说"开始煮饭做菜",而是具体描述电影中的人物煮饭下多少米、淘多少水,做菜是什么青菜、什么配菜、多少油盐酱醋等,让盲人朋友在听电影的时候犹如亲身经历,获得深刻印象。其实,推进文明实践志愿服务的专业化,并非只有专家教授、技术人员可以做到,普通志愿者用心细心做好每一项服务,长期培养服务的知识技巧,也能够做到专业化、有水平。为此,广东省成立"文明实践志愿服务专业督导团",为各县文明实践中心的志愿服务团队提供专业咨询和辅导;山东省青岛市文明办与青岛职业技术学院合作,成立"文明实践培训学院",开展文明实践发展研究、组织孵化、项目研发、师资培育、教材开发、业务培训等工作,成为文明实践专业化的一个"摇篮"。

文明实践志愿服务项目的策划与实施,既要针对乡村社区的群众需求,做到接地气、有实效,也要适应社会发展和时代要求,做到有新意、有魅力。本文提出的志愿服务项目策划"九字真经",提供各地志愿组织和志愿者交流和参考。

第四节　文明实践志愿宣讲项目如何让群众听得懂

文明实践中心的志愿服务以传播习近平新时代中国特色社会主义思想为重点，以传播社会主义核心价值观为重点，以传播新时代文明为重点，就要创新宣传方式、拓展传播途径，让乡村群众喜欢和接受。调查发现，各试点县区进行了有益的探索。

一、深入了解农村群众的思想动态

新思想传播如何做到在乡村群众中入脑入心，让群众学得进、用得上，就需要进行调查分析，了解群众的思想动态和发展需求。贵州省龙里县组建"山乡萤火虫"志愿服务队，到偏僻的山村了解村民的想法，了解群众对社会的认识，从而设计通俗易懂、受到欢迎的传播形式。湖南省辰溪县"一枝一叶总关情"的志愿者深入乡镇、村庄与群众促膝谈心，了解村民对于理论宣讲的具体想法与需求，设计以讲红色故事为主、寓教于乐的宣传形式。所以，有调查研究才有发言权，各地文明实践中心试点在经过充分调查的基础上，选择切合乡村群众需求的新思想新文明传播形式，就能够产生良好的效果。

二、探索新思想传播的多样化途径

我们发现，很多试点的乡村文明实践志愿服务，在传播新思想方面都采取由小到大、由浅入深的方式。除了每年几次的大型宣讲和教育活动之外，更多是探索和创造灵活多样、小型便捷的传播形式。如山东省龙口市开展"大槐树下"的传播活动，以"小马扎"听故事等形式，让群众在喜闻乐见的民俗交流中，点点滴滴了解新思想、学习新思想、掌握新思想。广东省博罗县采取寒假回乡大学生"走村入户"进行"讲故事、传观点"的形式，与老人、妇女在拉家常、闲聊天的过程中传播新思想、新文明。

三、把握贴近和引导群众的新内容

习近平新时代中国特色社会主义思想的内容丰富，在选择向乡村群众传播普及的时候，就要根据群众的喜好与特点，循序渐进进行宣传推广。中山市小榄镇文明实践中心在宣传习近平勉励广大干部群众"始于梦想、基于创新、成于实干"的时候，就挑选中山市沙溪镇霞湖世家女员工米雪梅从打工妹到全国人大代表的奋斗和成长案例，并且介绍习总书记在接见米雪梅的时候讲到"梅花香自苦寒来"的故事。这样，乡村群众对于"学习金句"的印象更深刻，也就记得住、用得上。江苏省宜兴市谈家干社区在学习习近平讲话精神，激励干部群众奋发进取的时候，就将社区名字拆解为"谈正气""传家风""干实事"，每一个词都与习总书记的勉励和要求相结合，成为乡村社区群众不断奋斗、共建家园的指路明灯。可见，挑选新思想、新文明中与群众生活密切相连，对群众思想富有影响的内容，进行传播推广，就能够收到很好的效果。

四、激发乡村自主学习运用的热情

许多文明实践中心试点，在推广乡村文明实践志愿服务的时候，都考虑到如何激发乡村群众的自主性和积极性，调动群众的热情。贵州省赤水市在乡村中选拔村民做"金牌播音员"，用乡音朗读和传播《平语近人》等，让群众感觉很亲切、有特色。广东省深圳市宝安区石岩街道针对外来务工人员来自全国各地的特点，邀请来自湖南、四川、河南、安徽等十多个省市的务工人员用家乡语言朗读"学习金句"，为各地群众提供有亲切感和感染力的传播，让新思想新文明深入各地群众心目中。调查发现，在文明实践中心试点建设的初期，仅仅是县区的讲师团成员到乡村宣讲、推广，群众的参与感不够强、主动性不明显。现在，越来越多的试点县区发挥乡村群众的热情与积极性，让"农村能人"参与新思想的传播与推广，更有吸引力和感染力。

五、让核心价值观引领乡村新舆论

目前，很多试点地区的文明实践志愿服务逐渐在乡村"生根发芽"，带动乡村骨干力量、热心人士参与服务、组建队伍、营造氛围。贵州省龙里县谷新村党支部书记李建文，通过面向乡村群众广泛宣传新思想新文明，调动群众的积极性。如今由村里的党员和群众建立了"感党恩志愿服务队（脱贫户反哺社会服务）""淳民风志愿服务队（规范红白喜事和倡导文明风尚服务）""和事佬志愿服务队（调解邻里纠纷服务）""家乡美志愿服务队（环保生态服务）"，将社会主义核心价值观传播与关爱服务、环境保护相结合，营造积极向上的舆论氛围。海南省海口市美兰区演丰社区等地选拔"田教授"进行文明传播和科技传播服务。这些"田教授"就是村民中间率先脱贫、率先发展的，他们以亲身的经历和体会与广大群众分享，更加能够引起共鸣。调查发现，伴随文明实践志愿服务的发展，乡村的正气上升了，风气扭转了，歪风邪气就逐渐销声匿迹，呈现出新面貌、新景象。听党话、跟党走成为新时代乡村群众的共同心愿。

第五节 做好文明实践志愿宣讲项目的"十个要诀"

全国文明实践中心试点工作的推进，各县区都建立了"文明实践志愿者讲师团"，招募党员志愿者、老干部志愿者、教师志愿者、青年志愿者等，开展宣讲习近平新时代中国特色社会主义思想的活动。目前，大量志愿者讲师在新时代讲堂、道德学堂、乡贤讲堂、文明学堂等开展讲座，深入乡村的榕树下、小河边、田头、门坎外进行新思想学习的交流辅导，创造了许多鲜活的经验。但是，我们在各试点县区辅导和调研的时候，志愿者讲师团成员都询问，如果要长期和深入传播新思想，怎样做到更有生命力，持续受到群众欢迎，不断发挥积极作用。为此，我们收集基层宣讲的经验，整理和提炼，提出"十个善于"的思路，供各地志愿者讲师团参考借鉴。

一、善于结合红色元素传播

习近平新时代中国特色社会主义思想具有科学性和系统性，同时也非常具有时代气息，非常贴近群众生活。为此，我们在学习和传播新思想的时候，针对每一次宣讲的主题，要善于梳理和提炼核心元素，作为传播活动的指导。例如，在宣讲新思想中关于社会建设与社会治理的内容时，可以发现"乡村治理""社区治理"与"共建共治共享""国家治理体系"等词汇近年来在习近平重要讲话中出现频率较高，在中央文件和国家政策中出现频率也较高。那么，围绕基层的创新乡村治理和社区治理，就是建设美好生活与幸福家园的基础；围绕构建共建共治共享的社会治理体系、国家治理体系，就是我国长治久安、发展繁荣的基础。志愿者讲师抓住这些核心元素，通过认真学习和深刻领会之后，运用通俗易懂的语言，结合生动活泼的案例，就能够面向城乡群众传播推广。特别是要结合本社区、本乡村的具体事例。例如，某农村地区前些年建成新河堤之后，一些家庭贪图方便，就将垃圾倒在河堤边的公共空地，日晒雨淋之后，出现腐烂发臭的味道，引起很多村民的不满。在镇党委和镇政府的引导下，村民议事会广泛征集意见，互相交流沟通，一方面向群众宣传卫生、健康、环保、生态的观念意识；另一方面增加了村里的垃圾回收箱，增多了回收次数。这样，村民都自觉维护卫生环境，不再向河堤倾倒垃圾，真正建成了美丽河堤、美丽乡村。这些乡村治理、村民参与的事例比比皆是，只要收集和整理，运用到传播新思想的活动之中，就能够受到欢迎，收到良好效果。

二、善于结合独特认识传播

每一个干部群众，对于新时代的认识和理解，既有共同的观点，也有不同的看法，这样才是百花争艳、各有特色。所以，文明实践志愿者讲师，在深入社区、农村进行宣传的时候，不是机械地照本宣科、依样画葫芦，而是应该结合自己的认知，讲述对新时代新思想的独特认识。例如，我们到全国试点县——乳源县授课的时候，感触最深的就是金色瑶乡的变化。刚刚改革开放的时候，我们来到乳源看到的就是交通不方便、农业生产单一、工商业不发达、旅游业不兴旺，瑶族同胞和汉族群众的生活都比较艰苦。90年代后期，我们就已经发现县里面抓住农村种植业和养殖业更新发展的机遇，在传统产业的基础上，引进网箱养鱼、有机果菜等，提高村民种养产品的附加值，获得发展致富的渠道。现在我们到乳源县的时候，发现农村城市化初具规模，瑶乡旅游业形成气候，村民的生活与文化获得很大的改善。因此，我们在传播新思想的时候，结合自己对乳源县三个时间段发展变化的认识，讲述共产党为人民美好生活向往而奋斗的目标，获得了大家的认同。各地区的县委书记、镇委书记、村支书以及各类文明实践志愿者，都可以将新思想的观点与自己的认识、理解相结合，面向群众进行通俗易懂、入心入脑的传播，就能够取得很好的效果。

三、善于结合爱心服务传播

文明实践志愿服务的新特色在传播，但是乡村社区群众关注的焦点在服务，即传递党的关爱和帮助，传递社会的爱心和温暖，让乡村社区的群众获得生活的改善，获得精神的愉悦。为了准备给文明实践中心讲授文明实践志愿服务的机制化和常态化课程，上网收集材料，笔者在中国文明网看到一张照片，非常温馨和有感染力：一对农村老夫妻，相拥坐在一起，露出开心和自豪的笑容。这是山东省寿光市文艺志愿者为李二庄22位老人拍摄的"寿星照"之一。笔者在微信转发之后，很多人转发，也提供了更多的信息。小榄镇志愿者刘天明告知："我们小榄镇摄影爱好者为100多户拍过全家照"，贵州大学艺术学院的大学生志愿者也为贫困山区很多老人拍摄"全家福"照片。我们传播新时代新思想中"以人民为中心""为人民对美好生活的向往而奋斗"的观点时，结合这些文艺服务，或者其他关爱服务、助人服务的案例，村居群众听起来就更有切身感受，更加感同身受，从而加深他们对新时代新思想的理解。

四、善于结合社会历史传播

文明实践志愿者讲师，在传播新时代新思想的时候，要善于结合中国的历史、革命的历史、改革的历史进行讲述，这样就更有说服力、影响力。基层干部和群众用最通俗的语言说，"毛主席带领中国人站起来""邓小平带领中国人富起来""习近平带领中国人强起来"。这些朴素的语言，非常简单、非常直白，但是道出了历史的真相、道出了深刻的认识。笔者到贵州省龙里县洗马镇哪嗙村辅导和调研的时候，当地干部群众介绍，原来的印苗居无定所，是新中国成立后得到党的关怀，才安居立业。但是，由于不善于掌握现代工商业技术，传统民族工艺不受重视，他们一度经济收入少、生活比较困难。近年来，在党和政府的关心和支持下，印苗人积极掌握电脑技术、网络技术、微商技术，通过阿里巴巴的支持开展淘宝网络营销。如今"印苗刺绣"工艺品，获得数百元、数千元一件的价格，并且从贵州省销售到全国、海外，实现印苗人家家户户奔小康、能致富。同时，印苗人改善生活之后，主动做好文明实践、积极参与志愿服务，很多家庭在门外张贴"志愿承诺"，包括"承诺搞好屋外的公共卫生""承诺帮助照看村里的小孩""承诺为过往行人提供免费水喝"等。这些细微、琐碎的志愿服务承诺，恰恰解决了长期以来的脏乱差问题、儿童安全问题、邻里纠纷问题等，创造了和睦美好的村民生活环境。当面对各地群众传播新时代新思想，结合这些历史变化进行分析的时候，大家就听得进、记得住、想得明、做得到，能够达到有效传播的效果。

五、善于结合生活体验传播

在传播新时代新思想的时候，乡村社区的群众最容易接受、最容易记住的是"有经历、有经验、有体会、有感想"的内容，而不大喜欢空洞、教条的"念讲稿"。为此，不论是退休老党员、老干部、老教师做文明实践志愿者，结合长期的经历和经验宣讲，还是年轻的党员、团员做文明实践志愿者，结合成长经历、感悟宣讲，都更加能够引起群众的同感、共鸣。小榄镇志愿者刘天明，在部队复员之后从内地到广东务工谋生，在企业做保安工作。他一边尽职尽责做好工作，一边关心他人、关心社会、关心国家。18年前，他看到许多农民工的孩子——"小候鸟（流动儿童）",在流动学校放学之后,因为父母仍未下班,就在路上游荡、玩耍,既存在安全隐患,又缺乏关爱辅导。刘天明就联系村委,争取一间房子作为"四点半关爱课堂"的场所,召集志愿者为流动儿童提供关爱、辅导、游戏和亲情陪伴等。后来,他还与妇女志愿者等发起"助学团",到广东山区、广西山区等开展扶贫助学服务。与此同时,他还组织开展献血志愿服务、消防志愿服务、应急志愿服务、交通志愿服务等,在越来越多的领域发挥作用。小榄镇成为省级文明实践中心试点之后,刘天明就主动加入文明实践讲师志愿者团队,运用自己的经历和故事感染大家、启发大家,吸引更多的村居群众、外来人员加入志愿者队伍,共建共享美好家园。我们发现,不论是山区农村的文明实践传播,还是城市社区的文明实践传播,有经历有体验的志愿者,结合自身体会宣讲新时代新思想,就更加能够获得广大群众的喜爱,影响更多的群众发奋进取、友爱互助。

六、善于结合生动案例传播

文明实践志愿者的传播要结合各地区、各乡村的实际案例、生动故事,才能够紧扣人心、引领人心。笔者今年初到浙江省宁波市讲授乡村社区文明实践志愿服务发展思路的课程,到了才发现是在梁弄镇的四明山。为什么呢？有三个原因:一是四明山是浙东革命根据地,在革命战争年代,这里的人民为党组织和游击队的发展做出了极大的贡献;二是近年来梁弄镇敢为人先、不甘人后,进行山区老区脱贫攻坚的探索实践,走出了乡村振兴的新路子;三是这里在经济发展的同时非常注重文明实践和生态建设,真正创造"绿水青山就是金山银山"的丰富经验。我们与宁波市、余姚市、梁弄镇干部交流的时候,他们那种咬定青山不放松、凝神聚力往前走的态度给人留下深刻的印象。正是因为既激发了奋斗进取的精神,又创造了生机盎然的绿色环境,梁弄不仅现代农业和生态旅游业快速发展,而且吸引了高科技、高智能产业和生物产业落户,创造了巨大的发展机遇。当传播新时代新思想的时候,融入这些生动、可见、有感染力、有吸引力的案例,基层的干部群众就愿意听、愿意学,获得真正的"精神食粮"。

七、善于结合民间习俗传播

文明实践志愿服务既要传播新时代新思想,也要弘扬民族文化习俗。因此,志愿者讲师要善于发现本地区的民间习俗,善于寻找本社区、村庄的传统习俗,发掘优秀习俗元素,并结合到文明传播之中,发挥积极的作用。笔者到文明实践中心试点——湖南省辰溪县授课辅导的时候，当地干部介绍，原来农村有"闹春节"的习俗，今年县委宣传部、县文明办就因势利导，鼓励开展"村村办春晚"。初期，有些农村干部还嫌麻烦，不愿意举办。县里没有强求，仅仅是鼓励和支持。出乎意料的是，非常多的乡村群众喜欢"办春晚"。他们感觉近年来农村的春节年味淡了、人心散了、生活乏了，希望通过自己办、自己演、自己看的农村"春晚"，让村民感受家乡的热情和魅力。结果，全县260多个村，有200多个村办了"春晚"。笔者对这个现象非常关注，就建议他们在各村农民演出的节目中，挑选出十多个有特色、讲文明、受欢迎的好节目，组建"湘情文艺轻骑兵"。每个月邀请一到两支村民文艺队，到邻镇、邻村进行流动演出，既传播文明实践，又增添农村娱乐；通过新时代新思想的传播和推广，让中华民族的传统习俗，与新时代新生活相结合，焕发新的生命力和影响力。这样，不论是东北的"二人转"、陕西的"秦腔"、河南的"梆子"，还是江浙的"黄梅戏"、广东的"粤曲"和"客家山歌"，都可以与文明实践有机结合，赋予新时代的丰富元素，成为老百姓美好生活的组成部分，成为新文明发展繁荣的组成部分。

八、善于结合科学技术传播

新时代文明实践的传播推广，如何让科学技术"走村入户"，贴近群众，惠及生活，确实值得志愿者讲师探索和创新。如全国试点之一——广东省博罗县发挥科技、医疗、文化等专业志愿者的优势，为乡村提供专业化、有实效的服务。该县有一支"博艾"志愿服务队，就是发挥中医特长，通过传播中草药使用，宣传中医"治未病"，义务为群众提供推拿、按摩、针灸、艾灸等服务的队伍。配合文明实践中心的工作，博艾志愿队开展"博艾大讲堂""中医进乡村""亲子体验园（中草药种植园体验）"等，让越来越多的居民、村民了解中医、注重健康。前两天，笔者在备课的时候，看到"黑土麦田"微信公众号登载的《扶贫青年们春天里的故事——驻村青年说》。文中讲到其中一位中国农业大学毕业的硕士加入扶贫服务，在一个村庄利用所学知识技术，帮助当地农民解决养鸭污染的难题。农民通过养鸭脱贫致富是一条可行的途径，但是鸭粪等对水质、空气的污染却是新问题、新难题。这位青年运用所学农科技术，采取微生物发酵等方式，将鸭粪通过堆肥处理变成有机肥料，种植辣椒、黄瓜、茄子、绿叶菜、小番茄等，帮助农民解决难题、有效致富。笔者给乡村文明实践站讲课的时候，就引用了这个例子。同时，笔者也希望更多的博士、硕士、大学生走进乡村，运用所学知识和技术解决农民遇到的实际问题；不要追求做多大的事情，只要专心致志、一心一意帮助农民解决一两个最迫切、最实际的问题，就发挥了极为重要的作用，也是为乡村和农民做出极大的贡献。

九、善于结合网络时尚传播

新时代文明实践中心的建设，面临网络日趋发达、信息快速流传的环境，就不能回避网络影响，而是要主动利用网络渠道，发挥主流价值和正能量的影响。文明实践志愿者讲师也要把握网络传播的规律，以"快速、准确、聚焦、感染"的特点，引起广大干部群众的共鸣，从而实现新时代新思想传播的良好效果。如荣获中共中央宣传部授予"时代楷模"称号的张佳鑫，从上大学的时候就创建"夕阳再晨"志愿服务队，通过"科技助老、电子助老、网络助老"等方式，帮助社区老人学会上网、打游戏、做电商等，从而跟上时代节拍，与儿女、孙辈有沟通交流的途径。张佳鑫等编著的《爸妈微信e时代》《手机里的大世界》等书籍，图文并茂、简明易学，成为全国老人上网的"小宝书"。最近，张佳鑫和"夕阳再晨"的青年社工、青年志愿者，配合文明实践中心建设，为北京、江苏、湖南、贵州、广东等地的农村提供村民文明上网、信息获取、网络交往、电商致富等辅导服务，越来越受到农民的欢迎。笔者到不少地方考察和授课，遇到村干部、村民需要网络辅导和支持的时候，就推荐给张佳鑫和"夕阳再晨"，他们都欣然允诺，热情服务。可见，文明实践志愿者讲师不能脱离时代、脱离网络，而是要积极接触和了解网络世界的动态及其影响，才能够为社区群众、乡村群众提供科学指导、技术帮助。

十、善于结合国际发展传播

新时代文明实践志愿服务，在面向乡村社区不断发展、不断创新的同时，还要面向国际，为构建人类命运共同体、"一带一路"建设等作出贡献，为展示中国的发展与友好，促进中国与各国的合作共赢作出贡献。特别是广东、福建、浙江、江苏、山东、辽宁等地的文明实践中心，要通过乡村社区新文明、新生活、新服务、新环境的传播，让世界了解一个新的中国，让各国人民了解中国人的生活状况。记得前些年有两个案例。一次是邀请联合国志愿人员组织及各国志愿组织到广州交流的时候，参观启智志愿服务总队所在地，观摩和交流之后，联合国官员说："想不到在中国还有这么有活力、自主性这么强的志愿组织，值得关注。"另一次是邀请联合国志愿人员组织及英国海外志愿者社、国际狮子会、国际扶轮社等考察深圳盐田大梅沙海洋生态志愿服务队的时候，联合国官员说："没有想到中国还有原住民的志愿组织（渔民组建的志愿组织），做得这么好。"其实，中国的城市与山区、社区与乡村都有越来越多的志愿服务组织，开展邻里守望、扶贫助困、文化习俗、生态环保等各类服务活动，构建美丽家园、创造美好生活。文明实践志愿者讲师，也要收集和整理这些案例、故事，通过宣讲和传播，既让广大群众了解熟悉，也让外国了解熟悉，传播中国的文明形象和友善形象，赢得广泛的理解与合作。

文明实践志愿者讲师承担"传播新思想有魅力、开展新服务有活力、创造新生活有动力"的光荣使命，成为在乡村社区为老百姓提供理论知识、创新经验的"百灵鸟"。为此，志愿者讲师更要认真学习、深刻领会、结合实际、做好宣讲，为建设美丽乡村、美好家园作出贡献。

第五章

新时代文明实践
要让群众有获得感

第一节　如何回应群众对文明实践志愿服务的需求

我们开展培训辅导和调查研究主要选择的是乡镇和村庄，切实了解基层开展文明实践志愿服务的情况，以及乡村群众的具体需求。总体而言，广大群众的需求就是"传播新思想有魅力、开展新服务有活力、创造新生活有动力"，即避免形式化、单一化的宣传和服务。我们运用当地乡村群众的土话（朴实语言），概括出乡村文明实践志愿服务需要"启明星、百灵鸟、连心桥、小棉袄、巧工匠、护花人"。具体分析如下：

一、乡村需要"启明星"

目前，前往乡村进行习近平新时代中国特色社会主义思想宣讲的既有党政领导，也有高校教授，还有退休老干部、青年党员等。从群众的反映看，不论是什么人来宣讲，都希望是听得懂、学得进、用得上。有些领导或专家习惯照本宣科，讲了很多大道理但是不接地气，老百姓听不懂，就感觉浪费时间。有些基层宣讲团成员的水平不高，只是罗列理论观点或事实，缺乏自己的思考和有启发的观点，乡村群众感觉"被糊弄"。从我们与乡村干部、乡村群众的沟通情况看，他们最喜欢的讲师团成员是能够把握新思想的精髓，用通俗易懂的语言解释，并且能够结合各地的实践分析案例故事，从中提炼富有启发性、可以学习和运用的观点。基层干部说这种讲师的作用就是"启明星"，并非面面俱到、事无巨细地介绍，而是简明扼要、提纲挈领地分析，让乡村群众真正学到新思想的核心元素，真正联系自己的生活进行理解和运用。

二、乡村需要"百灵鸟"

调查发现，乡村群众希望新思想新文明的传播是充满快乐的，是带给人们愉悦和幸福的。所以，群众更乐意看到将新时代新思想用文艺表演、民俗展示的方式体现出来。广东省龙川县利用群众喜爱的山歌、木偶、杂技等民俗文艺形式，发挥"山歌传颂新思想、木偶传播新文明、杂技传扬生活"的积极作用。贵州省龙里县洗马镇的少数民族——印苗群众将新思想的内容、核心价值观的内容、志愿精神的内容，编入印苗歌舞、绣进印苗刺绣之中，让大家在载歌载舞、欢庆喜悦过程中受到熏陶、受到感染。驻村第一书记介绍："在印苗人里传播新思想，说的不如唱的跳的记得住，唱的跳的不如绣的记得久。"这就反映乡村群众的喜好，更愿意通过欢庆、快乐的形式，了解新时代，吸收新思想。

三、乡村需要"连心桥"

我们到沿海或内地的乡镇、村庄发现，群众对于"坚持党的领导"，直接的印象就是对乡镇党员干部、对驻村党员干部的认知。所以，他们希望党员干部真正成为传递党的方针政策，开展惠民工作与服务的好干部，成为连接党组织与人民群众的"连心桥"。我们在山东省曲阜市武家村文明实践站调研辅导的时候，看到村党组织公示"全心全意为人民服务"的制度，公示党员对群众服务的"承诺内容"，让群众看得见、摸得着，能够享受服务，也便于随时监督。在海南省海口市美兰区演东村文明实践站，我们看到党员干部坚持发展集体经济，坚持为群众办好"微实事"，从而保障广大群众在社会经济转型中获得最大利益。所以，文明实践志愿服务中，群众最希望看到党员、干部真心为群众着想，真正为群众办事，将党的宗旨和理念落实到具体的工作和服务之中，架设沟通党和群众之间的"连心桥"。

四、乡村需要"小棉袄"

"小棉袄"这个说法是我在一个村庄交流的时候，老人说的比喻，就是说关心群众、热爱群众的干部、党员、志愿者，就像贴心的"小棉袄"那样让人感到温暖、感到幸福。在乡村文明实践志愿服务中，有的地方针对特殊人群开展一对一的结对服务。江苏省宜兴市新华社区针对老人、儿童以及残疾人、困难家庭的需求，由党员志愿者、青年社工、青少年志愿者共同组成服务队伍，提供定期上门的关心和帮助。中山市小榄镇新市社区文明实践站志愿服务队，设计和实施"美丽大变身"项目，筹集资金资源为孤寡困难老人进行旧屋翻新，为他们带去共享新生活、共享新家园的幸福感觉。目前，很多山区农村的中青年都外出务工，留下老人、妇女和儿童，使乡村出现冷清和寂寞的感觉，也给老人和孩子的生活带来不便。茂名365阳光志愿服务总队深入高州市大井镇的乡村，开展"乡村婆孙乐"的服务项目，即通过志愿者的引导和协调，鼓励乡村的老人、孩子在下午放学后的时间，到村委会提供的活动场所，开展亲情体验、游戏快乐等，并且通过沟通交流解决许多生活问题。这样，志愿者在一点一滴的关爱和服务中，将党的温暖带给乡村群众，体现国家和政府的关怀和照顾。

五、乡村需要"巧工匠"

新时代志愿服务需要专业化发展，在乡村文明实践站也呈现出这种需求。老百姓对于一般性、泛泛而谈的东西兴趣不大，但是对于结合实际、知识具有应用价值的内容就非常感兴趣。如浙江省余姚市梁弄镇作为贫困山区和革命老区，立志成为"老区＋山区"脱贫致富的先进典型，就在文明实践志愿服务中结合推进新产业发展，结合信息时代特点，开展"农业＋工商业＋旅游业＋机器人产业"等综合发展探索，通过努力成为中国机器人峰会永久会址。这样，各种人才前来梁弄镇开展研发和生产，也参与乡村的文明实践志愿服务，就提供了新的知识服务和技术服务，带来村民生活的新变化。广东省博罗县举办"中医科学大会"，本地的"博艾"志愿服务队等组织中医专业志愿者提供针灸、熏艾、刮痧、推拿等服务，受到乡村群众的热烈欢迎。调查发现，伴随乡村群众生活水平提高、生活需求多样化，专业化、技术型的志愿服务越来越受到欢迎，也产生了越来越好的效果。

六、乡村需要"护花人"

广大农村群众都特别关心青少年的成长问题，包括乡镇青少年的健康成长、留守儿童的健康成长等。所以，在乡村文明实践志愿服务中，关心和帮助青少年的项目就受到重视。广东省乳源县青年志愿者开展"护航——青少年健康成长"服务项目，设计"青春可以有弯路，但不可以走歧路"的宣传小礼品，在中小学生中广泛传播。湖南省辰溪县开展"一枝一叶"志愿服务，为留守儿童提供励志教育和关爱服务。文明实践讲师团的志愿者深入山区农村，一方面向留守儿童讲述习近平的成长故事，介绍习近平对青少年的关心和关爱，进行励志教育；另一方面开展亲情陪伴、心灵沟通等，让留守儿童从"爱心爷爷""爱心妈妈"的交流中获得温暖、获得激励，减少孤独和迷茫，学会走正确的人生道路。浙江省文化志愿者在参与文明实践志愿服务的时候，还走进高墙之内的监狱，为在押犯人提供引导教育，提供交流沟通，提供技能培养，激励他们正视社会、走向新生。这种"送法到乡村、关爱在身边"的志愿服务赢得了广大乡村群众的喜欢，也产生了良好的效果。

第二节 文明实践志愿服务如何让群众有获得感

文明实践中心在传播新思想新文明的时候,很多工作要与关心和帮助乡村群众的志愿服务相结合,才能够让群众有获得感。为此,各试点地区探索"虚实结合""虚功实做"的方式,推出多种多样增进群众利益、满足群众需求的服务,并且通过服务传递党的关爱、传递社会主义的温暖。

一、把党的关怀落实到千家万户

文明实践志愿服务面向广大乡村,深入家家户户,了解群众需求、提供关爱服务,就让广大群众感受到党的关怀、党的温暖。山东省寿光县组织千名摄影爱好者,深入乡村为孤寡老人、空巢老人、高龄老人等拍摄"幸福照"。不论是老夫老妻幸福相依,还是一个老人扶门翘望,或是老人与志愿者同露笑脸,都为乡村老人留下美好的记忆。湖南省娄底市乡村文明实践志愿服务中,志愿者为400多户村民建设无害化卫生厕所,通过加贴瓷砖、建化粪池等,消除了原来臭味熏天、苍蝇纷飞的状况。这些点点滴滴的小事,却是关乎乡村群众生活满足感、幸福感的大事。群众获得志愿服务、改善生活条件的时候,就感受到了党的关怀,感受到新时代的魅力。

二、在扶贫助困中提供关爱温暖

文明实践志愿服务在开展乡村扶贫助困、精准脱贫中也发挥着重要的作用。习近平总书记在广东省英德市连樟村考察的时候表示,乡亲们一天不脱贫,他就一天放不下心来。志愿者针对乡村贫困家庭、贫困人员的需求,提供精准服务,改善生活条件。碧桂园志愿者协会为英德市鱼咀村、连樟村、塘头村等提供产业咨询、生态保护等服务,帮助村民学习就业技能,尽快适应新的产业工作,培养"乡村厨娘""咖啡妹子""手工大妈""酒店大嫂"等,取得了良好的扶贫助困效果。贵州省龙里县印苗大师王万菊,义务向年轻妇女、中小学生传授印苗刺绣工艺,带领全村人通过阿里巴巴等网络平台,走上网络销售致富发展的道路。改革开放后,从"让一部分人先富起来"到"实现共同富裕"就是中国人的梦想和追求。从调查情况看,乡村文明实践志愿服务围绕精准脱贫和乡村振兴,在帮助乡村群众特别是困难群众改变现状、改善生活等方面,做出了积极的探索,取得了可喜的成效。

三、顺应群众需求拓展新的服务

新时代乡村群众的需求日趋多样、不断丰富。为此,文明实践志愿服务就需要不断拓展内容,不断创新形式。乳源县瑶族群众在文明实践中创造"瑶家工匠"的品牌,将瑶族刺绣、瑶族医药、瑶族木工等精益求精,也作为助人为乐的技能,在新时代生活中发挥积极作用。江苏省张家港市乡村文明实践中出现的民生茶馆成为网红茶馆,提供村民在这里品评生活、商讨议事,也产生了许多适应群众新需求的服务项目。这些需求有"老袁塍路的路灯不亮了""肖家庄小区内篮球场旁的道路破损了""南横河河岸的环境脏乱差""东横河周边有人乱扔垃圾""建议对河西路道路破损进行整体修复""马巷头和王家庄两条路太窄了""能否为我们老百姓多安排一些文化娱乐活动"等。这些琐琐碎碎、零零星星的需求,就是关系老百姓生活方便和幸福的"大事",获得了村里的迅速回应,也获得了志愿者的积极服务。这样就提升乡村生活的幸福感。

四、构建农村"3+N"的志愿组织

从调查了解的各个试点县区的乡村文明实践志愿服务情况看,最基本的是发动群众组建"3+N"的志愿服务团队,即党团员志愿服务队、老年志愿服务队、妇女志愿服务队和其他志愿服务队。目前,乡村的党员数量比较少,党团员志愿服务队可以以本村的党员、团员为主,吸收一些前来乡村服务的党团员,组建富有活力的志愿者队伍,发挥示范作用。老年志愿服务队是乡村的主要力量,因为中青年大多数外出务工,老人在村里的影响力较大。如英德市鱼咀村就组建"鱼咀情"老年志愿服务队,以回忆鱼咀村的历史文化习俗、讲述鱼咀村的发展变化经历为契机,让老人积极参与、发挥特长,逐渐引导成为邻里协调、乡村营造的活跃力量。妇女志愿服务队在乡村的作用较大,既是家庭协调、邻里和睦的主要力量,也是支持青少年教育和健康成长的重要力量。在3支主要志愿者服务队的基础上,根据不同乡村的特点和资源,还可以建立各种专业志愿服务队伍、特色志愿服务队伍。

第三节 文明实践志愿服务如何让群众有幸福感

文明实践志愿者在传播新思想、开展新服务、创造新生活等活动中要不断创新，特别是适应乡村群众对美好生活的向往，提供富有特色、富有实效的服务，吸引广大群众更加热爱新时代、更加热爱党和国家。

一、以美好生活向往激励志愿服务

党的十九大提出"人民对美好生活的向往就是我们的奋斗目标"。所以，乡村文明实践志愿服务中，不论是党团员志愿者，还是老人志愿者、妇女志愿者都围绕群众的美好生活向往，开展丰富多样的服务。陕西省志丹县的"最美新乡贤"讲师团志愿者，深入乡村的村头、炕头、床头，不仅仅为聚集成群的群众讲授新时代新生活，也为行动不便和在家卧床的老年村民、残疾人士讲解新时代新生活，让他们也了解国家为困难群体提供的新保障、新服务。广东省佛山市南海区桂城街道平西社区的志愿者，在农村城市化进程中向村民讲解改革政策和生活前景，通过帮助村民了解产业转型、生活改善状况，使他们理解和支持新农村建设的政策措施。

二、拓展惠民利民志愿服务项目

试点县区的乡村群众最关心的是通过宣传和服务，为老百姓带来哪些好处、带来哪些变化。安徽省当涂县开展"菜单+点单"的志愿服务，文明实践志愿者将可以提供的服务列成"菜单"，提供乡村群众选择，同时，也在乡村群众中征集需求，吸引志愿者开展服务。福建省福安市以"爱心超市"为载体，将社会机构、爱心企业和志愿组织提供的服务资源，与乡村群众特别是困难群众的需求进行对接；与此同时，也拓展志愿者回馈激励的新渠道，志愿者根据服务时数可以获得生活用品的兑换。小榄镇永宁中学师生开展的"永中志愿银行"推出"一储蓄三兑换"，即储蓄服务，兑换德育学分、学习辅导、日用礼品等，让师生在参与志愿服务的时候，也获得生活的激励、生活的回馈。目前，全国各地的试点县区都积极探索多样化、灵活性的乡村志愿服务项目，力求最大限度惠及群众。

三、探索新文明促进美好生活服务

乡村文明实践志愿服务力求在服务群众、改善生活的同时，促进新文明、新风尚。贵州省清镇市乡愁社区创办"红信银行"，激励党团员在志愿服务中发挥示范作用，为诚信社会建设做出贡献，形成"先锋行动、诚信银行"的特色。山东省曲阜市武家村建设"论语大道"，设置"明礼胡同、孝悌胡同、厚德胡同、恭俭胡同"等，让大人小孩在出入家门的时候就受到中华传统文化熏陶，培养深厚的文明意识。上海市的社区、农村文明实践志愿服务中，探索运用沪剧、评弹等宣传文明风尚、宣传环境保护、宣传垃圾分类等，生动活泼、传播广泛，产生了良好的效果。调查发现，乡村文明实践志愿服务在传播新文明、创造新生活的时候，改变了"一刀切、一阵风"的状况，越来越贴近群众需求、贴近乡村特点，受到群众的欢迎。

四、志愿服务提升群众发展能力

乡村文明实践志愿服务注重让群众在参与中扩大视野、增强信心、提升素质，为创造新生活奠定基础。北京市发挥"朝阳群众"的优势，通过文明实践志愿服务发挥群众参与社区治理、共建和谐家园的积极作用。海南省海口市美兰区演东村建设"老爸茶"品牌，吸引老年人才在参与乡村治理、引导青少年健康成长方面发挥积极作用。广东省五华县开展"双关爱、志愿情"活动，乡村老年志愿者与青少年志愿者相互关爱，促进农村社会和谐与生活幸福。目前，各试点地区越来越重视发挥乡村群众的自主性和创造性，让群众在文明实践志愿服务的发展中获得能力的提升，获得发展的机遇。

第六章

文明实践志愿服务

要发挥地方特色

第一节　北京海淀"首善标准"让文明实践高质量发展

北京市委、市政府在新时代工作中提出"首善标准",要求以高站位、高标准、一流精神、一流作风完成党和国家交给的各项任务,为全国做出表率。因此,在开展新时代文明实践工作,推进文明实践志愿服务的时候,北京市也坚持"首善标准",自我加压、自我提升,力求做出更好的成绩。最近,我们到北京市海淀区开展调研交流与培训辅导,通过考察甘家口街道、田村路街道、温泉镇、苏家坨镇的文明实践所(站)以及志愿服务中队(分队),发现社区、乡村围绕中央关于新时代文明实践中心"凝聚群众、引导群众、以文化人、成风化俗"的要求,创新各种工作方式和服务手段,创造各种工作品牌和服务亮点,努力打造文明实践的标杆。我们分析其中的几个特色案例,提供各地区参考借鉴。

一、"劳模闪光":弘扬新时代的奉献精神

北京市海淀区甘家口街道是人才济济的地方,既有很多为共和国发展做出贡献的老部长、老首长,也有很多长期为国家科学技术发展做出贡献的老院士、老科学家,特别是拥有很多在工业、商业、服务业辛勤劳动毕生贡献的老劳模、老先进。因此,甘家口街道在文明城区、文明社区建设的时候,就充分发挥这些老党员、老同志的积极性,建立各种不同类型的志愿服务队。在开展新时代文明实践活动的时候,街道鼓励劳模志愿队探索创新,推出"劳模闪光"的服务活动,通过老劳模、老先进"进社区、进学校、进企业"讲述奋斗进取的故事,激励青少年刻苦学习、发奋努力,立志成为新时代的优秀人才。在劳模志愿队的基础上,甘家口街道还拓展"金光闪闪"系列志愿服务,组建老党员志愿队、老专家志愿队、老教师专业队、老作家志愿队、老技师志愿队、老奶奶志愿队等,充分发挥老年人的智慧和经验,为社区建设增添新光彩、为群众生活增添新魅力。与此同时,街道招募大学生志愿者、青年员工志愿者等,一方面作为劳模志愿者的助手,帮助整理资料和推广传播;另一方面面向社区老人传授新知识、新技术,特别是教会老人掌握5G移动通信技术,便于与儿女、孙子女的交流沟通。特别是"夕阳再晨"志愿服务队招募大学生志愿者、青年员工志愿者、青年科技人员志愿者一

对一、手把手教老干部、老党员、老劳模、老先进等掌握最新信息技术、最新网络技巧,让老年志愿者更有自信心、自豪感,在新时代发挥更大作用。这样,甘家口街道各个社区的干部群众,在劳模精神的感染下甘于奉献、立志创造,在新时代中国特色社会主义建设中做出新贡献。

二、"西木学堂":创造新时代的公益时尚

北京市海淀区田村路街道有个远近闻名的"西木学堂",乍一听名称就感觉是非常高雅、非常时尚的教育场所,走进观看和了解才发现"别有洞天"。这里还是面向群众的社区服务中心,也是街道新时代文明实践所。其实,田村路街道的干部与社会组织人员合作,探索出"最时尚与最朴实、最边缘与最中心、最高雅与最大众"的多方碰撞结合。"西木学堂"的缘起,就是源于这里曾经是北京的西郊,故名"西";这里曾经有广为人知的"北京木材厂",故名"木"。如是,最朴实的"西郊"之"西",与"木材厂"之"木"相结合,取名"西木学堂",就变成中西结合、土洋结合、新旧结合的时尚场所,也成为传播新时代文明实践的好地方。田村路街道"西木学堂"新时代文明实践所的另外一个特色,就是党政部门工作与社会组织服务的结合。举办和监管方为田村路街道党工委、办事处,委托北京市春藤社会工作促进中心管理和服务,并且组建居民志愿者、外来人员志愿者、大学生志愿者等多支团队开展服务。如这里的"社区会客议事厅"总结出"五步循环工作法",即问民需——收集议题、汇民意——确定议题、议民题——审议议题、执民事——执行议题、促民评——评价议题。通过简明扼要的"五步法"将原来系统复杂、环节琐碎的民主议事规则用通俗的方式宣传推广,让社区的居民和外来人员易于参与、乐于参与。此外,"西木学堂"将家庭教育、亲子教育、邻里教育等,与公益活动、志愿服务有机结合。如将过道、角落、天台等都设置为具有自然气息、艺术魅力的地方,让社区居民、外来人员及其子女,在快乐参与各项活动的时候,受到心灵的熏陶和素质的培养,逐渐成为新时代的文明人,取得了良好的成效。

三、"文明四匠":体现新时代的精致服务

北京市海淀区的温泉镇,根据辖区内不同社区、乡村的特色,打造各具特色的文明实践志愿服务品牌。其中,白家疃村是非常具有历史、民俗、产业、精神的乡村,从数百年前曹雪芹归隐在这里撰写《红楼梦》,并且影响了一代代村民中

产生文化传承人；到村民对农业的精耕细作，提供京城各等人士享用的优质米面；再到传入各种中外工艺，在村中生产景泰蓝等瓷器，成为远近闻名的工艺村。近年来党支部书记、委员带头示范，广大党员勤学苦练，将十八大以来的新思想新文明用生动活泼的形式进行宣传推广，在群众中深入人心。调查发现，温泉镇白家疃人的最大特点就是具有工匠精神，产生一大批"文匠、农匠、工匠、红匠"，做任何事情都要做到精心、精准、精细、精致，成为文明传承和发展的优秀贡献者。我们在考察交流的时候，与温泉镇、白家疃村的文明实践志愿者讨论，将这里的文明实践站作为打造"文明四匠"的样板。一是"文匠"，即数百年来传承《红楼梦》红学，争相讲述红楼梦故事，诠释红楼梦文化，记载曹雪芹经历，编写曹雪芹记事的村民，也就是培育了一代代的文化人、文明人。二是"农匠"，即长期以来精耕细作，种植优质稻米和大麦，为京城等城镇提供充裕粮食的村民。三是"工匠"，即数百年来学习和传承工艺技术，特别是近代以来将中外工艺融合，制作景泰蓝等精美工艺品的村民。四是"红匠"，就是近年来积极主动学习新思想，将党的十八大以来的方针政策，将习近平新时代中国特色社会主义思想融会贯通，用通俗易懂、生动有趣的形式传播给农村群众的党员干部。正是因为这些"文明四匠"的专注和用心，让温泉镇白家疃村的文明实践志愿服务有板有眼、有声有色，取得了很好的成绩。

四、"社区暖客厅"：做好新时代的民生关爱

北京市海淀区苏家坨镇是由原来三个镇合并而成的远郊大镇，各项城镇设施和生活设施的基础比较薄弱，社区服务中心和文明实践所站也只能建在比较简陋的场所。但是，乡镇干部、村居干部非常用心，在简陋的场所和设施中，尽量体现关心群众、体贴群众、帮助群众的特点，让过往行人与参与群众都感受到温暖和舒适。例如，苏家坨镇利用村改居建设的高楼下面建设社区服务中心。但是，这里的一层是管道密布、房柱众多的地方，非常难以设计和安排。党员干部就既遵守楼道安全要求，又照顾居民活动需求，将"高楼的边角料"建设成为"社区暖客厅"。苏家坨镇社区服务中心、文明实践所打造了"五个暖客厅"。

一是"贴心客厅"，就是尽量根据群众的需要来设计和布置文明实践所。如针对很多房柱子既不美观也不安全的情况，他们就选用绿色的环保软圆筒包起来，既好看又可以作为群众倚靠的地方，也可以作为群众挥挥拳、练练力气的地方。在原有窄窄的过道墙壁下面，也做一些简易的小座位，方面群众休息和等待。二

是"爱心客厅",让党员、社工和志愿者在中心接待有需求的群众,提供关爱和帮助,同时获得信息之后也赶去居民、村民的家中提供帮助,解决群众的困难与问题。三是"安心客厅",中心设置了心理疏导室、心理游戏沙盘室等提供专业心理咨询师,引导群众排解情绪、恢复常态;还设有"心桥"党员联系和服务群众的场所,用于化解矛盾、营造和谐氛围。特别值得关注的是在这里的三角形位置,设立了家庭与出行安全教育体验设施,不仅仅社区居民在这里了解安全知识,而且很多附近的社区、学校、工厂也前来学习体验。四是"开心客厅",群众可以在这里唱歌跳舞,也可以练书法、画画,还可以交友相聚,成为社区居民、外来人员获得开心、获得快乐的场所。五是"亮心客厅",苏家坨镇文明实践所在为群众提供各种关爱、帮助、服务、方便的同时,更重要的是处处体现新思想的引领,处处体现党的关爱,不断引导群众提高思想觉悟、道德水平。特别是在"五一""七一""十一"等党和国家的重要节日,苏家坨镇文明实践所开展文艺表演、书画比赛、游园抢答、室内体验等活动,让群众在热情参与、快乐活动的同时,学习和吸收党的方针政策,学习和吸收新时代新思想。

北京市海淀区按照"首善标准"的要求,结合新时代文明实践的内涵,通过"劳模闪光""西木学堂""文明四匠""社区暖客厅"等丰富多样的探索创新,为文明实践志愿服务增添了一抹亮色。

第二节 深圳南山：探索新时代文明实践的"四新路径"

新时代文明实践试点工作在全国各地区开展以来，不同的县区都在按照中宣部、中央文明办统一部署做好传播新思想、拓展新服务、激励新发展的工作，也结合本地特点开展探索创新。深圳市南山区的试点工作，结合改革开放前沿、经济特区建设的特点，融入高新技术区、文化创意区、宜居生活区建设的环境，积极探索文明实践的"四新路径"，即新时代的群众路线、新时代的奋斗精神、新时代的创造活力、新时代的国际融合。特别是，南山区大胆探索新时代文明实践的"双传播"渠道，一方面面向社区、园区、校区传播，打通走进群众的"最后一公里"；另一方面面向外国人士、港澳居民传播人类命运共同体、"一带一路"、亚洲文明、粤港澳大湾区等新思想新发展中的元素。我们近期到南山区的新时代文明实践中心、桃源街道智园党群服务中心、少年创客院、钢结构博物馆、蛇口网谷党群服务中心、南山国际化交流中心等地调查研究。调查发现，处于改革开放前沿、国际交流前沿的深圳南山区，有许多文明实践志愿服务的探索创新值得总结推广。

路径一：贯彻新时代的群众路线

群众路线是我们党在各个历史时期的制胜法宝，在中国特色社会主义新时代要进一步贯彻落实群众路线，更要适应人民群众利益需求的变化，实现工作的创新。深圳市南山区在开展新时代文明实践试点工作的时候，结合开放前沿、科技发展、生活改善、国际融合等状况，通过调查分析发现，新时代群众面临"多样化"和"多变化"的情况，就主动创新工作思维和工作方法，力求有效实现凝聚群众、成风化俗的目的。新时代群众的"多样化"，体现在不断出现新群体、新类型。在过去，群众路线联系的对象主要是工人和农民群体，如今在南山区青年领袖联系的对象就包括工人、农民、农民工、科技人员、企业家、自由职业者、网络职业者、常住的港澳居民、常住的外国人士等。并且，伴随不同时期出现的高新科技产业、文化创意产业、网络信息产业，涌现出不同类型的新型群众对象。新时代群众的"多变化"，体现在社会经济变化节奏加快，人们的社会角色和生活需求变化也加快。如新兴群体的流动加快，既有工作一两年就更换职业、更换企业的，也有工作两三个月就尝试新职业、新企业的。又如群众的生活需求不断变化，今天向党群服务中心、文明实践中心提出开展哪些活动、提供哪些服务的需求，明天可能就不满足而提出更新的想法和需求。基层干部、党员、志愿者如果不能了解和适应这种"多样化""多变化"的状况，群众工作就可能陷入被动、缺乏成效。

　　南山区就主动适应，积极探索新时代的群众路线新内容、新方式。桃源街道新时代文明实践所根据社区群体多样化的特点，提出"三区融合""三区三有""三区共享"等理念。特别是"校区有梦、园区有智、社区有爱"分别针对北京大学深圳研究院、清华大学深圳研究院、南方科技大学等博士生、硕士生、大学生的"青年梦""中国梦"，提供追求理想、实现梦想的引导教育；针对高新科技园区的"院士村""教授村""工匠村"人才济济的特点，充分发挥院士、教授、大师、名家的智慧，为各园区和社区的务工人员、居民群众提供智力支持、知识辅导；针对"村改居"新居民一夜富裕（征地补偿款、集体分红、出租收入等）的特点，引导新居民参与志愿服务，为农民工子女、山区孩子提供学习帮助、生活帮助的同时，让自己获得奉献爱心、充实心灵的机会。南山区还发挥党员、辖区志愿者和社区积极分子的模范带头作用，积极创建"互助友爱"型社区。"五老"志愿者广泛参与，使青少年发展，专门举办党史国史和法治宣传讲座，开展"我的60年读书生涯""在行走中认识世界""发现美、定格美、创造美"等多场主题教育，让青少年树立正确世界观、人生观、价值观，使青少年德智体美劳协同发展。青少年志愿者反哺、回馈社区，开展关爱老人、健康咨询、家电维修、提供节能DIY制作攻略等服务。此外，通过U站志愿服务窗口的打造，在互帮互助的基础上，联手共建团结有爱、和谐温暖的社区大家庭，开展"大手拉小手"文明使者、文明劝导、文明举止等各类文明创建活动600余人次。这种"三区三有"的文明实践志愿服务，让党的群众路线工作更加丰富多样、灵活有效，赢得不同类型的群众对象认同和喜欢，真正让新思想新文明"走进千家万户""飞入寻常百姓家"。

路径二：弘扬新时代的奋斗精神

　　新时代文明实践志愿服务中，要大力弘扬奋斗精神，传递习近平同志的叮咛和嘱托，传播"美好生活是奋斗出来的""青年梦是靠奋斗实现的"等观念。在建国 70 年、改革开放 40 年的奋斗历史中，有许多值得传承和发扬的东西，可以成为文明实践志愿服务的元素。深圳市南山区从特区创办以来，经历四个阶段的奋斗和转型：一是 20 世纪 80 年代初的务工青年的奋斗精神，从一无所有到建成特区开放经济的雏形；二是创业发展、自主发展的奋斗精神，一批批"敢于吃螃蟹者"创办企业，探索经营管理经验，建成现代化的工业区；三是创造创新的奋斗精神，进入 21 世纪的南山区涌入一批批科技精英、文化精英，通过高新技术企业发展和文化创意企业发展，让南山区成为"中国南方的中关村"，占领新技术新文化发展的高地；四是网络信息时代的奋斗精神，南山区吸引腾讯等新兴网络信息企业，为各园区、各社区的发展注入新活力、新机遇。在文明实践志愿服务中，南山区坚持以奋斗精神为主线，不论是传统农业、传统工业还是现代高新技术企业、文化创意企业，或者是网络信息企业，都传承中华民族勤劳奋斗的精神，培育拼搏进取的不懈动力。

课题组调查的时候，曾考察南山区新时代文明实践基地——中国第一个、世界第一大钢结构博物馆。据说，很多社区居民、大中学生、企业员工、外国人士前来参观浏览的时候，都获得极大的心灵震撼。一方面，博物馆全面收集和展示数千年土法锻造的历史；另一方面，博物馆重点展示现当代冶金技术到钢铁锻造技术的突飞猛进，以及在国家建设、军事安全、城市更新、民生改善等领域发挥的巨大作用。同时，钢结构博物馆的展示过程中，呈现出钢铁生产重心转移到中国，特别是在深圳具有非常多的发明创造，引领世界钢铁新趋势。这一切，就是依靠一代代的钢铁工人、钢铁工匠、钢铁技术人员、钢铁科学家的奋斗和努力。钢结构博物馆落户深圳市南山区，既是面向全区市民弘扬奋斗精神的基地，也是面向全国乃至世界传承奋斗精神的基地，成为文明实践的一个亮点。广大群众特别是青少年，在接触和了解改革开放以来一代接一代人的奋斗拼搏故事之后，就激发了自己学习进取、发奋努力的精神，立志成为新时代的奋斗人才。

路径三：激励新时代的创造活力

创新是一个民族发展的不竭动力。深圳南山区在新时代文明实践工作中，充分发挥高新技术企业多、文化创意企业多的优势，将激励和发扬创造创新精神作为其中的重要内容。一方面是发挥"院士村""教授村"的智力资源，既邀请他们为广大居民、务工人员进行科学讲座，传播创新理念，也将科技人员、专家学者的成果进行转化，让社会广泛了解和接受；另一方面发挥华为、中兴、大疆等高科技企业聚集的优势，邀请企业经营管理人员、科技开发人员、技能工匠、大师等与群众分享，让公众知晓企业创造创新对社会的巨大影响力。南山区的桃源街道以智园新时代文明实践站为载体，已定期开展了20余场院士沙龙系列活动，邀请辖区高校院士和优秀企业家志愿者举办分享讲座，提供新时代企业发展、创新创业、科技动态等前沿知识，听众所覆盖的群体除了高校师生、企业员工，还包括了相当部分周边社区的居民，特别是对科技发展有着浓厚兴趣的青少年群体。课题组在调研考察的时候，正好赶上《华为的供应链管理》公共讲座，自由前来倾听讲座的居民有近20人，他们在轻松的氛围中获取创新启迪。南山区还探索"文明相亲"的特色做法，引导院士、教授、工程师、高级技师等进入社区，为居民、外来人员及其子女提供通俗易懂、生动活泼的"科普大餐""科普快餐"，吸引大众喜欢科学技术、喜欢创新创造。在此基础上，南山区建设"人才公园""少年创客院""人才U站"等，成为聚集创新人群，激励创造热情的有效手段，也成为新时代文明实践的特色亮点。

路径四：促进新时代的国际融合

深圳特区是中国开放的"桥头堡"，非常多的外国企业人员、科技人才、自由职业者前来这里工作和生活。南山区发展高新技术企业、文化创意企业、网络信息企业之后，就成为全市聚集外国专家、外籍人才的主要区域。因此，南山区新时代文明实践工作，就非常注重将关心和帮助外国人的内容，纳入文明实践志愿服务的范畴；也吸引外国人志愿者积极参与文明实践志愿服务活动。南山区的蛇口街道有6000多名外国人才在这里聚集和生活，形成"国际村""国际社区""国际街区"。南山区为此专门设立国际化文化交流中心，同时也将其作为新时代文明实践的基地。这里为外国人才提供办理各种手续、联系各种资源的便利，同时也成为面向外国人才传播新时代新文明的窗口。我们看到，在国际化文化交流中心展示"中国共产党发展历程"的中英文双语宣传栏，吸引了外国人才驻足观看、浏览；在书架上既有各国风情介绍的书籍，也有传播中国政治、经济、文化、福利的书刊资料，如《习近平谈治国理政》第一卷、第二卷的英文版和日文版等各种外文版都比较齐全，吸引了一些外国人才翻阅。

同时，南山国际化交流中心联合招商街道构建"2+2+3+N"国际服务体系，建立C国际志愿者队伍，让志愿者发挥积极介入和参与社区事务的作用，协助更多外籍人士融入社区，同时引导更多外籍人士回馈服务给社区，这对全面建设招商国际化街区有着重要意义。国际志愿者队伍从社区服务、环境保护、城市融入三个方面推动国际志愿者队伍的发展。外籍志愿者的加入不仅提高招商街道志愿者团队的服务水平，还通过外籍居民与本地社区的联系互动，传播中国传统文化，促进中外文化融合，使外籍居民积极融入本地社区。开展新时代文明实践活动以来，提供过志愿服务的国际志愿者近百余人次，其中长期服务的外籍志愿者多达30人。他们已被纳入志愿者队伍，共开展12场24期活动，志愿服务覆盖居民超千人。蛇口网谷境外人员管理服务中心组建了一支名为"沿山H.O.P.E国际志愿者之家"的志愿者队伍，寓意为每天帮助一个人。志愿者队伍约30人，服务人次达300。

社区建立了国际志愿者队伍，让国际志愿者积极介入和参与社区事务。沿山社区外国人服务站的居民在涉外社工的引导下，自发组织了一支31人的国际志愿者队伍，扎根社区，与服务站及小区物业合作，积极参与社区活动、改善社区环境。调查发现，南山区新时代文明实践试点工作中，通过面向外国人才传播新思想新文明的内容，促进他们对中国的了解和喜爱；同时组建外国人志愿服务队伍，积极参与文明实践志愿服务，促进中外沟通了解和国际文化融合，产生了非常积极的作用。

深圳市南山区发挥改革开放先行一步、社会创新先行先试的勇气，在新时代文明实践试点工作中大胆探索"贯彻新时代群众路线、弘扬新时代奋斗精神、激励新时代创造活力、促进新时代国际融合"的"四新路径"，对各地区都具有参考借鉴价值，值得关注和重视。

第三节　固安"三城"增添新时代文明生活的魅力

河北省固安县毗邻北京市大兴区，有着"我爱北京天安门，正南50公里"的著名广告宣传语，产生了富有特色的社会影响力。近年来固安加快建设"京南产业新城"，积极推进经济发展、文化振兴、民生改善。为配合新时代文明实践的建设，固安提出"产业城+志愿城+幸福城"的建设路径，创造新时代的经济文明、道德文明和生活文明。一方面，固安产业新城承接北京的许多高新科技产业、文化创意产业、网络物流产业，打造新兴产业群；另一方面，固安产业新城建设"孔雀城""大湖城"等高端生活区，以及适合城市就业人群的中端生活区，适合农村城市化人群的宜居生活区，大力发展"幸福荟"等居民社团，营造美好家园、建设幸福生活。为此，我们调查和分析固安建设"文明三城"的经验，提供各地区交流参考。

一、"产业城"创造新时代的经济文明

固安县传统上是以农业生产为主的地区，2002年的县级财政收入仅有1.1亿元，各方面城市建设、生活设施比较落后。华夏幸福集团通过PPP模式，与固安县政府签约，以政企合作建设"产业新城"的方式，探索"跨越式、高质量、国家化"发展路径。到2018年，县级财政收入超过80亿元，其中固安产业新城入园企业达498家，高新技术企业的产值达到222亿元，税收实现66亿元，占到全县税收收入的76%。固安综合实力进入河北县域前三，并跻身全国经济百强县和全国最具投资潜力的百县之列，其中"固安产业新城"贡献率达70%。目前，固安坚持产城融合发展路径，新型显示、航空航天、生物医药、智能网联车等产业集群相继落地。在新型显示领域，固安拥有维信诺（固安）、京东方、鼎材、翌光科技领军的30多家上下游企业。在航空航天领域，以航天振邦为领军企业的70多家企业汇聚于此。这种率先探索PPP模式的做法，获得国家发改委等部门的认可，作为成功经验向各地区介绍。

固安产业新城建设过程中，不是单纯追求地区GDP和企业利润，而是综合创造社会经济文明发展的效益。一是引进高端装备、电子信息、新能源汽车、航空

航天、生物医药、新材料、节能环保、人工智能等产业,逐渐在固安聚集形成产业集群,促进大量科研成果密集涌现,将科技文明与产业文明不断提升,形成固安产业城文明发展的新动力。二是为来自各国的高端人才和来自北京的高端人员提供科技交流、文化融合、人际交往的新平台,包括建设国际创业大厦、产业幸福荟等,既充分发挥科技与经营人才的智慧才华,也作为国际国内高端研讨交流的场所。这些举措促进固安县从农业文明跨越到工业文明、科技文明、网络文明,使其具备新时代经济文明的丰富要素。三是鼓励产业新城的各类人才积极参与新时代文明实践志愿服务,通过知识服务、技术服务、技能服务等方式,提高固安文明的高质量发展。特别是采取"混搭""碰撞""黏连"等方式,鼓励产业城的高新科技人才、新型创业人才,与社会组织领袖、志愿团队骨干合作交流,开发出具有知识含量、技术内涵、创新特色的文明实践志愿服务项目,展示固安新城的魅力。例如,企业科技精英与文化创意人才、公益志愿组织领袖共同组成的"音乐公会",将创新创造精神与民俗时尚音乐相结合,开创了"6·28音乐晚会"绚丽风采,打造"固安天籁"的音乐品牌,带给产业工人、社区居民、原住民清新的享受。固安产业城以高新科技、网络物流、文化产业等带动经济高质量发展,同时创造新时代的经济文明,促进创业人才、创新人才、创意人才与社会治理、公益慈善、志愿服务相结合,探索出富有活力、充满生机的社会经济发展道路。

二、"志愿城"创造新时代的道德文明

固安在发展经济、改善生活的同时,积极追随新时代的文明步伐,通过发展志愿服务,促进公益慈善,打牢核心价值观和道德文明的坚实基础。从2012年开始,华夏固安成立民生事业部,2014年邀请志愿服务专家前来考察辅导,2015年正式成立"幸福志愿荟",在广大党员干部、企业员工、社区居民、原住民中倡导"奉献、友爱、互助、进步"的志愿精神。记得在2016年的一次志愿服务讲座上,从广东省珠海市回来固安孔雀城居住的大婶激动地说道:"我外出工作几十年,回到固安产业城购房入住,看到这里的环境、设施、生活条件等都非常好,就是觉得缺了点什么,感觉家园的氛围不够浓厚。今天我明白了,原来就是缺了志愿服务的氛围。我在珠海就是志愿者,回来后找不到参加志愿组织的机会。今天报名参加幸福志愿荟,终于找到家的感觉了。"正是顺应这些社区居民和原住民的需求,固安产业城加快志愿服务建设步伐,在2018年6月28日启动"志愿之城"建设,并且申请获得中国志愿服务联合会首个县级"志愿之城"的试点。同时,

引入博能公益基金会、惠泽人公益服务中心开展专业志愿服务推广活动，2018年12月举办"国际专业志愿服务周—中国活动"，并且成立固安"i志愿大学"，为全国专业志愿服务发展提供研发创新和培训教育支持。2019年6月28日固安启动"志愿公园"，并且与中国志愿服务发展基金会联合建立专项基金，支持和推进城乡志愿服务事业的发展，从而形成"一城一校一基金"的志愿服务发展特色。

固安通过党政统筹、企业策划、社团运作、公众参与、社会支持的方式，积极探索富有特色、富有活力的"志愿之城"建设模式。一是邀请丁元竹、李家华、魏娜、谭建光、黄勇、王忠平等专家学者为"志愿城"建言献策、贡献智慧，从科学发展和理论创新的高度，推动富有生机活力的志愿服务事业。二是鼓励企业经营管理人员、技术人员、青年员工积极参与，奉献聪明才智，为志愿服务提供高质量的支持，包括创新思维、新兴技术、精湛技能等，让固安志愿服务别具风味、独具魅力。三是通过社会组织、工商企业发起，带动社区居民、流动人员积极参与志愿服务，传播文明、传递温暖。调查发现，特别是在夏天的傍晚或者周末，固安产业城就会有不少企业志愿者队伍到公共场所、社区广场等开展文化服务、惠民服务、环保服务等。最近，为了配合纪念建国70周年，企业志愿者与居民志愿者联合开展的"唱红歌""红快闪"等，形式新颖、参与热烈，产生了很好的社会反响。除此之外，"产业幸福荟""社区幸福荟"的志愿者还开展义卖，筹集资金前往西藏开展助学活动，帮助藏区的孩子解决困难、完成学业。固安的志愿者到北京等地活动的时候，也积极参与当地的志愿服务，学习体验、吸取经验，回来进行交流分享，提升固安"志愿城"建设的水平。

三、"幸福城"创造新时代的生活文明

党的十九大报告提出："人民对美好生活的向往就是我们的奋斗目标。"固安在经济发展、社会创新的同时，最关注、最重视的就是提高人民群众的生活幸福感。一方面，固安孔雀城、大湖等社区在建设的时候，注重生活品质，在房屋结构、小区环境等方面力求美观、舒适、休闲、愉悦，让来自北京、河北等地的业主感受到公园的环境、家园的温馨。另一方面，固安积极吸引来自北京等地的文化艺术资源、时尚创意资源，为社区居民提供精神文化的营养。固安的"志愿公园"也是市民休闲公园，群众可以开展"志愿徒步、志愿欢聚、志愿创意、志愿传颂、志愿助人"等多种形式的活动，既充分满足个人休闲娱乐的意愿，也可以随手做好事，顺手帮助人。例如在公园的林荫下、小道旁，有清秀的小女孩学习

和演奏民族乐器，也有爽朗的老人团演唱红歌、老歌、流金岁月的歌，还有各种富有绘画、工艺特长的群众展示技艺，悦己悦人。这种将生活兴趣、生活享受与助人为乐相结合的方式，特别受到群众的欢迎。

在大湖生活小区，经常有居民自发举办的各种活动，包括"淘乐汇"的小型集市，以及青年群体的流行时尚活动，老人休闲的养生活动。特别是越来越多的家庭，将日常生活、亲友活动与志愿服务相结合。例如，亲友结群到附近的农村采摘水果、蔬菜等，回来后到"淘乐汇"微利销售，即帮助了农村的村民，也让左邻右舍品尝新鲜果菜；又如鼓励孩子们动手做各种小工艺、小作品，通过展示和销售获得社会的认可，激励孩子们的创新创造。固安产业新城的民生事业部、社区幸福荟、产业幸福荟，以及固安县志愿者联合会、固安幸福志愿荟等，不是将生活幸福与公益志愿分离开来，而是将生活幸福与公益志愿有机结合，让员工、居民、原住民在愉悦生活的同时更加乐于参与志愿奉献，在志愿助人的同时更加感受到生活的幸福。

河北固安"文明三城（产业城、志愿城、幸福城）"的建设，探索出新时代经济文明、道德文明、生活文明共同发展的新路径，尤其是为提升增添华夏文明的新活力、新魅力作出贡献，成为文明实践志愿服务的一道亮丽风景。

第四节　山东荣成建设文明实践"志愿信用"新体系

山东省荣成市是全国新时代文明实践试点县区之一，也是全国信用建设示范城市之一。在推进新时代文明实践工作中，特别是在开展农村文明实践志愿服务方面，按照党的十九大提出"推进诚信建设和志愿服务制度化"的部署，以及中宣部黄坤明部长关于"以志愿服务为运行机制推进新时代文明实践中心建设"的要求，荣成市采取"志愿服务+信用建设"的新机制，探索出行之有效的经验。我们发现，荣成特色的"志愿信用"机制，就是通过建立完善"全覆盖、全积分、全激励"的机制，将文明实践志愿服务纳入城乡信用体系进行管理考核，根据积分提供相应的奖惩措施和生活保障，有效激发干部群众参与的积极性和持续性。我们结合考察交流的资料，撰写简明介绍，供各地区、各机构参考借鉴。

一、"志愿+诚信"机制

在推进新时代文明实践志愿服务的过程中，荣成市充分利用近年来建设"信用荣成"的良好基础，将志愿者的服务和奉献纳入全市信用体系之中。从全国各信用建设示范城市的情况看，广州、深圳、杭州等地区都是仅仅将部分人群纳入信用管理，由于城市多样性和人口复杂性，未能将全部人口（含户籍人口与流动人口）纳入信用管理。荣成市坚持全覆盖、全信用的理念，将全市所有党政机关、社会法人、自然人、村居组织等的信息全部录入，使得任何一个社会组织、任何一个人的社会信用状况都纳入系统，每个社会组织及其成员，都有了自己的"信用档案"和"诚信名片"。在这一基础上，荣成市社会信用中心与文明办联合发文，推进城镇居民和农村居民的信用积分评价办法，将文明实践志愿服务作为其中重要的内容。从文件看，在农村居民的信用积分中，涵盖清洁家园、美丽乡村、扶贫济困、扶老救孤等新时代文明实践志愿服务活动，并分别赋予一定的信用加分。在调查中发现，如果信用机制仅仅对一部分群众发挥作用，志愿服务就难以享受信用建设的成果。然而，在荣成市由于实现了文明实践和信用建设的深度融合、同频共振、一体推进，已经形成"人人以诚信为荣，人人以失信为耻"的观念。守信荣誉人人可见，失信公示人人关注，并且直接影响生活与生产的方方面面。这样，参与文明实践志愿服务，获得"信用机制"的加分，就为党员干部、城乡群众在生产生活等领域提供支持，受到广大群众的重视。

二、"积分+激励"机制

早在 2013 年年底，荣成市就出台了自然人、社会法人等信用信息评价规定，实行千分制考核，根据得分高低分为 AAA、AA、A、B、C、D 六个等级，对获得市级 2A 级以上信用分的法人和自然人，在就业创业、晋级表彰、经营合作、贷款发展等方面给予优惠鼓励。荣成市推出了"信用贷""信用阅""信用医"等 107 个守信激励产品。例如，荣成农商行推出"信用贷"，对诚信个人放宽授信额度和还款期限，并给予 30% 的利率优惠。荣成对 B 级以下的设置了一定的限制，例如，对 129 名 B 级以下自然人，取消村级党组织成员候选人和"两代表一委员"推荐资格。在农村居民的信用分中，改变过去村民福利一刀切方式，变村民福利为信用奖励，对于信用分较高的给予较多优惠鼓励。这样，城乡居民在依法依规，获得基本分的前提下，纷纷通过积极参与文明实践志愿服务，争取更多的积分、加分。在甲夼马家村考察的时候，村干部带我们浏览村民的积分公示栏，说大家都非常重视这些积分，看看可以获得什么政策福利，或者可以获得什么生活与发展的激励（一些 0 积分的村民是因为在外务工，没有回村所以没有做好事的积分，特说明）。并且，在农村的公示中，运用特别传统的方式让群众看得懂、看得清楚。如每颗五角星代表一个最小的积分，五颗五角星换一面红旗，五面红旗换一面国旗。这样，当村民看到哪个人的公示中有几面国旗、几面红旗、几颗五角星的时候，就可以计算出他获得多少积分、做了多少好事。从市、镇、村文明实践志愿服务看，这种"积分+激励"的方式让群众对于自己的奉献与回馈看得见、摸得着，有切身的体会，取得了良好的效果。

三、"红榜+灰榜"机制

荣成市新时代文明实践与信用建设相结合，在具体细致的积分基础上，建立了"红灰榜"制度。对于工作热情认真、爱心奉献突出、乡村治理贡献大的人，给予"红榜"的表扬；对于自私自利、损公利己的人，给予"灰榜"的警戒。这样就让城乡干部群众在文明实践中"学有榜样"，争相赶超。荣成市王连街道东岛刘家村交通闭塞，村里的经济条件不是很好，但是村民们都热心公益事业和邻里互助，既帮助改善村容村貌，也帮助邻里解决生活困难。评选出来的"诚信明星",就成为村民夸奖和学习的榜样。据介绍,原来有些村民废弃的养猪房、杂物房等,多年不使用、不修整,变成破房烂墙。如今,在新时代文明实践志愿服务的热潮下,村民主动拆除破旧杂物房,并且用拆除的旧砖瓦作为修筑路基、水沟的材料。如今,东岛刘家村的村容村貌简朴而整洁、干净卫生、敞亮舒适,村民获得了良好的生活环境,游客也感觉文明有序。

四、"示范+带动"机制

荣成市在文明实践志愿服务中,特别注重党员先行、党员示范、党员带动,通过发动和鼓励领导干部、党员团员率先为社会做奉献,关爱和帮助群众,形成友善互助的社会风气。并且,党员干部不仅仅是自己积极参与服务,而且影响和带动周边群众参与志愿服务,营造社会氛围。我们在荣成市引航爱心协会考察的时候,对于"党员志愿者+志愿者+帮扶对象"的"帮带表"特别关注。这里通过自愿报名和组织配对的方式,1名党员志愿者与3名普通志愿者合作,帮助1至2名困难群众(家庭)。这样,就发挥了党员志愿者的示范带动作用,既率先开展关爱服务,也提供政策资源支持;同时发挥普通志愿者的热心奉献作用,做好专业服务和照顾服务。同时,在信用体系中,为党员志愿者、群众志愿者进行分别赋分,根据提供的服务时长、服务专业性等,进行服务评价和积分激励。这样,各类志愿者既有发挥爱心奉献的共同积分标准,也有根据专业服务程度、资源支持程度区别获得的差异计分标准,赢得了广大志愿者的认同。

五、"菜单+抢单"机制

荣成市新时代文明实践的发展,不仅仅激励农村群众参与志愿服务的热情,也激励市镇(街)党员干部发挥专业特长,为农村文明作贡献的热情。市文明办将机关部门、事业单位、工商企业的党员为农村服务的贡献纳入信用积分体系,同时设立了"菜单+点单"的制度,即市、镇党政干部、专业人员提供宣讲新思想、辅导新知识、传授新技能、表演新艺术等内容,在全市信用系统让乡村"点单",挑选特定人员前去演讲或表演。这样,很多思维活跃、内容丰富、艺术活泼的"单子",特别抢手,深受群众欢迎。基层干部说已经变成"菜单+抢单"的机制,只有迅速点击和选取,才能够邀请到群众喜欢的干部、专家前来乡村辅导交流。我们到几个村或社区考察的时候,就看到邀请的干部、专家给群众讲解知识技能。其中"规学"(必须选择)的"菜单",有宣讲习近平新时代中国特色社会主义思想、新思想对乡村振兴的指导意义、对村民美好生活的积极影响等，通过讲故事、作比喻的方式，让群众听得懂、听得进，成为激励新创造的动力；还有邀请专业人士讲解如何防范短信诈骗、微信诈骗、电话诈骗的方式方法，教会村居老年人"捂好钱袋子"；也有文艺志愿者前来辅导乡村大妈唱歌跳舞、剪纸绘画，培养艺术才能，等等。这些"送课下乡"的专家奉献了热情和爱心，也获得了信用积分的增加，感觉非常开心快乐。乡村群众能够获得高水平、有特色的授课和表演，也特别满意，有着非常强的获得感。由退休老干部组成的"银龄宣讲团"，深入乡村，在银杏树下传"习语"，在古村落里颂党恩，用朴实的语言讲述新理念新思想，把党的声音精准传达到广大农民身边和心中。文明实践志愿服务"菜单+抢单"，精准对接了群众需求，以此建立起了"群众吹哨、部门报到"的点单服务机制，打通了文明实践志愿服务宣传群众、教育群众、服务群众、凝聚群众的"最后一公里"。

六、"兑换+典礼"机制

荣成市针对不同类型群众对于志愿服务积分、信用系统激励的差异化需求，制定了不同形式的奖励方式。奖励从农村最简单、最实惠的"做好事、换礼品"，参与村集体"义务工"获得奖励杯子、袋子、被子、洗漱用品等，到友善互助、扶贫助困获得年终优秀、集体奖励等，再到做出特殊贡献、重大贡献，获得市、镇集中表彰奖励。我们在考察荣成市妇联巾帼文明实践站的时候，看到妇女创业和网络电商平台，有许多农村妇女的手工作品、生态食品成为热销商品，每年的网络销售额不断飙升，成为乡村妇女致富的一种新路径。与此同时，荣成市的妇女富有爱心、充满热心，将部分产品开展爱心销售，即在网络平台每售出一件产品就捐出一定比例的资金；还有制作一些小小的礼品、食物作为志愿服务积分的奖品，奖给热心助人的乡村群众。别看这些礼物小，因为是当地妇女亲手制作的，既有实用性，也有亲切感，兑换给群众的时候特别受欢迎。在这一基础上，荣成市连续三年举办全市性大型公益慈善与志愿服务表彰大会，对诚信好人、爱心志愿者进行隆重的表彰，并且在信用系统中给予优惠待遇。这样，就形成了全社会称赞和尊重好人，全社会崇尚志愿者和志愿服务的氛围。

荣成市通过建立"志愿信用"新机制，全市城乡发生了从外到内的深刻变革，文明实践志愿服务已经成为乡村振兴、创新乡村治理的重要抓手，农村自治、法治、德治"三治融合"的重要力量。"人人都是志愿者、人人都是受益者"的共建共享理念深入民心。试点工作开展以来,村民参与村级事务、集体活动热情日益高涨,乡村治理水平显著提升。人和镇北齐山村等33个村取消了专职保洁员,村内的环境卫生由志愿者清理管护;王连街道东岛刘家等20个村建起"暖心食堂",为农村孤寡老人提供免费午餐;夏庄镇甲夼马家村等63个村,村民主动与村集体清理了多年的欠款。

第五节　贵州龙里：印苗文明实践志愿服务有"四传"

贵州省龙里县洗马镇在开展文明实践志愿服务的时候，将传播新时代新思想与发掘民族特色工艺文化相结合，探索独特的"四传（传念想、传家风、传美好、传技艺）"经验，收到良好的效果。

在哪嗙村，有这样一支少数民族，叫"印苗"，属于苗族中的支系。关于印苗的由来，据说是很久以前，印苗的祖先被外族追杀，在被迫迁移过程中，苗王为了识别本族人，就用自己的方形印章，给每个族人在衣服的背上盖上印章进行迁移识别。后人为了纪念苗王，就在服饰背部和袖筒上，绣上"印苗"大印图案，"印苗"由此而得名。印苗文化比较丰富，唱山歌、吹芦笙、跳苗舞至今仍然保留下来，成为日常生活娱乐中必不可少的一部分。在20世纪90年代初，印苗舞蹈"金钱棍""簸箕舞"被邀请到泰国、新加坡等国家表演，深受喜爱。尽管如此，印苗一些优秀的文化也面临失传的危机。近年来，随着外出务工的年轻人逐渐增多，很多年轻人不关心本民族历史文化，有的不会本民族语言，不会刺绣、蜡染等技艺。甚至有的群众不了解本民族服饰上大印、鱼、蝴蝶的象征意义，更不知道"头发绳"传承的是什么。为了保护印苗优秀的民族文化，龙里县洗马镇结合全县新时代文明实践中心建设试点工作开展，在印苗同胞聚居的哪嗙社区成立了"印苗文化传承志愿服务队"，用志愿服务的方式带动印苗文化传承和发展。

一、传念想

印苗同胞祖祖辈辈都有一种念想、一种追求，就是通过自身努力耕种和劳作，让生活得到改善、让子孙后代获得幸福。在新时代，印苗的这种念想与党的十九大提出"人民对美好生活的向往"相吻合，成为激励群众发奋进取的动力。在文明实践志愿服务中，印苗志愿者将这种念想与传播习近平新时代中国特色社会主义思想进行有机结合，通过载歌载舞、生动活泼的形式，进一步传播新思想，感激党的恩情，激发团结进步动力。虽然他们的生活随着农村水、电、路、讯、房、寨等基础设施改变而得到极大改善，获得感、满足感不断增强，但也存在少数群众思想观念落后、不懂得感恩的尴尬局面。为了改变群众思想观念，传播新的生活追求，印苗志愿者用苗族同胞喜闻乐见的山歌表现形式，将社会主义核心价值观、十九大精神和习近平新时代中国特色社会主义思想等编成山歌，在群众中进行传唱，让他们感党恩、听党话、跟党走。同时，他们还用刺绣、蜡染的方式将社会主义价值观等做成绣品。在中央文明办、共青团中央、中国文联、中央广播电视总台联合举办的"文明之光·志愿中国"——学雷锋志愿服务主题宣传特别节目上，印苗同胞通过手中的线绣出了"奉献、友爱、互助、进步"志愿者精神八个字的片段在节目上进行展示，引起强烈反响。基层干部总结印苗志愿者传播新思想的经验时说："说的不如唱的跳的记得住，唱的跳的不如绣的记得久。"确实，印苗志愿者创造性地运用苗族歌舞传递新思想，运用苗族刺绣传播核心价值观的做法富有成效。

二、传家风

贵州山区面对市场经济的影响、面对时尚潮流的冲击，也出现了观念混乱、道德滑坡的情况。在文明实践志愿服务中，印苗志愿者遵循习近平总书记提出的"注重家庭、注重家教、注重家风"的要求，通过传承良好习俗、传承纯朴家风，实现传孝道、树美德的效果。我们都知道，苗族只有语言，没有文字，他们孝道文化除了口头相传外，还通过"头发绳"来代代相传。据当地老人说，年轻人只要看到"头发绳"就想起老人们的教诲，在家要尽孝道，在外要讲诚信，一诺千金，答应了的事就得做。"头发绳"是一种孝道文化的传承，是母亲平时梳理头发时候，将掉下来的头发收集起来，织成毛线状的线；等到女儿出嫁的时候，就用这"头发绳"盘绕在帽子上，作为嫁妆给女儿戴在头上出嫁，就这样"头发绳"代代相传。由于很多年轻人不知道"头发绳"传承的意义，通过老年志愿者的讲解和印苗孝道文化普及，现在很多印苗妇女开始收集自己掉落的头发了，并且向子女、孙子孙女传授"头发绳"的记忆，让良好家风代代相传，形成文明村落风尚。

三、传美好

在过去一段时间，洗马镇印苗村寨经济发展了、收入增加了、生活富裕了，但也存在环保意识淡薄了、村寨环境卫生变差了、环境污染了的情况。在新时代文明实践志愿服务中，印苗志愿者根据美丽乡村、美好家园建设的要求，传播"青山绿水就是金山银山"的理念，真正做到传环保，带文明。结合全县新时代文明实践中心试点建设工作开展，他们将环境卫生搞得好的家庭动员到志愿服务队伍中来，通过志愿者入户宣传，灌输环保理念，组织群众积极投入到"我爱我家"的环保活动中去；从房前屋后环境卫生开始清理，并常态化保持，得到一大批群众积极响应。他们每天早上起来，第一件事就是打扫卫生，除了将室内外环境卫生打扫干净外，还打扫公共道路、公共区域的环境卫生。

最近，为了让印苗村寨环境整治提档升级，在社区党组织的引导下，他们通过自发集资，投工投劳修建文化墙、假山等美化家园，并在村寨房前花池边刻上家风家训、寨规寨训等。此外，很多群众还将能够为他人提供的志愿服务制作成项目公示牌，悬挂在家门口，接受群众监督。目前，在龙里县洗马镇各条道路、大街小巷、村头寨尾、房前屋后、大小广场等公共区域，环境卫生干净整洁，寨规寨训、家风家训、村寨文化展示内容丰富。在全州乡镇环境整治第一次暗访工作中，洗马镇脏乱差现象严重，被全州通报批评。但现在在黔南州乡镇环境督查暗访中，洗马镇环境卫生排在全州前列，实现了历史性的转变。如今，洗马镇很多印苗家庭的门外，都印有"志愿承诺"，如"承诺搞好家门口的卫生，承诺为过往行人免费提供喝水，承诺义务照顾村里的小孩、承诺为过往行人提供上洗手间"等。他们乐于帮助他人、美化环境。在全州乡镇环境整治现场推进会上，洗马镇还作了交流发言。

四、传技艺

在20世纪90年代，受外来商品的冲击，印苗人的工艺、技术被忽视、被遗弃。精工绣制的印苗服饰贱卖到几十元钱一件，导致年轻的印苗女性都外出打工，而不愿意传习刺绣工艺。尽管如此，在哪嗙社区，印苗志愿者王万菊一直坚信印苗文化会迎来发展春风。20多年来，她一直坚持在辖区内一中学免费给学生传授印苗文化，教印苗歌舞、印苗刺绣等民族艺术。随着社会进步、文化发展，近年来印苗文化备受社会各界关注，更是得到洗马镇党委、政府的重视。结合全县新时代文明实践中心试点工作开展，洗马镇将印苗文化的传承和发展作为群众致富门路进行拓展，在哪嗙社区成立洗马镇"苗之印"手工业专业合作社，并注册"苗之印"商标，将附近热衷于印苗刺绣、蜡染的群众吸收到合作社中来。镇里还组织合作社社员对附近的群众进行刺绣和蜡染技艺进行培训，让他们掌握印苗服饰刺绣、蜡染等各种工艺品加工制作技艺。群众加工出来的产品由合作社统一收购，通过农村电商平台线上销售，同时，他们还通过在龙里各大旅游景点设置印苗手工艺品销售点，进行线下销售。在 2018 年，合作社就有 50 多套服饰销往泰国和新加坡，在国内销售服饰 500 多套，鞋 200 多双。在 2019 年 2 月，合作社接到贵阳客商 200 套的服饰订单，3 月又接到 20 套服饰订单，带动了周边 200 余户群众增收致富。这样，印苗人既获得好收入、好生活，也增强了对民族文化、民族工艺的自豪感，在党的关心和帮助下走向美好生活。

洗马镇的印苗志愿者，在参与文明实践、传播新思想、开展新服务的时候，通过将新时代新文明的元素与民族传统、习俗、工艺等相结合，创造了"四传"的经验，在广大群众中产生良好的影响，营造了文明、友善、奋斗、奉献的社会氛围，共同建设美好幸福家园。

第七章

乡村文明实践志愿服务

要接地气

第一节 乡村社区文明实践志愿服务的"领头羊"

各试点县区在推进文明实践志愿服务的过程中,特别注重抓好农村党支部书记的"领头羊"作用。通过引导和鼓励村居党支部书记率先学习领会中央关于开展新时代文明实践试点工作的文件精神,让他们充分认识凝聚群众、成风化俗的重要意义。并且,激励村党支部书记在文明实践志愿服务中大胆探索、勇于创新,根据弘扬新时代新思想的要求,结合本镇本村的实际情况,不断探寻富有特色的新方式新路径。为此,广东省社工与志愿者合作促进会、广东省团校志愿服务研究中心对乡村社区开展专题调查,总结提炼党支部书记开展文明实践志愿服务的特色经验,提供各地区参考借鉴。

一、做好"带头人"

乡村社区文明实践的发展,党支部书记要积极主动成为群众的"带头人"。不论是学习传播新思想,还是探索实践新发展,村民都面临各种疑虑和困惑,特别需要有敢于走出第一步、敢于做出新行动的带头人。村党支部书记在学习、领会方针政策,掌握制度措施的同时,就必须自己率先行动,做出表率,带动群众。博罗县罗阳镇承粮陂村党支部书记张庚明对于新事物的学习能力快,创新思维活跃。按照习近平新时代中国特色社会主义思想的指引,他将提高政治觉悟与增强发展动力相结合,为乡村群众探寻各种发展生产、改善生活的路径。他善于发现市场需求,并与村民需求相结合,融入各项工作之中。所以,他把发展本村自身经济优势,发展中草药种植文化作为发展乡村经济,打造美丽乡村、乡村振兴、乡村繁荣的催化剂。在他到任承粮陂之前,该村经济落后,留守儿童问题严重,许多老人在家无人照料,设施落后。经张庚明研究,该村可种植土地多,但青壮年耕地收入微薄,纷纷外出打工。于是他便积极引进中草药种植企业投资,号召本村青年回村创业、就业,发展中草药种植。在他的努力下,在外的青壮年纷纷回乡响应号召,在振兴乡村经济的同时,也大大解决了留守儿童问题。在许多年轻人纷纷回乡之后,张庚明发挥了本岗位的学习优势,将学习新思想的心得体会,运用在实际的联系群众、服务群众、激励群众、引导群众的工作中,也取得文明乡村、文化乡村的创新成效。

英德市鱼咀村原来贫穷落后，按照村民自己说的，就是"又脏又乱、垃圾满地、污水到处流"。在党政部门的牵线搭桥后，该村引进碧桂园集团开展产业扶贫。这时候，常年外出创业的廖志其回来担任"老村长"，率先参与到村庄文明建设、产业发展、民生改善、环保生态的工作之中。他说："为什么别人的家乡可以那么美、那么好？为什么鱼咀村就不行？我身为鱼咀人，为鱼咀村做些事是应该的。"他充分发挥在外创业的丰富见识和超人胆识，在推进乡村振兴与文明实践的时候，采取"自己先做、带人去做、让人敢做、带人做好"的方式，吸引村民参与到农村生态产业发展、旅游景点建设、农家乐餐饮发展、民俗旅馆建设等。特别是村中建成的碧乡咖啡厅成为山区农村一道亮丽的风景线，不论是城市来的游客，还是四里八乡来的村民，或者是本村人的亲戚朋友，都乐意来咖啡厅喝喝新式饮料，看看时尚书籍，聊天沟通交流，这里成为乡村文明的一个聚集地。廖志其"老村长"和其他村干部，也借助咖啡厅、农家乐、民俗等作为传播新时代新文明，开展学习交流新思想，鼓励村民拼搏进取追求"中国梦""青年梦"的场所，收到良好的效果。从广东省新时代文明实践试点县区的情况看，在村支书、"老村长"等的带动下，党员团员、志愿者都积极行动、发奋进取，为建设美丽家园、美好生活作出贡献。

二、做好"引路人"

广大群众在乡村振兴发展中，既充满期待，也面临困惑。面对社会的不断变化，以及市场的激烈竞争，乡村群众迫切需要有解放思想、率先探索的"引路人"。特别是一些在发展中遇到挫折、出现困难的乡村，群众更是犹疑不决、迟疑观望。这个时候，乡村党支部书记的引领前行就具有非常重要的作用。台山市斗山镇横江村是一个具有农业特色和文化传统的村庄，加上近代外出谋生的华侨建设"碉楼"等侨房，具有文明实践发展的基础。但是，横江村原来缺乏人才，特别是缺乏有见识、有胆识的"引路人"。这时候，镇党组织发掘一位外出读书工作多年，懂得四门语言（广东外语外贸大学毕业，掌握汉语、英语、日语、印尼语）的党员黄伟明，动员他回村参选支部书记。这样，黄伟明放弃高薪和优厚待遇，回村围绕乡村振兴、文明实践、生态建设、全域旅游等进行筹划，引导村民建设文明氛围、改善生活环境。如今，横江村逐渐成为文明美丽、民俗丰富的新农村，成为新时代文明实践的示范村，也成为吸引旅游度假和文化创意的胜地。

博罗县罗阳镇观背村曾经是问题成堆、困难重重的"烂村"。作为城郊村，群众"端着金饭碗"挨贫穷。在县里整治软弱涣散村支部之后，选拔优秀党员前来担任村支书，一届一届带动群众走出懒散，走向勤劳，走向文明富裕。现任村党支部书记郑国雄充分发挥村"党员干部""巾帼""青年"志愿服务队和驻村手有余香志愿者协会的载体作用，将新时代文明实践与乡村振兴、基层党建和文明村镇创建有机融合，并在帮助村民改善生活条件、美化村居环境的同时，提高村民的思想认识和互助热情，吸引村民参加志愿组织、开展志愿服务。这样，观背村从创建文明村做起，改善村民的生活环境和发展条件，然后通过兴办"农家乐""民俗村"等旅游、饮食产业，带动村庄生产致富。如今，观背村又打造"文化创意村"，吸引和招揽广州、深圳、惠州等地的画家、书法家、艺术家等前来租房兴办工作室、工作坊，带动文化产业的发展，促进乡村的产业升级。这种通过传播新思想、培育新文明带动发展产业、创造新生活的路径，带给广大群众满足感和幸福感。

三、做好"热心人"

乡村社区的党支部书记不仅仅要教育和引导群众学习新思想、践行新文明，而且要积极热心开展活动，通过丰富活泼的形式吸引群众、激励群众。乳源县富塘村党支部第一书记李卫清针对村"两委"干部素质不高、能力不强，积极推荐村党支部书记参加市、县专题培训学习，先后组织召开民主生活会、村干部碰头会和先进村委交流学习会，帮助村"两委"干部认清发展形势和自身存在问题，提升他们为群众服务的意识和能力。在储备干部培养方面，他在充分摸排的基础上，有针对性地引导当地大中专毕业生、外出务工青年和村里致富能人参与村中各项事务，先后将多名文化程度较高、有公心、办事公正的村民纳入储备干部，适当地给他们压担子，从而让一个个村干部成为"热心人""用心人"。博罗县石湾镇石湾社区在党支部书记带领下，先后开展了"凝聚党心、服务社群"运动健康素质拓展活动、"学习小达人""情绪管理小组""亲子沟通小组"等分享活动、"情暖社区 从头开始"爱心义剪活动、"关爱马路天使，共建美丽舒城"元宵游园活动、"悦生活 养有道"春季养生知识宣传活动、"绿色社区"志愿宣传活动、"粽香情浓迎端午"长者茶话会等精彩纷呈的社区文化活动52场，丰富了社区居民的文娱生活，温暖了社区居民的心。石湾社区党支部书记善于发现群众的兴趣爱好，并且通过自己的积极策划，通过党支部委员的积极组织，在文明实践、学习传播活动中吸引群众热情参与，互相激励，产生了很好的影响，营造了"大学习、大传播、大服务、大提升"的社会氛围，促进乡村社区精神风尚的改变，取得良好的成效。

四、做好"调解人"

开展文明实践志愿服务，促进村民的邻里关系改善，消除各种矛盾纠纷，对于建设和睦家园、建设美好生活具有重要的作用。乡村社区党支部书记也是群众关系的"协调人""调解员"。因为，有些居民、村民之间存在矛盾、纠纷、冲突，互相之间不服气，动不动就出"状况"。这时候，党支部书记出以公心，主动调节，就能够化解群众的恩怨和纠纷，营造友善和谐的生活环境。乳源县桂坑村党委书记盘明华顶住压力，积极协助配合县、镇解决相关问题。为了更好地处理信访问题，他与班子成员研究建立了信访排查长效机制，自己担任组长，通过明确村级信访联络员，实行村级信访集中接待制度，落实信访反馈制度和责任追究制度。在镇委、镇政府的指导下，经过盘明华的不懈努力，全部积案得到了有效化解，相关问题得到解决。如受灾村民要求韶能集团赔偿问题，最终顺利签订赔偿协议并领取了扶助资金；对于甲田一、二村村民用电问题，村委说服村民和县供电局、银源公司、横溪电厂签订了新的供电合同，变压器已更换，村民电表已经安装好，农网改造已完成，村民用电恢复正常。这些直面问题、积极调解，不断改善村民生活条件，不断创造村民发展机会的做法，赢得了村民的信任，为新时代文明实践营造良好的氛围。

博罗县长宁镇松树岗村党支部书记朱见聪，一个人带动一群人，一群人改变整个村。如今的松树岗村，通过这半年多的文明实践，能够切实感受到村风民风所发生的变化。农民的业余生活丰富了，打麻将的、赌博的人少了，邻里关系更和谐了，吵架上访的也少了。党支部书记首先是自己带头不计较、不偏激，不因为利益问题与其他人闹矛盾，而是以党员干部的高标准要求自己，主动理解和体谅其他村民的需求；同时要求自己的亲属有风格、多礼让，遇到利益关系的时候，多为其他村民着想。这样，村书记以身作则，带好亲友，也影响广大群众相互体谅、友善相处，形成和睦共融的生活发展环境。

五、做好"护花人"

乡村社区生活发展中，保护青少年健康成长，特别是保护留守儿童的切身利益和成长需求,是文明实践志愿服务的内容之一。乡村党支部书记贯彻落实党的全心全意为人民服务宗旨,将为村里老人、小孩提供安全保障作为重要任务;在文明实践中,组建党团员志愿者队伍,开展引导青少年成长、保护中小学生交通安全、维护留守儿童生活安全的各项服务。高州市大井镇六祥村委书记冯兴伟热诚支持阳光365志愿服务队前来开展"乡村婆孙乐"的活动,就是针对偏僻山村外出务工人员多,村里只留下老人和孙子女隔代抚养、交流困难等问题,以志愿者带领老少群体学会沟通交流、游戏娱乐、增长见识、增进感情。村书记除了提供场地、设施支持志愿者开展关爱留守儿童的活动,每次忙完村党支部的工作,安排好村民各项事务之后,都要过来"乡村婆孙乐"做做志愿者,与孩子们聊聊天,了解需求,提供帮助,也为志愿者继续开展关爱服务做好保障。志愿者亲切地称呼冯书记为"大管家"。

博罗县石坝镇三嘉村小学靠近圩镇,在上学路上,每天都有800多人需要横穿马路,存在极大的安全隐患。看到这种情况,起初由党支部书记周元赐跟村党员干部带头,每当上下学时间段都在小学门口护送小朋友过马路,在家的村民看到村党员这么有爱心,也慢慢加入这个队伍。后来村委会就成立了三嘉村护学志愿者服务队,让更多的村民自觉参与到志愿服务活动,为学生的安全保驾护航。乡村文明实践的发展,将青少年的健康成长和安全生活作为重要使命。很多党支部书记都认为保护孩子就是保护祖国的未来,他们投入越来越多的精力,组建"护苗"志愿者队伍,开展保护和引领青少年健康成长的服务活动,逐渐产生良好的效果。

六、做好"代言人"

乡村文明、社区文明需要营造氛围,也需要传播推广。村居党支部书记作为领头人,要更多理解和领会新时代文明实践的积极意义。博罗县的很多村支书主动成为文明"代言人",在各种场合讲解文明实践的价值,在各种活动中展示文明形象。丰顺县汤南村党委书记罗树虎不仅自己成为文明生活、魅力环境的"代言人",而且引导和教育村干部、村民成为文明"代言人"。真抓实干,因地制宜,他带动全村上下努力进取,把昔日人居环境最差、社会治安最乱的落后村,发展成为美丽宜居、乡风文明示范村和省级文明村。这个村里有个角落,原来是垃圾遍地,到处是粪坑。罗树虎在乡村文明建设过程中,一方面邀请嘉应学院艺术学院的师生前来为村庄规划和绘画,营造美丽村庄的环境;另一方面引导村民改变乱扔垃圾、乱建茅坑的习惯，集中做好污水治理、污染整治，还村里一个清洁美丽的空间。如今，这个卫生死角变成了美丽小花园，既有村庄池塘，也有绚丽砖墙；既有亭台楼阁，也有民俗休闲设施，成为村民娱乐交流的好去处，也成为游客观赏活动的好去处。

博罗县长宁镇新江村党支部书记黄绍源一开始就认识到新时代文明实践工作的重要性，组织以村"两委"成员、大学生村官、小组长、驻村干部等为主体的文明实践队伍，发挥村党组织的战斗堡垒作用和党员示范带动作用，并用志愿服务队的实践行动不断增强文明实践的吸引力、凝聚力、向心力、影响力。同时他还想到为了弘扬好的家风家训，评选了新江村一批好婆婆、好媳妇、最美家庭和巾帼创业带头人等先进模范，并把他们的事迹展示在村里的最显眼位置；希望通过讲述好身边人的故事，带动全村人向他们学习。目前，在广东省试点县区，越来越多的村居党支部书记带头，吸引支委、村委、团支委、热心群众参与，为营造乡村社区的文明生活、和睦家园，进行广泛的传播、深入的宣传，让更多的村民和外来人员参与文明实践，培养文明习惯，建设文明生活。

第二节　擦亮扶贫村的文明实践品牌"英德红"

广东省粤北山区的英德市是重点扶贫攻坚地区。习近平总书记 2018 年 10 月到英德市连樟村看望群众的时候说道:"乡亲们一天不脱贫,我就一天放不下心来。"近日,在"不忘初心,牢记使命"教育活动中,广东省及清远市的党员干部,再次陆续前来英德市的连樟村、树山村、龙华村等贫困村,开展文明实践志愿服务活动,为村民奉献爱心、提供帮扶,为脱贫攻坚作出贡献。其中一个重要措施,就是擦亮"英德红"的文明品牌,为贫困村的发展注入生机活力。调查发现,逐渐声名远扬的"英德红",具有多方面的含义。一是各党组织牢记总书记的嘱托,充分发挥党的力量做好脱贫攻坚工作,特别是广东省委办公厅、省委组织部等安排得力的党员干部担任驻村第一书记,市、县、镇、村党组织加强力度推进乡村发展。二是充分发挥英德市树山村、龙华村等革命根据地的资源,让红色传统代代相传、激励人心。三是社区与乡村党员发挥示范带动作用,在文明实践与脱贫攻坚中争当先锋,作出贡献。四是英德是远近闻名的红茶生产基地,"英红一号"畅销海内外,也成为文明传播的一种载体。2018 年,英德市成为广东省新时代文明实践试点县区之一,通过不断擦亮扶贫村的文明品牌"英德红",营造凝聚群众、引导群众、共同奋斗、共建家园的社会氛围。

一、红旗飘飘:党员志愿者示范带动

在文明实践、乡村振兴、精准扶贫的工作中,党员干部要干在前面,党员志愿者也要勇于争先、示范带动。广东省委办公厅、省委组织部等部门各处室的党支部,结对英德市的贫困村,利用周末和节假日前来开展"送温暖、献爱心、办实事、谋生路"的各种志愿服务活动,将党的关爱送给到群众身边。英德市直机关的 88 个党支部,2000 多名党员结对分散的贫困村和贫困户,给每家每户派送"爱心办事卡",有困难有需要就告诉党员志愿者,有求必应、有事必办。碧桂园集团党委将在广东省内下属的 43 个党支部与英德 78 个贫困村的党支部结对,从帮助党组织增强能力,到帮助党员提高发展能力,再到深入贫困户群众提供关爱扶助。特别是党员志愿者作为产业扶贫的引导员、讲解员、示范员,为贫困村群

众展示和介绍农副产业、生态产业、旅游产业、饮食产业、工贸产业等发展带来的创业就业机遇，激励乡村群众积极参与、谋求发展。据碧桂园扶贫人潘定国介绍，碧桂园办公室党支部结对鱼咀村党支部。自党建结对共建后，碧桂园集团各党组织共同发力，重点围绕促村民增收、关爱留守儿童和困难群体，通过高管党员与特困户对象实施"1+1"家庭结对，以医疗下乡、参观红色教育基地、送讲座、送党课、送文艺活动、送电影等多种形式，开展了192场活动，惠及群众近2500人次，大大增强了贫困户、贫困村的脱贫信心。

此外，英德市文明办、教育局、横石塘镇政府在龙华小学举办"童眼看世界，巧手绘家乡"手绘活动，展现扶贫村的环境变化和乡村生活。孩子们在志愿者老师的指导下，用手中的画笔在长卷上绘出了他们眼中的美丽家乡，如蓝天、白云、和平鸽、家居建筑，还有闪耀的红星等。这些点点滴滴的元素，都在孩子们的画笔下，活灵活现地展现出来，传播党关心乡村、关爱群众，激励共同建设美丽家园、美好生活的新文化。这样，通过党员志愿者的示范带动，一方面越来越多的贫困村群众敢于探索创新、追求脱贫致富；另一方面越来越多的贫困村群众乐于助人、邻里互助，构建和睦友善的乡村氛围。

二、团徽闪光：青年志愿者创新服务

英德共青团组织积极响应习近平总书记的号召，带领团员、青年志愿者投身脱贫攻坚的主战场。其中，英德志愿者协会的青年志愿者成为最活跃的力量，最亮丽的身影。青年志愿者陈观霞，从2004年开始就为贫困山区筹建爱心小学四处奔走，让失学、辍学的孩子回到课堂，学习成长。她2012年筹建"亮石志愿者协会"，聚集爱心力量、聚焦扶贫服务，2014年开始接受共青团委托，参与英德市志愿者协会的管理工作，并且当选为协会会长。这期间，她带领一批又一批青年志愿者，深入贫困村、贫困户，为助学、助业、助生活、助发展提供多样化、灵活性的服务。从2016年开始，英德市注重吸引返乡青年开展电商创业、网络创业，培养一批任新春等青年电商创业的导师。他们在业务发展的同时，深入贫困村为农村青年义务开展电商知识传授、电商营销技能辅导，并且帮助乡村农产品拓展市场、扩大销路。在此基础上，中国光华科技基金会、共青团广东省委、碧桂园集团共同设立"情系英德助学金"，聚焦深度贫困地区建档立卡的贫困青少年，实施学业资助、就业援助、创业扶助项目，与各级团组织共同投身脱贫攻坚战三年行动。在总书记关心和视察过的连樟村，英德团市委、英德市志愿者协会在碧桂园集团的支持下，举办"志愿新人·心系连樟"的专题培训。连樟村讲解员崔洁琼带领志愿者深入了解连樟村建设情况，加强志愿者对连樟村建设情况的了解，加强对家乡的归属感。学习过程中，志愿者认真听讲，做笔记。崔洁琼一边带领志愿者参观，一边提问，检查志愿者们的学习成果，志愿者争相抢答、非常积极。讲解培训后，团市委、市志协还安排了志愿者实地学习。在各级团委、各地青年志愿者协会及公益基金会的支持下，越来越多的农村青年返乡创业就业，既探索立足本地、创业致富的途径，也参与助人为乐的志愿服务，成为文明实践志愿服务的活跃力量。

三、夕阳辉映：老年志愿者焕发活力

由于英德山区的中青年较多外出务工，贫困村留下的较多是老人。过去，老年人仅仅是被关心、被关爱的对象。开展新时代新思想新文明的宣传，特别是文明实践志愿服务以来，山村老人积极参与，发挥特长与经验的优势，作出贡献、获得自豪感。在英德市开展"乡村名嘴"宣讲队伍建设中，一大批宣传老人当选"乡村名嘴"，活跃在田头、炕头、店铺外、榕树下，用生动活泼的语言，切身经历的故事，向村民讲解新思想新文明的内涵，介绍新中国成立70年来的发展变化。这些老党员、老农民"乡村名嘴"志愿者，主动掌握党的理论知识，又具有了解实际、贴近民心的特点，在新时代文明实践的宣传活动中特别受欢迎。英德市还充分发挥"新时代乡贤"的积极作用，在贫困村的脱贫攻坚、文明实践等工作中主动作为。全市评选出的"十大新乡贤"中较多是老党员、老村民，他们在贯彻党的方针政策，探寻乡村发展路径，关爱帮助村民生活，共建共享美丽家园等方面做出了积极贡献。碧桂园集团配合政府扶贫攻坚的任务，在英德市推进产业扶贫战略的时候，从贫困村挑选"公益老村长"，基本要求在既有能力、经验之外，特别需要有志愿精神，乐意为乡村建设、村民生活作奉献。树山村、龙华村、鱼咀村等一批热心公益、乐意助人的长者出任"老村长"，不仅仅在配合碧桂园集团引进工商业、旅游业、生态农业、文化产业等方面提供支持；而且积极协调村民关系、解决邻里纠纷、改善政民关系，为贫困村的发展变化作出贡献。调查发现，在英德的山区农村，特别是贫困村的各项工作中，"公益老村长"等老年志愿者的威信高、作用大，值得特别关注和重视。

四、巾帼奉献：妇女志愿者奋勇争先

英德市农村妇女，特别是扶贫村的妇女，逐渐成为乡村振兴和文明实践的主力，在新兴生态、旅游、时尚产业发展，以及乡村民风建设、民俗发展、文明生

活等领域发挥着重要的作用。一方面,乡村妇女争做创业就业先锋,投身脱贫攻坚的潮流。如清塘镇600多名农家妇女在纺生粮油食品公司就业,获得家庭生活改善的机会。连樟村近200名妇女进入佳美达玩具有限公司工作,获得经济收入。鱼咀村的妇女不仅仅在民俗、农家乐工作,而且经过培训到"碧乡咖啡馆"工作,掌握精湛的研磨咖啡手艺。农家妇女在获得自身经济条件提高、生活环境改善的同时,积极回报国家、回报社会。一是积极参与文明村、文明户的建设,从做好家居卫生到参与村庄环境美化,耐心细致地维护美丽环境、美丽家园;二是积极参与扶贫助困的服务,妇女志愿者到残疾人、困难户家庭,提供关爱和帮助,为留守儿童提供关爱和帮助,营造温暖家园;三是开展传播新思想、传播核心价值观的服务,英德乡村妇女利用周末和节假日,学会唱红歌、讲故事、做快闪,不仅在村头村尾表演健身,而且参加镇里、县里的各种宣传活动,既愉悦身心,也感染他人,有效传播新思想、新文明。这些乡村妇女通过参与文明实践志愿服务,在服务村庄、帮助他人的同时,也让自己精神充实、见识丰富,让家庭关系更加融洽和谐,特别是在子女身边树立良好的形象。

五、茶乡工匠:专业志愿者助力乡村

英德市是"红茶之乡",在长年种植和烘焙红茶的过程中,产生了一大批技术精湛、经验丰富的茶乡工匠。这些具有"茶教授""茶博士""茶师傅"美称的人,其实都是从大山里产生的老茶农。如今,伴随科学发达、技术进步,不少大学生、研究生也加入红茶研究和推广的领域,茶乡工匠中有了许多"戴眼镜""喝墨水"的年轻人。在文明实践和扶贫攻坚的过程中,这些老茶农、新茶农发挥工匠精神,自愿加入志愿者的行列,一方面义务向贫困村的村民传授种植、烘焙红茶的技术,带动一批又一批贫困户改善生活;另一方面义务开展红茶文化的传播推广,将"英德红"的品牌传扬到全国各地,传播到海外各国。在这些茶乡工匠的奉献和服务中,广大乡村焕发出生机活力、丰富魅力。在茶乡工匠精神的影响下,英德市乡村志愿服务也发掘了更多的"工匠""匠人",他们在扶贫助困、美丽乡村中发挥了积极作用。很多早年外出创业或务工的村民回乡服务,将掌握的生态农业技术、农家乐经营技术、手工艺产品技术、文化创意时尚技术等,带到贫困村进行探索和试验,帮助村民将时尚与习俗相结合、将创新与传承相结合,打造旅游村庄、生态村庄、民俗村庄、体验村庄等,让村民获得更加多样化的谋生发展路径。

第三节　文明实践在农村 青年扶贫当先锋

新时代文明实践建设中，英德市共青团组织认真学习总书记的讲话，牢记总书记的嘱托，动员团员青年参与到扶贫事业之中，发挥积极性，体现青年先锋作用。广东省委办公厅、省委组织部等单位的党团员结对扶贫英德市的村庄，省市团委及青年志愿者协会深入扶贫村开展服务，碧桂园结对英德村庄开展产业扶贫并安排青年"扶贫专干"驻点工作，在村庄选拔"公益村长"作为扶贫攻坚的活跃力量。广东省社工与志愿者合作促进会的专家学者，也前去村庄指导开展志愿服务。因此，从2018年以来，英德市形成"党团企社村"合作推进脱贫攻坚工作，形成扶贫志愿服务的新局面，取得了良好的成效。为此，我们围绕"党建带团建、扶贫当先锋"开展调查，撰写专题报告，提供各地参考。

一、党建引领，青年争先

英德市农村精准脱贫工作坚持党的领导、坚持党建引领。省委办公厅驻点河头村的第一书记、省委组织部驻点龙华村的第一书记等都是青年党员干部，一方面发挥村中老党员的示范带动作用，通过传授经验、指导创新，推动村庄加快脱贫致富；另一方面吸引青年党员、青年团员关心和参与村庄事务，为产业扶贫、生活改善作出贡献。在英德市各个扶贫村，最显眼的标识是党旗党徽，最突出的展示是党组织架构图，最重要的公示是党组织和党员的职责任务，充分体现共产党全心全意为人民服务的宗旨，充分体现共产党员为人民谋幸福的初心。在这些曾经的"贫困村庄""落后村庄""涣散村庄"，刚刚开始宣传党的宗旨和党组织职能的时候，群众还将信将疑、犹疑观望。但是，党支部书记、委员带领老党员、青年党员、青年团员"卷起裤腿""迈开步子"，走村串户、深入农户，了解生活需求，探寻解决途径，逐渐赢得越来越多的村民的信任，树立了党的良好形象。在党组织的引领下，逐渐吸引青年党员、青年团员关心和参与村庄的精准扶贫和乡村治理。一些青年党员返回乡村，参与村支部、村委会的工作，成为农村发展的"领头羊"；一些青年团员利用周末和节假日回到村庄，参与美丽乡村、温暖农家的公益活动；一些青年发回许多各地村庄建设、民生改善的信息资料，为乡村发展提供参考借鉴。我们调查的时候，龙华村、鱼咀村的老人都说："过去一段时间，村里年轻人都出去了，只剩下一些老人、妇女和小孩，村庄凋零、缺乏生气。现在，有年轻人回来工作，外面的年轻人也经常回来参加活动，村里兴旺多了。"所以，在党的领导和党建引领下，村庄青年逐渐成为脱贫攻坚、乡村建设的先锋力量，发挥越来越突出的作用。

二、村企结对，青年扎根

英德市为了按照总书记的嘱托做好扶贫工作，在广东省委、省政府的重视和支持下，联系碧桂园集团进行整体帮扶、产业扶贫。碧桂园集团挑选一批热心、专心、用心的年轻人，组建"英德市产业扶贫指挥部"，为每个驻点村配备一名"扶贫专干"。这些青年党员、青年团员都具有奉献精神、专业精神、拼搏精神、创新精神，他们在连樟村、鱼咀村、树山村、龙华村、恒昌村、河头村等驻点过程中，与村民一起丈量田地、考察河道、寻找难点、发现机遇，从而为农业生产、旅游发展、加工业落地、民宿建设等奠定基础。我们调查的时候，连樟村的"扶贫专干"是一位精干的年轻人，讲述了在产业扶贫、环境改善、民生发展中也遇到很多村民不理解、不配合的情况。但是，他们持之以恒，与"公益老村长"一道走家串户，听取民意、解释政策，逐渐赢得理解和支持，顺利开展各项工作。如今，过去常年晴天风沙、雨天泥泞的村容村貌获得改变，村里男人开发多种途径就业创业，村里妇女进入工厂获得固定收入，开启美好生活的路径。青年"扶贫专干"告诉我们："做这份工作，就要有扎下根来、贴近群众、啃硬骨头、做持久事情的心态。"碧桂园在英德的青年"扶贫专干"，有些晒得黝黑，有些疾步如飞，有些衣着朴素，他们说都是在农村做精准扶贫工作锻炼出来的，只有这样才能够真正赢得乡村群众的信任和支持。

三、关爱扶助，青年贴心

英德市精准扶贫工作中，志愿者的爱心奉献、关爱扶助发挥了积极的作用。省委办公厅、省委组织部的党团员志愿者组队前来关爱和慰问贫困户，提供助学、助业和扶志、扶智等帮助。英德市志愿者联合会发动各个志愿团队，深入农村开展针对老人和小孩的专项服务，融洽村民感情，营造和谐氛围。宣传部、文明办开展新时代文明实践志愿服务，鼓励党团员在乡村做宣讲志愿者，为村民宣传和解释新时代新思想新文明的内涵，并且联系群众生活提供政策措施的信息。目前，在各个扶贫村中组建"3+N"志愿服务队,即党团员志愿队、老年志愿队、妇女志愿队加各类特色志愿队。其中,青年党团员人数虽然不多,却是组织团队、策划项目、创新方式的活跃力量。青年志愿者帮助老年志愿者、妇女志愿者上网收集资料、设计项目,帮助村庄志愿队伍绘制海报,吸引群众参加。在开展助学、助老、助残等服务的时候,青年志愿者承担协调组织、维持秩序、帮助运送、收拾场地等服务,发挥积极的作用。调查发现,青年成为乡村志愿服务中的"小精灵",虽然人数不多,却在很多环节发挥协助、协调的积极作用,受到很多村庄党员、老人、妇女的赞扬。

四、产业扶贫,青年创新

英德市的产业扶贫是最突出的特色,就是在党政部门统筹下,碧桂园等大型企业参与扶贫,引进适合乡村发展和村民需求的产业类型,为脱贫攻坚提供坚实的基础。团员青年在产业扶贫中发挥探索和创新的积极作用。因为,对于长期处于封闭、落后的山区农村,农民对于新产业、新领域不熟悉,存在陌生感和戒备心,也担心上当和吃亏。不论是扶贫单位的"青年书记",还是碧桂园的"青年专干",或者来自高校和科研机构的扶贫"青年技术员",就成为引导和鼓励山区农民了解新产业、掌握新产业,追求谋生和致富的支持力量。连樟村的大棚蔬菜种植基地、麻笋竹产业基地、仙草灵芝生态基地、玉米番薯农产品基地、特色水果生产基地以及玩具生产基地等,都是在青年种养科技人员、生产技术员手把手、点对点传授过程中,帮助农村的大叔、大妈开展种植、养殖及其他生产活动,提高了村民的经济收入。村民参与集体种养殖或者工厂生产的,每日收入达到100~150元,贫困户通过产业扶贫实现脱贫,并逐渐走向温饱生活。鱼咀村的碧乡咖啡厅、凤鸣书吧、特色民宿、农家乐、户外拓展基地等,年接待游客5.8万人次,村民家家实现脱贫,并逐渐走向小康生活。目前,留在乡村从事农业、手工业、旅游业经营的体是中老年人,但是传授技术、创新技术、开发产业机会的却是一批活跃的青年人。这种富有特色的"老中青"劳动力组合,为英德乡村振兴带来了生机活力。

五、美丽家园,青年建设

英德市在精准脱贫的工作中,一方面致力于改变贫困落后的局面,另一方面努力改变脏乱差的乡村环境。团组织发动广大团员青年,积极投身美丽乡村建设,保护青山绿水和生态环境。一是省、市、县的扶贫驻点单位，发动青年党员、青年团员深入山区农村，进行美丽乡村和保护生态环境的观念传播、知识传播。特别是广东省青年志愿者协会、英德市青年志愿者组织等近年邀请高校规划、园林专业的大学生志愿者深入农村，进行美丽乡村的规划服务，义务调查村容村貌、乡村民宿，制定适合乡村发展和村民生活的新规划，开展美丽乡村的墙绘活动等，让乡村面貌获得较大改变。二是驻村青年专干和青年社工，在村民中进行解释和疏导工作，引导村民理解和支持村庄"雨污分流""盲点整治""三清三拆"等工作，消除环保卫生方面的顽疾。其中，有些村民无法改变旧观念，对一些破旧和脏乱的东西不愿意舍弃，具有抵触情绪。青年专干、青年社工就反复上门沟通，既为村民提供关爱服务、问寒问暖，也通过摆事实讲道理宣传环保卫生的重要性。这样，他们逐渐赢得村民的理解和支持，有效推进乡村环境整治工作，促进美丽乡村的建设。

六、志愿乡村，青年奉献

新时代文明建设试点工作开展以来，英德市团员青年积极配合文明实践所、站的安排，推进"志愿乡村"的建设，弘扬奉献、友爱、互助、进步的精神，营造关爱互助、友善相处的乡村社会关系。一是在英德市文明办、团市委的推动下，志愿组织不断发展壮大，志愿者人数不断增多，现有9万多名志愿者，其中青年占70%以上。这些分布在机关单位、工商企业和镇街乡村的青年志愿者，发挥爱心、热情，就近就便为乡村群众提供关爱服务，促进社会友善和谐。二是碧桂园志愿者协会等发动青年员工志愿者、青年业主志愿者等，与英德市的各乡村结对，定期前来山区开展关爱服务，包括赠送图书、书包、生活用品等，也开展传播新思想、传播新文明和扶助困难家庭、进行家居改造等服务，促进乡村生活文明、生活改善。三是邀请广东省社工与志愿者合作促进会、广东省团校志愿服务研究中心等进行专业督导，为青年志愿者的服务提供专业支持，引导青年志愿者发挥知识、技术、技能和经验特长，做好精心、精准、精细、精致的服务，不断提升关爱和帮助乡村群众的服务水平。目前，专家学者、专业社工、志愿者骨干深入英德的驻点村庄，对青年志愿者开展的帮扶群众生活、改善乡村环境、支持产业发展、建设和谐家园等服务进行培训教育、辅导点评，不断提供新思路和新方法，让乡村志愿服务更加具有实效、具有魅力、具有影响力。

英德市脱贫攻坚工作中，来自各方参与扶贫的青年，牢记习近平总书记"乡亲们一天不脱贫，我就一天放不下心来"的嘱托，充分发挥青年在扶贫工作和志愿服务中的先锋作用，为改善村庄面貌、改善村民生活作出贡献。同时，在党的领导和党建引领下，团员青年通过脱贫攻坚的工作获得锻炼、成长成才，成为新时代中国特色社会主义建设的合格人才。

第八章

文明实践志愿服务

要做到问题导向

第一节 文明实践志愿服务要破解七个难题

文明实践志愿服务是新形式和新事物，在一些地区的贯彻和实施中，就面临种种困难和问题。为此，试点县区要注重问题导向，梳理和分析存在的七个主要问题，一个一个采取措施进行破解，期待取得良好的成效，积累可贵的经验。

一、解决部门互相推诿的难题，探索"共享益菜单"志愿服务新方式

各地在推进新时代文明实践志愿服务中，经常遇到部门之间相互推诿、相互推搪的情况。虽然明确县（区）委书记担任主任，党政主要领导担任志愿服务总队长，镇、村主要负责人担任分队长、小队长等，但是，很多部门的干部仍然认为文明实践中心是宣传部的工作，志愿服务是文明办或团委的事情。在会议上安排好的各项工作，会后就互相推诿、互相扯皮，难以落实。为此，在推进试点工作时，针对这种状况就要着重思考如何将各部门的工作重点、业绩重点与文明实践志愿服务相结合，力求与各项工作相互促进而不是相互分离。

例如，文明实践志愿服务各项文件都重视将传播习近平新时代中国特色社会主义思想的工作，与党建引领、党群服务、社区治理、乡村振兴、基层稳定、环境保护等工作相结合，在提高农村群众思想觉悟的时候，有效开展各项中心工作、重点工作，有利于建设和谐乡村、美丽乡村。例如，试点地区小榄开展文明实践志愿服务培训的时候，邀请专家讲授"党建引领社区治理与志愿服务"，将党建引领与文明实践、志愿服务有机结合，吸引组织部、统战部、经济部门、民政部门、卫生部门、教育部门的重视，从而共同设计"共享益菜单"。即将围绕文明实践志愿服务开展的各项活动与党政部门工作的深化、延伸有机结合，共同在试点工作中获益。乳源县推进"四维共创"、博罗县抓好"四化建设"、丰顺县抓住"四小活动"、台山市塑造"四味侨乡"等，把党政部门、事业单位、工商企业、社会机构方方面面的力量汇集起来，共同推动文明实践志愿服务繁荣，从而促进各个部门的工作取得更大起色、取得更大成效。

二、解决党员带动不足的难题,探索"党群先锋队"志愿组织新形式

文明实践志愿服务中,要鼓励各部门、各单位、各村居建立党员志愿者队伍、团员志愿者队伍,在全社会发挥示范带动作用。但是,有些单位的党员志愿者队伍流于形式、缺乏影响力,未能充分发挥示范带动作用。试点县区针对这种问题,鼓励一些地区大胆探索、不断创新。试点地区顺德乐从的水藤村就探索出"党群先锋队"的有效形式,即党员与优秀团员、入党积极分子、热心群众等共同组成志愿服务队伍,在服务过程中党员发挥示范带动作用,做好统筹策划、组织实施的工作,激励群众争相献爱心、帮助人,真正发挥示范作用和带动作用。深圳市宝安区燕罗街道山门社区"党群先锋队"开展"暖城暖心暖义工"的活动,在党员志愿者、青年志愿者、居民志愿者做好关爱残疾人、病人、困难家庭、外来人口服务的同时,也推进志愿者相互关怀、相互帮助,共同解决困难、改善生活的服务。过去往往将"党员服务群众"与"群众互助服务"分离,没有建立示范带动的纽带。现在通过"党群先锋队"的探索创新,将党员服务群众、党员带动群众,群众互助服务、群众提高热情等有机结合,建立共同参与、相互激励的志愿服务发展机制,产生良好的社会效应。

三、解决村居工作拖延的难题,探索"1+2>3"志愿服务协调新渠道

目前,乡村和社区的各项工作非常多,从经济发展到政治学习,从社区治理到社会维稳,从卫生创建到环境保护,村居干部的任务很重,压力很大,因此对于文明实践志愿服务态度不够积极、行动不够迅速,甚至出现拖延、延误的状况。试点县区采取既不加重村居干部的负担,又要切实做好文明实践工作的策略,在面向乡村社区党支部书记、村居委主任传达中央和省市关于文明实践工作重要意义的同时,千方百计为村居做好这项工作提供支持和资源。目前,在很多文明实践试点乡村社区采取"1+2"的做法,即在村居书记担任志愿服务队长的同时,挑选市县志愿服务队伍的骨干前来兼任副队长,规定每个月到村居一两次交流和开展活动,平时通过网络联系沟通,不断将既有思想性又有时尚性的志愿服务项目传播到乡村,赢得群众的喜爱,取得可喜的成效。这些兼职担任副队长的志愿者骨干,通过与村居干部的交流沟通,了解和熟悉乡村社区实际状况,了解和熟

悉乡村社区群众的需求，从而对社会志愿组织的服务创新提供具有启发价值的想法。所以，"1+2"产生大于3的效果，有利于城乡志愿服务的联系和融合。

四、解决社会组织观望的难题，探索"参与激励多"志愿服务新措施

文明实践志愿服务不能单靠行政推动，还需要社会力量特别是公益志愿服务组织的参与和创新。但是，很多地方在试点工作的初期，仅仅通过县委、县政府建立志愿服务总队，镇街建立志愿服务分队，村居建立志愿服务队，要求党政干部和党员、团员加入志愿组织；缺乏对社会志愿组织的吸引和激励，导致双方互相观望、未能合作。试点县区针对这种状况，积极探索党政统筹、党建引领下的多方合作志愿服务格局。一方面在举办全省文明实践志愿服务骨干培训班、市县志愿服务骨干培训班的时候，都采取"三结合"的方式，即党政部门志愿服务队学员、乡村社区志愿服务队学员、社会特色志愿服务队学员共同培训，相互学习，寻求合作。广东省文明办、民政局、团省委以及志愿者联合会举办的骨干培训班，从21个试点县区都邀请一批社会特色志愿服务团队的骨干参加。这样，社会团体了解和掌握文明实践志愿服务的重要意义、实施特点，就乐意积极参与、作出贡献。党政部门志愿者队伍与社会特色志愿者队伍联合进入乡村社区开展服务，就会灵活多样、富有活力，受到广大群众的欢迎。

五、解决服务项目单一的难题，探索"乡村微创意"志愿服务新途径

调查发现，有些地区的文明实践志愿服务，就是简单的送讲座、送文艺、送服务，每次活动轰轰烈烈但是缺乏实效，甚至导致乡村群众经常要做"群众演员"，受到被志愿、被服务的干扰。试点县区针对这个问题，就探索将掌握需求、创新服务的重点转移到乡村社区。最关键是转变观念，从机关单位简单的下乡送服务，转变为党员志愿者队伍、社会志愿者队伍与乡村志愿者队伍合作，根据村居群众的需求，征集"微志愿""微爱心""微创意"，开展适合老人、妇女、留守儿童等不同群体的服务。博罗县罗阳镇开展"四大部落"的志愿服务，包括文化部落、民俗部落、金雁部落、华佗部落，鼓励村居志愿者根据自身特色发挥创意，创新服务活动，展示美丽村庄，激发生活灵感，逐渐打造文明实践志愿服务的品牌。乳源县鼓励瑶族村寨发挥传统工艺特长，打造"金瑶工匠"品牌，将瑶寨群众具有的刺绣、锻造等技艺发挥出来，为新时代新生活作出贡献。我们发现，当乡村社区的群众激发出自主性和积极性，热情参与志愿服务，就能够创造出许多富有生机活力的项目，让村庄焕发新的魅力。

六、解决区域发展差异的难题，探索"牵手有爱心"志愿服务新渠道

乡村社区文明实践志愿服务的发展，面临地区差异、经济差异的问题。特别是中西部地区、贫困山区面临缺资金、缺人才、缺项目的状况，当地开展志愿服务遇到种种困难。广东省针对这一问题，就探索城乡之间、珠三角与粤东西北之间的"牵手友爱"机制，即大中城市、沿海地区的公益志愿组织与山区农村的志愿团队结对，提供智慧、知识、技术、资源的支持，促进山区农村的志愿服务发展繁荣。梅州市五华县原来是省级贫困县，成立志愿者联合会的时候，各种工作面临困难。这时候，通过改革开放以来外出创业或务工的乡贤，不仅资助服务活动的经费，而且邀请深圳、广州、佛山、中山的社工、志愿者前来开展培训辅导和示范服务；逐渐激发各乡镇、村庄群众的志愿服务热情，创造了灵活多样的志愿服务项目，为扶贫助困、民生改善、乡村治理、环境保护等作出积极的贡献。在开展文明实践志愿服务的过程中，共青团广东省委、广东省志愿者联合会鼓励各大专院校与试点县区的乡镇、村庄"牵手有爱"，结队开展文明传播、乡村规划、美丽庭院、科普宣讲、健康普及等服务，为乡村社区增强新生力量和新锐活力。这些探索，引进大中城市、高等院校、社会组织的资源，为山区农村的文明实践志愿服务提供支持，促进志愿服务项目创新和增强实效。

七、解决基层资源缺乏的难题，探索"聚爱大舞台"志愿服务新氛围

目前，志愿服务普遍存在城市资源多、农村资源少，沿海资源多、乡村资源少的问题。但是，很多党政部门、专业部门、社会组织、志愿团队又提出"不知道农村需要什么，不知道怎样在农村开展服务"。为了解决这一问题，试点县区开展"聚焦乡村""激活乡村""照亮乡村"的系列活动，一方面通过将山区农村的民俗、生态等资源展示出来，吸引各城市、各机构的关注；另一方面将各级党政部门和各类公益组织的资源汇聚起来，成为乡村发展的促进因素。目前，有通过开展荔枝节、芒果节、稻田鱼节等农业节令开展志愿服务，吸引志愿组织、志愿

家庭等前来参与，寻求合作机会。很多城市居民到乡村参与志愿服务的时候，最初仅仅是奉献爱心、助人为乐，然而到了乡村之后发现民俗特色和生态景色，就激发享受乡村生活、参与乡村发展的愿望，从而带来共建共享的机会。试点地区通过精准扶贫、乡村振兴、文明实践等，结合公益志愿服务推动乡村发展的案例越来越多，为广大农民生活开拓了新领域、新路径。

第二节 文明实践志愿服务防止"四不倾向"

新时代文明实践志愿服务将传播新时代新思想与开展新关爱新服务相结合,在乡村社区提供精神文化发展的同时,也对改善群众生活、解决实际困难具有积极的作用。但是,有些地区不能充分认识文明实践志愿服务的重要意义,仅仅以简单化、低俗化的活动进行应付,产生一系列的问题。针对这些问题,要注重防止"四不倾向"(站位不高、落地不实、措施不细、考核不严),有效保障文明实践志愿服务的正确发展。

一、防止"站位不高——庸俗化"

调查发现,有些试点地区推进文明实践志愿服务的时候,缺乏高度的政治认识和思想觉悟,仅仅当作是简单的"送温暖、搞活动、做表演"。我们听一些基层干部介绍这项工作的时候,他们满足于组织多少支文化和科普队伍进入乡村社区,开展多少场讲解与活动,为群众做了多少次文化表演。然而,这些工作没有能够有效地与传播习近平新时代中国特色社会主义思想相结合,与弘扬社会主义核心价值观相结合,与倡导新型社会主义文明生活相结合。试点地区针对这种"站位不高"的倾向,一方面是召开新时代文明实践工作推进会,从传播新思想、倡导新文明、创造新生活的高度,提高各级党员干部、广大志愿者的思想认识;同时,举办文明实践志愿服务骨干培训班,辅导在深入乡村社区开展关爱服务的时候进行新思想传播、新文明传播的技能技巧,让志愿者骨干掌握精髓、掌握核心,并且转化为丰富多样的内容形式,在乡村社区开展服务、推广文明。省文明办、民政厅、团省委、志愿者联合会举办文明实践志愿者骨干培训班的时候,邀请专家学者讲解习近平新时代中国特色社会主义思想的精髓,讲解新时代文明实践对于城乡群众思想道德发展的积极作用,讲解文明实践与文化生活、民生改善、扶贫助困、美丽乡村建设等有效结合的途径,让志愿者拓展视野、丰富思想、提高站位,高质量做好文明实践志愿服务。

二、防止"落地不实——形式化"

调查发现,有些地方"以文件落实政策""以开会落实精神",仅仅是层层传达建立新时代文明实践中心（所、站），组建志愿服务总队（分队、队）的要求，或者简单挂牌上墙、制度上墙，却缺乏具体的志愿组织和志愿服务。一些镇、村在墙上列出许多志愿服务队伍，都是书记、主任担任队长，但是却没有党员志愿者、群众志愿者的具体信息。这种形式化、应付式的工作方式，既不能有效贯彻落实中央和省市的意图，也不能给群众带来真正的服务和影响。试点地区针对"落地不实"的问题，就实行"双轨制"的推动机制。一方面是县、镇、村各级的文明实践志愿服务组织与制度建设，另一方面是配备社会特色志愿者骨干进入县、镇、村的文明实践志愿服务总队（分队、队），让党员志愿者和社会志愿者相互影响、相互促进；既发挥党员志愿者的示范带动作用，也发挥社会志愿者的活跃创新作用，共同为乡村社区的群众提供丰富的服务，并且引导群众的思想觉悟提高、参与热情提高。

三、防止"措施不细——简单化"

我们发现，有些地方的文明实践志愿服务存在"简单化"倾向，就是将上级的文件层层转抄，各种制度措施也是照搬照套。这样虽然能够依样画葫芦搭起框架应付检查，却不能切合镇村群众的实际需求，提供有效的服务。试点地区针对这种问题，就要求各试点地区制定各有特色的制度措施。一方面，在新时代文明实践试点工作制度、文明实践志愿服务建设制度等方面鼓励"八二分"的做法，即80%按照上级要求做到规范标准，20%根据本镇村的实际情况提供特色宣传和服务。另一方面，鼓励各试点地区结合发展特点和群众需求，制定一些具有本地特色的灵活性制度措施，作为文明实践志愿服务的创新元素。例如，中山市小榄镇按照中央和省市文件提出大"六个一"的工作要求，又根据本地特点提出小"六个一"的特色措施，即一个学习册、一本儿歌集、一个导师团、一本志故事、一个环保计、一个红益网。这样，既能够遵循上级的要求做好新时代新思想的传播推广，又能够将本地区的好人好事、友善新风广泛弘扬。广东省特别是结合改革开放前沿、社会创新试点的经验，融入文明实践志愿服务之中，根据地区特点和群众需求设计、实施新颖活泼的服务项目，受到乡村社区群众的欢迎，取得很好的效果。

四、防止"考核不严——敷衍化"

我们发现，有些地方因为工作任务多，认为文明实践志愿服务是"虚"任务、

"软"任务，就重视不够、落实不够，既没有做好各项具体的工作部署，也没有对基层工作进行督促考核。这样，就出现应付和敷衍的状况。试点地区针对这种问题，强化督导考核，并且采取行政督导与专业督导双重推动，帮助各试点地区提高巩固工作认识、强化工作态度，逐渐做好文明实践志愿服务。一方面是省委宣传部、文明办、文化和旅游厅等领导牵头，每个季度对联系的试点县区进行督导，监督新时代文明实践工作落实情况，以及志愿服务发展情况，提出创新要求，提出改进要求。另一方面是省志愿者联合会、省社志会的专家学者、专业社工、志愿者骨干组成专业督导组，对试点县区以及镇村的文明实践志愿服务开展培训辅导、实践督导。通过对乳源、博罗、南山、斗门、小榄、台山、龙川、丰顺、廉江、高州、顺德等国家试点县区、省级试点县区的专业督导，以及对宝安、南海、南沙、五华等其他县区的专业督导，督导组帮助镇村组建志愿者队伍，开展丰富服务，吸引群众参与，创造特色经验。这样，通过行政督导与专业督导相结合，使得广东省各试点县区的文明实践志愿服务活跃起来，深入乡村社区，汇集城乡群众，创造值得重视的经验。

第三节 文明实践志愿服务的"五个不够"及解决对策

各地积极推进文明实践志愿服务，大胆探索、勇于创新，取得了许多可喜的成绩，但是也存在一些困难与问题。课题组调查中发现，主要集中在"五个不够"的问题：

一是县区统筹机制不够健全。从调查的情况看，虽然有建立各级书记担任主任（所长、站长）和担任总队长（分队长、队长）的运行体系，但是缺乏将"一把手负责"与各部门、各单位、各机构责任联动、绩效共享相结合的机制。目前，一些试点地区出现书记挂名但是很少过问或参与文明实践志愿服务，也不知道如何过问、如何参与的情况。这样就没有能够建立书记统筹推动、各部门各单位协同联动的文明实践志愿服务体系。

二是乡村志愿团队不够活跃。从回收的试点县区57份乡村社区文明实践志愿服务情况调查表的反馈看，有45份提到缺乏年轻志愿者的问题；有23份提出缺乏志愿者骨干。一方面，大量乡村的中青年外出务工谋生，村里面年轻人非常少；另一方面，少数留在乡镇、村庄的中青年对于简单、陈旧的志愿服务活动与形式不感兴趣，很少参与。这样，由于没有年轻力量的注入，乡村志愿服务缺少新意、缺乏活力。

三是志愿服务项目不够丰富。不少地方的文明实践志愿服务还是习惯"定期作宣讲""定期搞活动""定期送关爱"，形式单调、内容单一，既不能满足乡村群众多样化的需求，也不能有效做到将新思想新文明在乡村扎根、生根。特别是有些地方的宣传干部、村居干部只知道志愿服务活动，不知道志愿服务项目，缺乏设计和实施持续发展的文明实践志愿服务项目的能力，导致很多活动昙花一现、影响有限。从问卷调查看，71.1%的人对于文明实践志愿服务的期待是"组织与项目的形式更加灵活多样"，就是对于简单化、机械化的服务不满意。

四是专业培训督导不够深入。从大多数乡村社区反馈的意见看，基层最缺乏的就是志愿服务培训。村居书记、村居干部、村居热心群众说："我们想做志愿者，但是不知道怎么做、做什么，所以就停留在挂名志愿者了。"目前很多的专业志愿服务培训做好省市层面，有些进入县区层面，但是在乡镇、农村非常缺乏专业培训、非常缺乏专业辅导。

五是资金资源保障不够充足。目前，全国试点县区的乳源县、博罗县等，财政支持新时代文明实践活动的经费多一些，但是平均分配到各个村的文明实践站、文明实践志愿服务队就仍然很少，可以保障基本服务活动的开展，但是缺乏创新提升的经费支持。省级试点县区的财政经费一般较少，分配到乡村社区的经费非常微薄，所以制约了村干部、村民开展志愿服务活动的积极性。

针对以上存在问题，课题组提出以下对策建议：

一、健全领导统筹机制

各级党组织领导不能仅仅满足于担任挂名的中心主任（所长、站长）、总队长（分队长、队长），而是要切实履行新时代文明实践及其志愿服务的"第一责任人"职责，将文明实践工作中传播新思想、开展新服务的情况定期纳入常委会（党委会、支部会）的议题，做好文明实践志愿服务的政治建设、思想建设、组织建设等。同时要切实推进新时代文明实践工作体系的"三化"，即中心办公室工作机制实体化，志愿服务总队统筹机制常态化，各类志愿服务项目实施协同化。要在试点县区建立新时代文明实践中心办公室运行机制，配备专职人员、安排专门经费、设立专门地点，协调推进文明实践及志愿服务。志愿服务总队制定和实施系列制度，加强对于各部门、各单位、各机构志愿组织力量的联络和统筹，聚焦新时代文明实践服务的主责主业。对于本地区正在开展的各类志愿服务项目进行收集和整理，陆续加入文明实践志愿服务的领域，增加新的内容、创造新的形式，力求做到通过志愿服务体现党的关爱、密切党群关系、扩大党的群众基础。

二、培育志愿服务骨干

从调查情况看，目前各地区最需要文明实践的志愿者宣讲骨干和志愿者服务骨干。讲师团是深入乡村社区传播新思想新文明，弘扬社会主义核心价值观的志愿者，需要具有较高的思想政治水平，同时熟悉乡村社区情况、熟悉基层群众需求，做到在宣讲和传播政治理论、党的政策、惠民措施的时候生动活泼、通俗易懂。具有志愿服务丰富经验的骨干成员，能够深入乡村社区辅导基层志愿团队开展服务、设计项目、解决问题、提升水平。各地区应该结合实际需要开展系列培训与辅导，促进这些骨干不断成长、发挥作用。

三、完善"菜单+点单"系统

目前很多试点县区都提到文明实践志愿服务项目"点单"的需求,即针对乡村、社区群众需求列出一系列的宣讲菜单、演出菜单、服务菜单、活动菜单,提供专业志愿者让基层选择,提供特色服务项目让基层选择。从现实情况看,省市县的志愿服务信息系统"菜单+点单"功能比较薄弱,不能满足乡村社区及群众的需求。应该在"i志愿"信息管理系统的统筹支持下,鼓励建立简便可行的"菜单+点单"机制,提供村居组织和基层群众选择。

四、发展乡村志愿团队

目前,乡村社区反映最多的问题就是缺乏有兴趣、有活力的志愿者。为此,不仅仅要鼓励市、县的志愿者队伍定期到乡村社区开展服务,而且要选拔市、县的优秀党员志愿者、优秀社会志愿者到乡村社区文明实践志愿服务队伍"兼职",兼任副队长或队长助理;通过每个月一至两次到乡村沟通交流,发掘乡村的热情群众作为志愿者,发掘乡村的特色人才作为志愿者骨干,并且与村党支部书记(队长)沟通策划志愿服务落地项目。这样,通过党员志愿者、社会志愿者的知识和经验,带动乡村志愿者的成长成熟,让文明实践志愿服务在乡村扎根,就能够具有持久发展基础。

五、推进"志愿县区"建设

要将"志愿县区"政策制定与文明实践志愿服务工作推进相结合,鼓励各地建立"志愿者之城(区)"工作机制,与新时代文明实践志愿服务工作机制有机结合、相互促进。这样,通过"志愿者之城""志愿县区"的建设,促进各行各业志愿服务的发展繁荣,通过文明实践志愿服务,促进乡村社区志愿服务的兴旺发达,为广东"四个走在全国前列"提供支持。

六、做好资金资源保障

在总结试点地区工作经验,面向各县区推广新时代文明实践及志愿服务工作的时候,各级党委、政府要将临时性的财政支持经费转化为正常财政经费拨款,保障这项工作的持续推进、有效推进。同时,建立开放和多元的资金、资源参与机制,在把握正确政治方向的前提下,鼓励公益基金、社会资金支持和参与文明实践志愿服务。

第九章

文明实践志愿服务的
专业与创新

第一节 探索文明实践志愿服务的"六力创优"

开展新时代文明实践志愿服务,不仅仅要充分发挥体制内的动力和资源,也要充分发挥来自社会和民间的动力资源。为此,要积极探索"六力创优",即"党政发力、团青协力、社团用力、专业助力、村居接力、群众合力",创造文明实践志愿服务发展繁荣、成效提升的经验,将党政统筹和社会参与两个渠道发挥好,将上级重视和基层热情的两个资源发挥好,将完成任务和创新拓展的两个动力发挥好。这样,文明实践志愿服务就成为干部群众施展才能的新途径,成为社区农村丰富活动的新形式,成为城乡生活富有活力的新源泉。

一、党政发力——制定政策措施

各级党政部门对于文明实践中心建设及志愿服务发展非常重视,专门召开会议落实中央深改委部署,落实中宣部和中央文明办的文件精神;同时充分利用近年来发展志愿服务的政策措施,为推进文明实践志愿服务提供支持。如广东省的做法:

一是"志愿广东"及各地"志愿者之城"建设。省委推动"志愿广东"的建设,团省委、省文明办、省民政厅等制定相关政策,深圳"志愿者之城"、广州"志愿者之城"、佛山"志愿者之城"、惠州"志愿者之城"等建设取得良好经验,面向全省传播推广。目前,团省委、省志愿者联合会配合省委的部署,将县区、乡镇的"志愿之区(镇)"建设纳入文明实践试点工作的部署,将原有志愿服务制度、志愿服务组织、志愿服务项目、志愿服务培训等纳入文明实践工作框架,发挥积极的作用。

二是在落实"新时代文明实践中心"建设的时候,出台一系列志愿服务组织建设、项目发展、回馈激励、传播推广的政策措施,不断细化工作制度,促进社区与乡村志愿服务的发展。如《广东省建设新时代文明实践中心试点工作实施方案》提出"积极探索、勇于创新,努力积累、及时总结行之有效的好经验好做法,努力推动广东新时代文明实践中心建设走在全国前列"。《广东省新时代文明实践"七个一百"精品项目实施方案》提出,"从各级各类志愿服务团队中推选100支群众评价较高、示范作用较强的志愿服务团队,集中进行宣传推广,带动优质志愿服务资源由大城市向中小城市、由城市向农村延伸拓展,进一步激活农村志愿服务活力"。《广东省关于做好新时代文明实践志愿服务试点工作的通知》指出,"探索完善文明实践志愿服务工作机制,促进文明实践活动务实、常态、有效开展"。这些政策和制度,为文明实践志愿服务的深入发展、发挥实效提供了保障。

三是各级党政领导,特别是作为志愿服务总队长的县委书记、县长积极带头参与志愿服务活动,并且通过实践发现问题、分析对策,督促宣传部门、共青团组织等做好志愿服务社会化、项目化、专业化、信息化发展的工作,为村居群众享受志愿服务提供各种便利。

四是通过广东"i志愿"信息管理平台,实现文明实践志愿服务信息化,做好全省"一网一证一平台",让各试点县、镇、村居的志愿服务信息实现共享。各地文明实践志愿服务队伍可以通过"i志愿"记录服务时数、发布服务项目、寻求服务合作、开展服务交流,不断提高传播新时代新思想、关爱帮助城乡群众的服务水平。

二、团青协力——率先探索创新

共青团组织积极配合党政部门的部署,在省文明委的统筹指导下,与文明办、民政厅一起具体推进文明实践志愿服务。如广东省的做法:

一是积极举办全省培训班。团省委配合省委宣传部做好全省新时代文明实践推进会上的志愿者讲师推荐工作、志愿组织管理者参加学习等工作;挑选优秀的志愿服务专家为各地区宣传干部、团干部、乡镇干部讲授文明实践志愿服务的发展思路和项目创新,发挥积极的影响力。同时,团省委、省志愿者联合会按照文明实践"七个一百"工作的要求,做好培育100支优秀志愿服务团队的工作,针对志愿组织骨干开展"文明实践志愿服务专题培训班",传授发动志愿者积极参与新时代文明实践的经验,做到"传播新思想有魅力、开展新服务有活力、创造新生活有动力";提高吸引群众在活动中了解党组织、贴近党组织、信任党组织、拥戴党组织的效果。

二是安排专家前往各个试点县区进行专题辅导、现场督导,如委托广东省团校志愿服务研究中心、广东省社工与志愿者合作促进会的专家,前往博罗、乳源、廉江、高州、江门、丰顺、龙川、英德、新兴、湘桥、小榄、斗门、南山、顺德等试点县区、镇,以及宝安、南沙、增城、五华、南海等非试点县区进行培训和督导,讲授新时代文明实践志愿服务项目策划与实施的课程,深入乡镇、村居进行志愿服务的具体指导，答疑解惑、提供对策。

三是鼓励各级团组织发动团员青年积极参与新时代文明实践志愿服务，发挥生力军和先锋队的积极性。很多县区、乡镇的团干部配合做好文明实践所、文明实践站的志愿者队伍建设，团员青年发挥聪明才智参与设计和实施服务项目，让志愿服务更有生机活力，更受群众欢迎。

三、社团用力——推进自主发展

要充分发挥社会组织多、志愿团队多的优势，为新时代文明实践志愿服务提供社会力量的支持。一是开展社会志愿服务团队骨干培训，通过面向志愿者传授新时代文明实践工作方法和志愿服务技巧，鼓励各类特色团队深入乡村社区，参与文明实践志愿服务。二是挑选社会志愿服务团队的骨干作为专业督导，面向乡村社区开展文明实践志愿服务的培训辅导工作，帮助村居的党员志愿者队、老年志愿队、妇女志愿队等掌握方法、做好服务。三是采取挂职的方法，挑选部分社会志愿组织的优秀骨干，兼任乡村志愿服务队的副队长或队长助理。这样，发挥社会志愿者的专业特长和创新特色，根据居民、村民的需求，设计和实施"传播新思想有魅力、开展新服务有活力、创造新生活有动力"的项目，越来越受到群众的欢迎。

四、专业助力——提升服务品质

要发动高等院校、科研机构、专业社团的力量，深入指导和推动文明实践志愿服务的发展，提高专业性和实效性。在省委宣传部、省文明办的支持下，高校教师和文艺人才结对新时代文明实践试点县区，作为专业志愿者开展提供智慧支持、专业辅导、文艺表演等方面的服务，帮助培养乡镇和村居的专业志愿者。共青团广东省委、广东省志愿者联合会委托广东省社工与志愿者合作促进会，安排专家学者、专业社工前往惠州博罗、韶关乳源等全国试点县区，深圳南山、珠海斗门、中山小榄、江门台山、佛山顺德、茂名高州、湛江廉江、河源龙川、梅州丰顺等省级试点县、区、镇，开展文明实践志愿者专业培训，帮助策划和实施志愿服务项目。同时，充分发挥县镇和村居的"能人"作为专业力量，不断提升乡村社区文明实践志愿服务的精准性和实效性。龙川县剧团发挥本地山歌、木偶、杂技三大品牌，开展"山歌传颂新思想、木偶传播新文明、杂技传扬新生活"的活动，编写与新思想新文明新生活相联系的一些曲目，深入乡村社区进行巡回表演，既带给广大群众"文化美餐",也广泛传播新时代新思想、促进新文明新生活。这些专业团体和专业人员的多样化服务,受到城乡群众的欢迎,发挥了积极的效益。

五、村居接力——贴近民生需求

要将文明实践志愿服务的重点放在乡村社区,围绕基层群众的需要设计宣传推广的服务、文化休闲的服务、科技传播的服务、民生改善的服务、生态环境的服务等。村居党组织、居民组织对于这些服务的承接具有积极性和主动性。一是将文明实践志愿服务与村庄的政治宣传、经济发展、民生改善相结合,设计富有特色和吸引力的服务活动。二是与村庄文化习俗相结合,发掘富有生机活力、群众喜闻乐见的服务形式。三是与村民生活需求相结合,将志愿服务做到群众的心坎上。这样,村居干部就改变了"文明实践志愿服务是增加工作、增加负担"的观念,将这项工作作为融合村庄发展、促进村民关系改善的积极要素。从调查交流的村庄看,凡是村书记、村主任认识到位、工作结合好的地方,就能够使文明实践志愿服务活跃创新,收到良好的效果。

六、群众合力——营造共建共享

新时代文明实践试点工作的关键在于凝聚群众、成风化俗,要采取多种措施吸引和激励城乡群众参与文明实践志愿服务。一是组织文明实践志愿者讲师到乡村社区传播新思想新文明,推广志愿精神,吸引群众参加志愿服务组织。目前,很多村庄组建"3+N"的志愿服务团队。其中,党团员志愿服务虽然人数少,但是可以发挥示范带动作用,带头开展入户帮助特殊群众,走村串户宣传文明生活的服务,让群众看到党组织的活力、团组织的活力,在接受党团员志愿服务帮助的同时了解和贴近党团组织。老年人是村庄志愿服务的主体力量之一,退休老教师和老农民等联合起来,开展文化艺术传播、农业经验传播、乡村生活改善、邻里关系协调等服务,对于营造和谐乡村氛围发挥积极的作用。妇女是乡村志愿服务的重要力量,她们富有耐心,工作细心,在关爱村庄老人、关爱留守儿童、解决村民生活困难、促进村民友善关系等方面发挥积极作用。我们发现,吸引乡村社区群众参与文明实践志愿服务的有效方法,最初是唱唱跳跳、说说笑笑,即通过轻松有趣的活动将村民特别是老人、妇女组织起来,然后再拓展到关爱他人、营造氛围的志愿服务活动,逐渐激发村民的爱心和热情。各个试点地区的村居探索出许多吸引和激励群众参与志愿服务的方式方法,值得总结推广。

第二节　文明实践志愿服务的"广东特色"分析

广东省作为改革开放前沿地区，充分发挥珠江三角洲地区的探索创新特色，充分发挥粤东西北地区城乡民俗特色，将文明实践志愿服务与群众喜闻乐见、息息相关的生活形式相结合，创造出一系列富有实效的经验。

一、志愿服务让新思想新文明"激励奋斗追梦人"

新时代文明实践志愿服务最重要的是向广大乡村社区全传播新思想新文明，让习近平新时代中国特色社会主义思想走进千家万户、真正入心入脑。但是，怎样的宣传和推广才是老百姓最欢迎、最能够听得进、记得住、用得上的呢？广东省注重培养各层次的新时代新思想宣讲志愿者队伍，不仅仅有教授专家，也有社工与志愿者骨干，还有村居的"长者能人"。专家教授不是单纯理论说教，而是深入深圳、佛山、江门、韶关、梅州、湛江等地收集实践案例，听取群众需求，学习习近平总书记平易近人的风格，将高深的理论转化为通俗易懂、生动活泼的内容，宣传推广新思想有吸引力和影响力，引导城乡群众理解党的方针政策。社工和志愿者骨干结合社会治理、社会服务的发展传播新思想，让群众在获得关爱、获得服务的同时，理解党的以人民为中心理念，更加信赖和拥戴共产党。丰顺县创造"小板凳学理论""小板凳讲文明""小板凳传友善"的经验，通过在公园、广场、祠堂设立"小板凳学堂"，让群众轻松方便地带着小板凳就可以参加学习交流活动，获得思想启迪。乡村社区的长者、能人宣讲新思想新文明各有特色、各出奇招，将村庄变迁、民生变化融入理论观念的传播之中，让群众非常熟悉、非常认同。这样，丰富多样、灵活生动的宣传推广方式，让广东各地区的群众对新思想新文明越来越了解、越来越喜欢，成为日常工作与生活的科学指导。

二、志愿服务让红色革命传统"焕发时代新魅力"

广东省既是改革开放前沿，也是近现代中国革命的发源地之一。从孙中山创办的黄埔军校到毛泽东主办的农讲所，在革命历史上产生了重大影响；从澎湃故乡的海丰"红宫"到东江纵队根据地罗浮山，留下许多激励人心的革命故事。改革开放以来，深圳莲花山的"邓小平雕像"，中山市三乡镇的"不走回头路"纪念碑，广州、佛山、东莞等地的改革开放纪念馆等，记录了新时期发奋进取的历程。进入中国特色社会主义新时代，习近平先后多次考察广东，发表"四个率先"等一系列重要讲话，为"改革开放再出发"提供科学的指导。因此，广东省文明实践中心建设致力于打造新时代的"岭南红"，就是在党的领导下，结合南粤大地"改革先锋、开放前沿"的特色，面向国内外传播习近平新时代中国特色社会主义思想，面向国内外传播党的宗旨和理念，积极做好新思想新文明传播的"桥梁"。

三、志愿服务让党的关怀"温暖每一个人的心"

广东各地志愿服务组织不仅仅是深入乡村社区关爱帮助群众，改善生活状况，而且在服务过程中传递党的关怀、关爱。一是党团员志愿者率先行动，如广州市直机关党员"红棉志愿服务队"深入社区、农村，为困难群众提供慰问和资助，为城乡群众提供生活与发展的咨询辅导，同时将的党的方针政策传播到群众之中，让大家体会党的温暖。二是在志愿组织深入山区的服务时，带去党的关爱和帮助。茂名市阳光365志愿服务总队，在大井镇担水村、将军村等开展"乡村婆孙乐"等服务，也吸引党员干部、机关干部志愿者参加；在为农村留守老人、留守儿童提供支持和帮助的时候，让党的阳光照进山区乡村，照亮群众的心灵。三是乡村社区发挥党组织的战斗力，在志愿服务中发挥积极性、主动性。如深圳市南山区桃源街道建设"三区三有"（校区有梦、园区有智、社区有爱），为高新科技人员、青年大学生、原住民和外来务工人员提供细微周到的关爱帮助，让党的关怀温暖每一个群体。调查发现，乡村社区文明实践志愿服务发展好的地方，村居党组织和志愿组织都积极主动，为群众着想、替群众办事，赢得了广大群众的拥戴。

四、志愿服务让人民美好生活"从梦想变为现实"

新时代文明实践志愿服务，要贴近群众生活，促进美好生活，为此，就要提高志愿服务专业化的水平。广东省积极探索"志愿工匠"的发展，通过鼓励志愿者发挥知识、技术、技能、经验的优势，开展精心服务、精准服务、精细服务、精致服务等，为群众提供切实有效的关爱和帮助。一是激励城市的专业志愿者深入农村，开展精准到位的服务。即通过网络联系，为农村群众答疑解惑、咨询辅导，也抽空前来乡村开展现场辅导、现场诊治等服务，特别是"健康直通车""文化直通车""法律直通车"等专业服务深受群众的欢迎。二是发掘乡镇村庄的能人，带动劳动致富的"村教授""茶博士""果医生"等农村能人对群众进行手把手地辅导和服务。这样，农村群众遇到问题可以就近就便咨询和解决，促进生活的改善。三是编写和印制《新时代新思想传颂指引》《新时代新生活时尚指南》《新农村新农业种养指引》等，让乡村群众一看就懂、一用就灵，获得真正的实惠。在新时代新思想的指导下，带领乡村社区群众创业致富、种养致富、生活改善、生活幸福，就是文明实践志愿服务的目的，也是志愿者努力的目的。

五、志愿服务让社会治理"充满生机活力"

广东省按照党的十九大提出构建共建共治共享社会治理格局的要求，通过新时代文明实践志愿服务，吸引和激励乡村社区参与社会治理、参与乡村振兴，取得明显的成效。一是充分发挥群众的主人翁精神。志愿者深入乡村，激励老人、妇女等为村庄治安改善、文明有序建言献策、出智出力。二是引导农村"老人聊天团"变为"老人议事会"，"大妈闲杂团"变为"大妈友善团"等，鼓励乡村群众在日常生活中关心集体事务，参与关爱帮助，营造和谐氛围。三是设计和实施许多富有吸引力的志愿活动，让乡村社区群众乐于参与，获得自豪与快乐。群众是富有创造性的，激发他们的热情和兴趣之后，就涌现出许多贴近乡村实际、富有实际效果的社会治理措施，对于促进乡村文明、乡村治安、乡村繁荣都有积极作用。

六、志愿服务让岭南处处传播"中国好声音"

广东省作为改革开放前沿地区，城乡群众与海外华侨、港澳同胞的交往密切，中西方文化的交汇较多。因此，广东文明实践志愿服务不仅仅要让新思想新文明传播到乡村社区，而且要通过城乡群众的对外交往面向海外传播。即将习近平关于"人类命运共同体""亚洲文明"等观点广泛传播，也将中国共产党为人民对美好生活的向往而奋斗的目标广为宣扬。这样，广东文明实践志愿服务就架设了中外交流沟通的桥梁，通过亲友往来、书信交流、影视交流、媒体传播、网络传送等方式，加强与海外及港澳的互相了解、互相信任。深圳市南山区作为城市新时代文明实践的试点区，既通过在"国际村"（外国人聚集居住的社区）传播新时代新思想新文明的元素，让外国朋友更多了解中国发展、更多了解中国友善；也通过与香港的密切交往，逐渐传递内地的友好与善意，吸引港澳同胞了解改革开放成果、了解新时代中国特色社会主义内涵。江门市台山市通过"侨圩"的建设,搭建海外华侨与内地群众沟通交流的桥梁,包括通过"百年银信"传递中华文化发展信息,让世界各国的华人华侨了解祖国的建设与进步。珠海市斗门区、汕头市澄海区等都积极面向海外、面向港澳传播中华文化,促进理解与合作。

第三节　文明实践志愿服务要善于创造"亮丽风景"

广东省中山市小榄镇开展文明实践中心试点工作的时候，按照中央文明办的要求，一方面充分发挥党政部门的统筹优势，建立党委书记担任中心主任、志愿服务总队长的工作格局；另一方面充分调动城乡群众的积极性和主动性，发挥"囤粮计划""红耆志愿队"等民间力量，建设丰富多样、灵活机动的文明实践志愿服务队伍。其中，小榄镇利用本地特有资源和民俗特色，在原有四个人民公社时期的"圆顶大粮仓"基础上，修缮和建设成为全民公益园、志愿服务中心。这次，小榄镇通过整合"大粮仓"的文化宣传、公益服务资源，建成文明实践中心，同时组建文明实践志愿服务总队及纵向类型的社区、乡村分队，横向类型的专业化、特色性分队。党员志愿者、青年志愿者、老年志愿者、妇女志愿者、专业志愿者、员工志愿者、亲子志愿者等，围绕新时代文明实践的内容，结合"大粮仓"的民俗特色，开展丰富多彩的志愿服务活动，受到广大群众的欢迎，产生良好的社会反响。

一、"大粮仓"传播新思想

文明实践志愿服务总队发掘"大粮仓"的"双粮"含义（即物质食粮与精神食粮），鼓励建立社会人士组织的"囤粮计划"团队，开展灵活多样、生动活泼的服务；学习新思想、倡导新实践，引导广大群众学习和了解习近平新时代中国特色社会主义思想。"囤粮计划"编撰"金句粮言"，摘编"幸福都是奋斗出来的""奋斗的青春最美丽"等句子，配备"一句一故事、一句一服务、一句一体会"的内容，用通俗生动的方式向群众展示新思想。"囤粮计划"在2019年妇女节邀请出生于20世纪40年代、50年代、60年代、70年代、80年代、90年代以及21世纪初的七名女性代表分享人生经历，深刻体会习近平提出的"美好生活是奋斗出来的""奋斗的青春最美丽"的含义，激励城乡群众发奋图强、拼搏进取。"囤粮计划"在2019年4月23日"世界读书日"期间，举办"开仓放粮"活动，向参与活动的市民、外来人口亲子家庭赠送有新时代新思想新知识内容的通俗读本，开展"回顾苦难辉煌、珍惜美好生活"的全民阅读活动。"大粮仓"还将宣传习近平新时代中国特色社会主义思想与开展关爱帮助城乡群众的服务相结合，如老党员志愿者与青年党员、共青团员合作，一边走村入户宣传新思想新文明，一边了解和掌握群众需求特别是困难群众的特殊需求。当了解到部分孤寡老人、残疾人员居住的房屋比较破旧、需要修缮之后，志愿者就发起"美丽大变身"活动，与慈善组织合作，运用丰富多彩的形式，学习贯彻习近平关于小康路上"一个都不能少"的要求，激发党员干部、企业家、热心市民的捐助热情，筹集资金帮助困难家庭进行旧屋修缮。这样，广大群众在了解新思想、学习新思想的同时，感受党的关怀和社会的爱心，就更加贴近党组织、拥戴党组织，从而密切了党和群众的鱼水之情。

二、"大粮仓"体验新文明

小榄镇面向群众传播新时代的文明生活，鼓励干部群众弘扬社会主义核心价值观，熟悉文明礼仪，学习环保知识，为文明城市创建、文明乡村建设作出贡献。如由装修设计师、青年创意人、企业白领等组建的"E2生态志愿队"，喜欢运用新颖时尚的方式宣传环保、保护生态。他们配合文明实践中心，开展"文明实践，从21天环保计开始"的活动。与此同时，他们除了在"大粮仓"举办生态环保讲座，开展居民、村民生态"小锦囊""小技巧"的体验学习，还延伸到学校举办"绿地球——我是生态文明小卫士"活动，用废旧物品做场大型展览墙，让小学生在里面穿梭玩耍的过程中学习环保知识、树立环保观念。目前，包括交通文明、家居文明、餐桌文明等宣传活动，都通过"大粮仓"的策划和示范，传播到各个社区、乡村，影响到广大市民和外来人员。

三、"大粮仓"激发新创意

小榄新时代文明实践中心适应如今人们将怀旧与尝新相结合的特点，在学习贯彻习近平关于"看得见山，望得见水，记得住乡愁"的要求时，党政干部就发挥老年人的阅历优势、发挥青年人的创意优势，围聚在"大粮仓"进行交流策划；拥有好的创造理念时，就深入社区进行涂鸦、乱抹，恣意发挥想象力，在小巷小墙中展示文明魅力。如今，这些老年人口述、青年人涂鸦、儿童观赏玩耍、家长拍照上传的照片，通过网络传播引起广泛的浏览和点赞，成为传诵一时的网红涂墙。此外，"大粮仓"还将特色的"烙画""口包金"等传统技艺进行时尚包装，用来作为传播新文明新生活的载体，受到群众的欢迎。其中，"菊城烙画"作为反映小榄新时代新生活的作品，由"大粮仓"的志愿者带到在北京亮马河的联合国中国总部，赠送给联合国开发计划署副国别代表等，引起外国友人的喜爱和点赞。在文明实践中心，不论是老年还是青年，不论是男人还是妇女，不论是干部还是学生，都作为富有活力、富有创意的志愿者，为描绘小榄新生活、创造文明新景色出谋划策、贡献智慧，产生越来越多的创意成果。

四、"大粮仓"传递新关爱

小榄"大粮仓"文明实践中心将传播新思想、开展新服务、创造新生活相结合，在鼓励志愿者深入社区、深入农村关爱和帮助群众的过程中，不断提高参与者的思想认识、培养参考者的道德情操。小榄广源小学的张芷维、蔡欣雅同学，从小喜爱画画。在"大粮仓"参与公益志愿服务的实践中，他们逐渐探索兴趣爱好与关爱服务的途径。小学毕业的时候，这两位同学举办"圆梦画展"，义卖12幅图画，将获得的资金全部用来捐助有特殊困难的小朋友（每一幅作品的收入资助一位特殊小朋友）。画展之后，两位同学在家长的陪同下，到这些特殊小朋友的家中，不仅赠送资助金、画作，还通过交流沟通、游戏活动，鼓励小朋友战胜困难、改变命运，走向新生活。在"大粮仓"的支持和鼓励下，永宁中学的罗结晶老师等发起"永中志愿银行"，引导学生通过参与公益志愿服务，积累"志愿银行"的积分，兑换德育学分、兑换心仪礼品、兑换学习辅导。这种"一储三兑换"的模式受到广大学生的欢迎，现在延伸到学校之外，社区居民、外来务工人员也参与"永中志愿银行"的服务兑换活动，在社会上掀起"我为人人、人人为我"的志愿服务热潮。

五、"大粮仓"共享新生活

小榄志愿者在"大粮仓"里畅谈学习习近平天津考察"社区志愿服务展馆"的重要讲话精神，深刻领会志愿者事业要同"两个一百年"奋斗目标、同建设社会主义现代化国家同行。说起"大粮仓"，还有一个全民参与、全民共享的故事。当时，为了激发城乡群众参与建设"全民公益园"的热情，设计团队与慈善机构联合发起"征集仓主"的活动。不论是企业家还是热心市民捐助小额资金，进行"大粮仓"的装饰改造，就可以获得"仓主"的三个权利，即优先在大粮仓组织开展公益活动、优先策划和实施创意活动、优先享受最受欢迎的粮仓活动。当时"认捐"非常热烈，很快名额就满了，迟了报名的人非常后悔，恳求能够有第二次、第三次机会。目前,"大粮仓"发挥文明实践志愿服务"创意总部"的作用,探索和试验富有新意、富有魅力的活动形式,然后提供各个社区、各个村庄传播推广。如这里发起的"囤粮计划——阅读传播文明项目",已经在社区、学校、企业举办多场,吸引各种类型的家庭和个人积极阅读《习近平的七年知青岁月》《塘约道路》《苦难辉煌》等红色书籍,交流分享阅读体会。新市社区在"大粮仓"的启发和支持下,开展"唱谈新生"的分享会,李焕贤、李炎荣、赖秀坤、李泳珊、卢玉兰等优秀人物讲述他们志愿服务、奋斗进取、成长成才的故事,让市民和外来人员深受感动、深受启迪,乐意为新时代中国特色社会主义奉献力量,在推动社会发展进步的过程中获得自己的幸福美好生活。

新时代文明实践志愿服务需要因地制宜、因时制宜、因人制宜,充分发挥各个地方的特色资源、充分发挥各种环境的特色魅力、充分发挥各地群众的特色兴趣,做到"传播新思想有魅力、开展新服务有活力、创造新生活有动力"。广东省中山市小榄镇依托"大粮仓"开展丰富多彩、富有实效的文明实践志愿服务活动,值得关注和借鉴。

第四节　做好文明实践志愿服务的专业督导

新时代文明实践志愿服务试点工作中，要求志愿服务大胆探索、勇于创新，适应乡村社区的群众需求，不断提供富有吸引力和影响力的宣讲服务、惠民服务、助困服务、文化服务、生态服务等。与此同时，通过做好文明实践志愿服务的专业督导，不断提高乡村社区志愿服务活动的水平，有效满足广大人民群众的需求，就是值得重视的一项工作。

一般而言，督导工作有行政督导和专业督导两种类型。行政督导是上级对下级部门工作任务完成情况的检查与督促，专业督导则不是检查与考核，而是为志愿服务提供"陪伴式""过程性""启发式"的支持和帮助，通过专业知识和技术的传授促进乡村社区志愿服务组织更好地开展服务项目，更好地帮助城乡群众。志愿服务督导的观念来源于心理督导或社工督导。从百度词条的介绍看，心理督导是指学习者在有经验督导者的指导帮助下完成心理工作、提高自身专业水平的过程。社工督导是由资深工作者对初级员工一种定期和持续的传授、指导，增进员工的专业技巧并提高服务效果。志愿服务专业督导就是专家学者、专业社工、志愿者骨干、公益领袖等定期和持续为实施服务的志愿组织或团队提供指导和咨询，帮助拓展服务思路、策划服务项目、深化服务内容、提升服务效果的一种活动。

我们认为，文明实践志愿服务的专业督导可以发挥三个方面的积极作用：一是帮助乡村社区志愿组织将传播新时代新思想与把握群众需求、开展关爱服务有机结合，有效实现在关爱和助人过程中弘扬党的宗旨，增强党组织对群众的吸引力和凝聚力的目的。二是在帮助乡村社区志愿组织开展活动的时候，遵循"奉献、友爱、互助、进步"的志愿精神，避免过度行政化和指令化的偏差。三是帮助乡村社区志愿组织在文明实践活动中善于策划和设计项目，提高志愿服务对群众的吸引力和影响力，形成志愿服务可持续发展的机制。下面，结合我们开展志愿服务专业督导的经验，分别从集中督导、小组督导、个案督导、现场督导、网络督导、交互督导等六个方面进行介绍。

一、集中督导

志愿服务的集中督导就是针对一个地区（镇街或社区、乡村）面临共同需求、共同问题的志愿组织和志愿者，提供专业的辅导，通常分为综合督导和分类督导两种形式。第一，综合督导。这就是几十乃至上百位具有共同需求的志愿组织成员，集中起来听取专家提供的辅导解答。例如，某市开展"文明城市"创建工作，建立了很多支志愿服务团队，但是团队负责人和成员都有困惑。如何围绕创文工作开展志愿服务是共同的难题。为此，专家在集中督导的时候就围绕文明城市志愿服务的特色和亮点进行辅导，提出"文明出行志愿服务——你最棒；文明言行志愿服务——真友善；文明习惯志愿服务——美家园；文明集市志愿服务——懂秩序；文明扶助志愿服务——献爱心；文明传播志愿服务——有创意"等思路，让大家直接了解和知道怎么做、怎么做好做实。第二，分类督导。这就是将很多需求类似，但是各有侧重的志愿组织和志愿者，分成20～30人左右的不同类别，提供咨询和辅导。例如，有一次我们督导城市社区志愿服务的时候，有些志愿组织提出团队建设和项目创新方面的困惑。专家就结合对象需求，提出"四纵四横"的思路。"四纵"就是有针对性建立老年志愿者团队、中年志愿者团队、青年志愿者团队、亲子志愿者团队四类，通过发挥各自特长，并且做好回馈激励，增强这些团队的吸引力和凝聚力。"四横"就是拓展恒常性服务、时尚性服务、专业性服务、特殊性服务四类志愿服务项目，提高针对性和实效性，让社区志愿服务更受欢迎、更有成效。后来，"四纵四横"的说法被许多志愿组织骨干引用和传播，成为当地的流行语言。

最近，我们在文明实践试点县区督导的时候，发现最多的需求就是如何设计富有特色和实效的服务项目。为此，我们分别为乡村社区志愿团队讲述《文明实践志愿服务项目设计的"九字真经"》，传授促进志愿服务项目"实精好、新特活、高大上"的具体方法途径，受到志愿者的欢迎。大家反馈说："记住了、会用了。"在文明实践志愿服务中，很多县区的各类志愿服务组织，遇到的问题和困惑具有相同性质，可以采取集中督导的方式，让更多的志愿者骨干获得启迪、提高能力。

二、小组督导

不论是心理督导、社工督导还是志愿服务督导，小组督导是常用方式之一。

通常是专家面对 8~10 位志愿者骨干，围绕他们提出的具体想法和问题，进行专业辅导，大致有三种类型。

第一，小组咨询督导。这是专家与志愿者骨干面对面，针对他们提出的问题进行咨询和解答。例如，小榄镇成为省级文明实践中心试点，在启动仪式上，他们的"党政统筹、社会活跃"特色引起关注，就拥有较多的社会活跃志愿者团队，积极配合文明实践的传播和推广。这样，我们就建议小榄镇打造文明实践"六个一"的品牌。那天，志愿服务专家到小榄镇，对"六个一"项目团队的志愿者骨干进行小组督导。如"新时代100句"的志愿者骨干咨询如何根据学习金句的类型编写富有本地特色的故事，专家就从港珠澳大桥建设中技术人员的拼搏，诠释"撸起袖子加油干"的含义；又从2018年两次受到习近平接见的中山市霞湖世家"农民工成长典型"米雪梅的故事，诠释"梅花香自苦中来""奋斗的青春最美丽"等含义。这样，不仅这个团队的负责人获得启发，其他团队也举一反三、有所感悟。

第二，小组讨论督导。这种督导的特点是不仅仅由专家解答，而且还引导参与者一起讨论交流，在思维碰撞中得到启发与收获。前些天，贵州省龙里县邀请专家前往督导，当时专家与县委领导、办公室、宣传部、团委等同志围成小圈子讨论。县委领导提出以"德行龙里"作为文明实践的亮点。专家考虑很多县区都提出过"德行""德治""德育"等作为特色，如果龙里县打"德行龙里"的品牌，就要丰富内容，并且形成亮点。这样，小组成员你一言我一语，不断提出概念，不断推敲概念，逐渐聚焦并提出"德惠（惠及民生）、德悦（生活愉快）、德和（友善和睦）、德美（美丽村居）"等四个含义，既朗朗上口、易记易传，又可以囊括志愿服务的方方面面。

第三，小组策划督导。这是专家与志愿者骨干交流，共同策划和设计一些志愿服务项目和品牌，在这一过程中让志愿者体验、学习。例如专家到某县交流的时候，县委宣传部的同志提出，"萤火虫"是该县的特色志愿服务团队，主要承担协助党政部门调查了解贫困户的真实需求，协助社区农村做好贫困户资助慰问，收集和整理精准脱贫做法和经验的任务。专家提出，"萤火虫"志愿组织的名称，全国有很多地方都这么叫，如果到省里或者到全国申报志愿服务大赛，不容易突出特色。如是就引导在场的人共同交流和策划。一方面，给"萤火虫"志愿者的名称加一个前缀词——"山乡萤火虫"，另一方面，结合这支队伍的特色服务，概括核心元素，如"知心服务（贫困户需求调查）、贴心服务（帮助走村入户）、暖心服务(传递党的关爱与温暖)、亮心服务(激励贫困户自信自豪)"等。这样,一个具有特色和丰富内涵的志愿服务品牌项目就初步成型。应该注意的是在小组督导的时候,专家不是单向辅导,而是要善于发挥被督导志愿者骨干的优势,激励讨论交流,才能够提出符合实际、具有特色的志愿服务理念、项目及其制度措施。

三、个别督导

文明实践志愿服务的个别督导,就是针对一些志愿组织管理者、志愿团队领袖的需求,采取一对一的咨询和辅导,重点帮助他们开拓思路、创新项目、深化服务、建立机制。个别督导有两种情况。

第一,特定个别督导。这是某个志愿者遇到问题的时候,前来寻求专家针对自己的个别督导,或者某个部门或组织,推荐专家给某个志愿者进行专门的咨询辅导。例如,有一个镇成立了党员志愿服务中心,但是初期开展工作并不顺利,遇到一些困难。组织部就推荐专家给这位主任进行专业督导。其中一个问题就是这个镇率先引进专业社工,参与党员志愿服务中心的管理和协调。但是,部分党员志愿者并不买账,有抵触情绪,与社工的关系闹得比较僵。专家与主任交流时,发现问题出在运用的口号上。当时,党员志愿服务中心直接套用"社工带志愿者""社工引领志愿者"的说法,引起老党员的反感。因为,老党员都是工作几十年,拥有丰富经验的人,一下子变成要被刚刚毕业、"嘴上没毛"的年轻社工"带"和"引领",心理上难以接受。督导专家告诉中心主任,"非常简单,你们改用'社工与志愿者合作'的口号",并且提出"社工专业协调、志愿者服务推广"的职责分工。半年之后,党员志愿服务中心的主任给专家打电话:"非常感谢您的督导,自从改变说法,让社工专业协调之后,老党员都乐意接受,现在'社工 + 志愿者'非常融洽,开展了许多富有创新特色,深入服务群众的项目。"所以,不论是地方党政部门,还是志愿服务组织,为遇到困难与问题的志愿者骨干,安排专家一对一督导,就能够切实解决难题、创造机遇。

第二,随机个别督导。这种情况往往不是可以安排,但是某个志愿者骨干遇到专家的督导之后,豁然开朗,创新思维,就能够创造志愿服务的新格局、新天地。笔者前些天从贵州回到广州,就收到一位偏远山区的村党支部书记发来的微信。"那天共享受了谭教授的三次课:一节是在大课室听课,一节是在餐桌上听课,最后一节是深夜驾驶室里一对一授课。真值,谢谢谭教授。"笔者那天下午是在大课室给贵州省干部和志愿者讲授文明实践志愿服务项目的策划与实施的课程，这个村支书在场听课；当晚是在餐桌上与县委干部交流文明实践志愿服务品牌的打造和传播，这个村支书参与交流；最后是村支书自告奋勇，开车送我从县里赶回贵阳市，在车里面继续交流。记得村支书提出，配合文明实践站的建立，在村里组建四支志愿者队伍，有贫困户回馈社会的志愿者队伍，有遏制农村红白礼金泛滥的志愿者队伍，有调解村民矛盾纠纷的志愿者队伍，有响应生态环境保护的志愿者队伍。笔者与村支书交流的过程中互相启发，最后确定感党恩志愿队、淳民风志愿队、和事佬志愿队、家乡美志愿队四个名称，既有乡村农民的朴素特色，又有鲜明易传的品牌特征。这种随机性的个别督导，虽然不是事前就安排的，但是恰恰因为基层干部或者志愿者骨干需求强烈，遇到机会就提出问题和开始督导，有时候会达到非常好的专业督导效果。

四、现场督导

志愿服务的现场督导（或者叫观摩督导、参与督导）就是专家到开展志愿服务的现场情境之中，针对服务项目的特色或者遇到的问题，提供咨询辅导。现场督导可以分为两种：

第一，现场观摩中督导。这是专家在乡村社区文明实践志愿服务的场地考察观摩的时候，有些临时性的想法和建议，就及时提出来，与基层干部交流。这样就避免观摩结束之后，或者忘记了内容，或者印象不深了。有一次专家在观摩小榄镇文明实践志愿服务"E2环保生态志愿服务团队"项目的时候，听到团队负责人介绍各个模拟式、体验式的项目，并且说道："我们要让小学生懂得保护绿色的地球。"专家抓住"话眼"，马上进行督导："你们的团队名称为什么不叫'绿地球——E2环保生态志愿服务队'呢？因为'绿地球'容易记、容易传，又能够体现你们的服务核心，表达E2旧物循环使用的含义。"团队志愿者马上接受，就设计新的绿地球志愿队名称，达到了特别的传播效果。这种现场观摩中的专家督导，往往是灵机一动、瞬息闪念的指导，需要及时抓住和交流。

第二，现场观摩后督导。这是专家在考察现场或者参加活动之后，形成聚焦有特色和价值的想法，就及时与基层干部、志愿者骨干交流沟通。上一次，专家到贵州省清镇市乡愁社区进行督导，听社区书记介绍，就是为了配合习近平关于"看得见山，望得见水，记得住乡愁"的要求，将社区更名为"乡愁社区"的。看到社区干部与居民志愿者、辖区单位志愿者、职教城学生志愿者合作开展丰富多样、新颖活泼的志愿服务活动之后，专家形成较为系统的想法。在考察观摩结束的时候，专家对社区书记、志愿者骨干说："我们坐下来讨论一下。"这样，围绕如何丰富乡愁社区的内涵、如何丰富乡愁社区的服务，专家与社区人员共同交流讨论，就商议出"四个乡愁"的志愿服务品牌，即"乡愁情志愿服务、乡愁乐志愿服务、乡愁美志愿服务、乡愁长志愿服务"；围绕从增强社区习俗吸引力到开展社区丰富多彩的文化娱乐活动，从建设美丽舒适的社区环境到将社区传统传播给年轻一代、传播到少年儿童，展开了讨论。于是，乡愁社区文明实践志愿服务具有独特的内涵，具有时尚的特色，就更加具有生机活力。

还有一次，专家到山东省潍坊市的一个社区，观摩督导文明实践站的志愿服务。考察观摩结束的时候，专家与社区书记交流，说道："你们做的新思想传播、新服务拓展很有特色。但是，你们所有志愿服务队、志愿服务项目都是叫×××社区志愿队、×××社区志愿服务项目。这样，别人看不出特色，记不住品牌。"专家发现，这个社区中有个荷花湾的小景点，既有传统民俗美好愿望的传说，也有解放战争时期居民鱼水情的红色故事，就建议他们以"荷花湾志愿服务系列项目"打造文明实践的品牌。如原来有个"×××社区老党员志愿导游服务队"，建议更名为"红荷志愿者——老党员志愿导游服务队"。这时，社区社工说："我们有个青少年的志愿导游服务队，可否更名为'青莲志愿者——青少年志愿导游服务队'？"专家认为完全可以，就让社区书记、年轻社工思路豁然开朗。志愿服务的现场督导效果最为明显，因为乡村社区文明实践志愿服务团队开展活动的时候，创造的特色和遇到的问题，都在现场体现出来，有利于专家把脉，咨询辅导，达到良好效果。

五、网络督导

文明实践志愿服务的专业督导，需要凝聚全国各方面的专家学者和专业力量，因此不仅仅要现场督导，还要利用当今网络、媒体、自媒体、新媒体发达的条件，通过网络督导扩大效果。

第一，网络平台督导。不论是全国性志愿服务网络、公益慈善网络，还是省、市公益志愿服务网络，都可以建立"网络平台督导"。即一方面邀请专家学者和志愿人员作为网络督导，另一方面将本地区志愿组织和志愿者参与文明实践志愿服务遇到的问题、产生的想法收集起来，发送给相关领域的专业督导，请他们提供咨询辅导。广州启智志愿服务总队的"志愿营地"，曾经开设"网络问答"的督导通道,为每个志愿者提出的问题提供辅导之后,进行整理和提炼;后来,编辑成为《启智志愿者百问百答》的督导手册,对非常多的志愿组织和志愿者有启迪。

第二,手机微信督导。现在,通过收集的微信、短信、QQ等,专家随时可以远程为文明实践志愿服务团队提供专业督导。例如,近期笔者就接到吉林、山东、江苏、福建等省市文明实践中心试点地区的文明办负责人、志愿组织负责人发来的微信、短信,请求对于"传播新思想与开展新服务"如何有效结合提供专业督导。笔者就举了湖南省辰溪县的案例,一批老党员组成"一枝一叶总关情"志愿服务队,到镇和乡村宣传习近平新时代中国特色社会主义思想,宣讲习近平的故事。另外,一个民间志愿组织在辰溪县的乡镇长期开展呵护留守儿童的服务,包括学习辅导、亲情陪伴和青春期健康教育。笔者就在督导中建立两个团队合作,组合成为"一枝一叶"的志愿服务品牌项目,既有宣讲习近平故事和思想的活动,延伸到为留守儿童讲解,进行励志教育;也关爱和帮助留守儿童,当好他们的"爱心爷爷""爱心妈妈"等,培养下一代健康成长。这就是将新思想传播与新服务开展有机结合的做法。这些省市的志愿者举一反三,就能够做好文明实践志愿服务的综合提升。

第三,媒体传播督导。我们将关于文明实践志愿服务专业督导的材料,整理成为《乡村社区文明实践志愿服务的思路》《乡村社区文明实践志愿服务组织的建设》《文明实践志愿服务要有"六个机制"》《文明实践志愿服务项目策划的"九字真经"》《做好文明实践志愿者讲师的"十个要诀"》等文章,分别在媒体、网络发表。很多地方的基层干部、志愿者骨干阅读之后,就通过媒体转发一些问题和想法过来,我们一一给予回复,提出意见和建议,帮助他们解决困难、创新服务。我们认为,媒体和网络的督导能够扩大受益面,让更多的文明实践中心试点地区的志愿者获得辅导、获得"充电",更好地开展传播新思想和深化新服务的活动。

六、交互督导

文明实践志愿服务的交互督导,就是面对基层干部、志愿者骨干开展传播和服务遇到的各种问题,一个专家难以提供全面的咨询辅导,这样就要善于发掘和利用不同领域、不同类型的专业人士,分别提供不同的督导。第一,现场交互督导。这就是考虑一些文明实践中心志愿服务的多样性,督导组有数名专家参与,到达乡镇和村落的时候,不同的专家面对一个志愿服务组织,从新思想传播方式、新团队凝聚力建设、新项目的设计实施、对群众的利益需求把握等，不同领域的专家分别给予建议，就能够满足文明实践站的各类志愿组织需求。例如，我们在乳源县文明实践中心得知非常需要志愿服务项目创新的督导，就联系公益策划人黄思通对接辅导；目前也在联系公益策划人黄泳霓与博罗文明实践中心对接辅导志愿服务项目创新。根据不同地区、不同组织的特殊需求，交互安排相应领域的专家学者、策划人士，就能够带来更好的督导效果。第二，远程交互督导。这种情况是在督导现场，发现文明实践志愿服务组织遇到的问题，需要其他地区的专家学者和专业人士督导的时候，立即通过网络和电话联系，建立督导关系。例如，笔者在贵州省龙里县茶香村督导文明实践所志愿服务的时候，发现党政统筹下的民间志愿组织有发展趋势，农村老人志愿组织发展越来越多。这样，笔者现场通过微信、电话联系北京"夕阳再晨"志愿服务总队负责人张佳鑫博士，联系广州"启智"志愿服务总队负责人李森队长，邀请他们为茶香村的志愿服务组织提供远程专业督导。当两位志愿者领袖与茶香村志愿组织骨干建立联系之后，就不定期提供老年志愿者服务、村民志愿者服务的专业督导，较快提高了农村老人、村民志愿者的水平。一方面中国有许多不同领域的志愿服务专家学者、专业人士，另一方面，乡村社区的文明实践志愿服务需要多方面的咨询辅导。通过网络信息联系，吸纳更多领域的专业人士加入督导，就有利于文明实践志愿服务获得多样化的智慧，获得全方位的提升。

文明实践志愿服务专业督导是一项新的工作，广东省社工与志愿者合作促进会开展探索和尝试，取得了一些经验，但是也存在不足与问题。下一步我们愿意更加努力、更多创新，把志愿服务专业督导做得更有实效、更有成绩，切实帮助乡村社区的文明实践站志愿服务团队。

第十章

文明实践志愿者
如何参与"防疫战"

第一节　文明实践志愿者为防疫与复工作贡献

中国防控"新冠"疫情工作进入新的阶段，面临新要求和新任务。尤其是习近平"2·23"讲话提出"疫情防控"和"经济社会发展"两条战线作战的部署之后，面对湖北及武汉的"防疫攻坚战"以及全国有力保持防控效果的工作逐步推进；同时积极推进复工复产和恢复社会经济发展的各项工作。这时候，全国各地区的新时代文明实践中心，还有文明实践志愿服务队伍如何在新形势下积极参与、作出贡献，就是大家都关心和思考的问题。近日，社志会副总干事何金鹏发来微信，希望笔者在这方面多想一想，倡导一下。为此，笔者结合近期跟踪了解疫情防控志愿服务，以及各地志愿组织参与恢复经济的服务情况，提出"当好六个站"的思路，供大家参考交流。

一、当好"指导站"

目前，国家和省市对于"防疫战"进入新阶段，防控工作与复产工作怎么做，不断进行新部署、提出新要求。但是，具体到各地区的县区、镇街、社区农村，应该怎么做、有什么措施、预防什么风险、做好什么保障，还需要细化和落实。新时代文明实践中心及其志愿服务队伍，就可以配合与支持这些政策措施的落实，根据本地特色需求提出指引、给予指导，力求做得更好。如很多内地省份的县区，有大量农民工需要返回大中城市、沿海地区复工、复产。然而，很多农民工对于要返回的大中城市、沿海地区防控有什么新措施、返工有什么新要求，不太了解。他们或者不敢"轻举妄动"，迟迟不能返回务工地区；或者在返回城市的时候手续没有办好遭到阻拦等。内地县区的新时代文明实践中心办公室可以加强与大中城市、沿海地区的县区新时代文明实践中心办公室联系，获得相关疫情防控政策措施信息之后，编写《文明返工指引》《返工防疫指引》等，提供镇、村文明实践所站，让广大农民和农民工了解参考。如果进一步，可以在农民工集体出发返城之时，提前与大中城市、沿海地区的县区文明实践志愿服务团队沟通，做好接应和解释工作，便于加快检测流程，既规范安全，也便民利民。与此同时，大中城市、沿海地区的县区文明实践志愿服务队伍，主动向工商企业、用工单位宣传防疫与复工的政策措施和注意事项，促进各方做到安全防控又加快生产，真正按照党和国家的要求，打赢防疫攻坚战，促进社会经济发展。

二、当好"中转站"

各个县区的新时代文明实践中心要想方设法做好"中转站"的工作，将党和国家政策措施传播到社区农村、传播到群众中去。文明实践志愿服务要创新思维、创新方法，在传播的多样性和有效性方面作出探索贡献。因为，各级发出的红头文件都是内容很多、条文很多，一般的基层群众不会详细看，也了解不深入。所以，文明实践中心发动志愿者，将这些关于防控和复工的政策文件进行碎片化、通俗化、实用化的处理，选择关键的条文和措施，做成网络版、微信版、视频版、山歌版、图文版等，让群众看得懂、记得住、用得上。我们社志会最近开展《各省市志愿者防疫服务问卷调查》获得万名志愿者调查数据，撰写的调查报告达到数万字。如果直接向社会公布这份报告，不用说普通基层群众看不完，一般的志愿者也看不完。社志会公众号就拆解成为每一篇1000多字的小报告，分析一个数据类型，提出一些启迪观点，配上活泼图片，就引起志愿者的关注和浏览。公众号连续十多二十天发出系列小报告，逐渐丰富志愿者的知识储备。各县区的文明实践中心可以组织志愿者，对中央和省市关于防疫、复产以及关于"武汉保卫战"的各种文献信息，进行通俗化、活泼化的处理之后，传播到城乡群众之中，发挥积极作用。

三、当好"加油站"

很多地区的志愿者，从1月份开始参加防控"新冠"疫情的服务，不论是在交通站点、村居路口进行安全检测，还是为隔离观察、居家防护提供关爱服务和防疫宣传，都付出了辛勤努力，感觉辛苦劳累了。这个时候，新时代文明实践中心、所、站就要感谢和激励志愿者，表彰优秀志愿者，传播志愿服务事迹，弘扬志愿服务文化，让广大志愿者更加乐意奉献和服务，为打赢防疫攻坚战、打响经济翻身仗继续奉献力量。习近平在"2·23"讲话中表彰志愿者"真诚奉献、不辞辛劳，为疫情防控作出了重大贡献"。最近，河南省精神文明建设指导委员会发出《致全省广大志愿者的慰问信》，广东省深圳市市委书记、市长发出《致全市奋战在新冠肺炎疫情防控一线志愿者的慰问信》，浙江省宁波市委市政府发出《致全市广大志愿者的感谢信》；尤其是"3·5"学雷锋纪念日及中国青年志愿者服务日，湖北省委书记应勇看望慰问志愿者，号召大力弘扬志愿精神，关心关爱志愿者。因此，各县区新时代文明实践中心及所、站，要采取多种形式、多种途径为志愿者加油，采取有效措施关心慰问志愿者，对他们在防控疫情中作出的贡献充分肯定，激励志愿者发挥热情和爱心为防疫与复工作出更大贡献。

四、当好"检修站"

防控"新冠"疫情志愿服务是非常特殊、风险较大的服务类型，各地志愿者和志愿组织在服务过程中也面临不少困难、出现不少问题，需要及时回应和改进。因此，新时代文明实践中心及所、站，要成为志愿服务加强规范、加强管理的"检修站"，对于防疫和复工服务中出现的问题，一条条整理出来，提出预防和解决的对策；对于志愿者反映的困难与问题，一条条汇集起来，及时回应和解决。有些一时无法解决的，实践中心也给予真诚理性的解答。这样，不仅仅解决各种服务中不规范、不合理的问题，而且引导志愿者和志愿组织学会规范服务、有效服务。

五、当好"防护站"

不论是志愿者在防疫服务还是在复工服务中遇到困难、遇到挫折、遇到问题，新时代文明实践中心及所、站都是志愿者的"大靠山""大娘家"，要敢于为志愿者的合理权益"撑腰"，要寻求多种途径保障志愿者在服务中不受侵害、减少委屈。由于基层一些机构、一些干部，不了解志愿服务，采取"行政化""指令式""强迫性"对待志愿者的情况，这就需要文明实践中心敢于协调和解释。另外，有些志愿者因为参与具有风险性的防疫服务，回到镇村的时候遇到一些困难和问题，文明实践中心及所、站也可以在保障安全健康、做好隔离防护的前提下，帮助维护志愿者的权益，保护志愿者的积极性。这样，新时代文明实践中心成为志愿者防疫服务和复工服务的"防护站"，就能够赢得志愿者的信任，也赢得广大群众的信任，发挥更多更好的作用。

六、当好"宣传站"

各县区的新时代文明实践中心，以及延伸到镇街、村居的文明实践所和文明实践站，既是宣传新时代新思想的阵地，也是宣传志愿精神和志愿服务的阵地。为防疫和复工两手抓的时候，实践中心要做好"双向传播"的有效宣传普及。一方面将湖北武汉防疫战的最新信息,以及医护人员、解放军、志愿者在"前线"勇敢服务的事迹,通过文明实践渠道面向城乡群众宣传推广;另一方面将本地干部群众支持疫情防控、支持经济复产的努力贡献面向全国宣传,将本地志愿者积极参与防疫服务,为湖北加油、为武汉加油,为"奉献者奉献"的爱心故事、真情故事进行大力宣传,营造共同努力、互相关爱、战胜疫情、全力发展的社会氛围。

根据各地区新时代文明实践中心及所、站提出如何在防疫和复工两条战线作出贡献的问题,以上我们梳理一些探索实践的经验,提出"当好六个站"的对策建议,提供参考借鉴。

第二节 文明实践志愿服务"防疫战"的九个方法

党中央、国务院统一部署的防疫阻击战进入关键时期,防控疫情向山区、农村的扩散是非常重要的任务。这时候各县、镇、村的文明实践志愿服务队伍要发挥示范作用和先锋作用,将保卫家园安全、保护人民健康作为首要任务、作为第一位的目标。2020年2月6日,中央文明办印发《关于在打赢疫情防控阻击战中有针对性地开展精神文明教育的通知》,要求"新时代文明实践中心(所、站)和融媒体中心要根据疫情防控工作需要,因时因地制宜,创新工作方法,切实发挥好服务群众、教育群众的作用。广大志愿者、志愿服务组织要积极参与疫情防控知识宣传普及工作,在专业机构统筹调配下做好疫情防控相关辅助工作"。中央文明办、中国志愿服务联合会印发《关于号召广大志愿者、志愿服务组织积极有序参与疫情防控的倡议书》,希望"全国各地志愿者、志愿服务组织在确保安全的前提下,团结凝聚起来,统一行动听指挥,科学专业做服务,为坚决遏制疫情传播扩散,夺取疫情防控斗争胜利贡献更大力量"。为此,全国各地的新时代文明实践中心、所、站,以及各类文明实践志愿服务队伍积极行动起来、投身防疫阻击战。这时候,很多志愿者和志愿组织非常希望获得参考、获得指引,学习更多的防疫志愿服务经验,力求做得更有实效,切实保障人民健康。所以,我们收集和整理各地区的案例,提炼文明实践志愿服务"防疫阻击战"的9个方法,提供广大乡村社区的文明实践志愿者参考借鉴。

方法一:党员做示范,"战疫"聚民心

(一)做法

各个县区及乡镇、村居的党组织书记是文明实践志愿服务队队长,党员是文明实践志愿服务队队员,在防疫阻击战中既要做好严防死守、严格防控的工作,也要提供热情周到、爱心细致的关怀帮助,让群众感受党的温暖,万众一心、众志成城,抗击疫情、夺取胜利。

（二）案例

"战疫"实录 | 冲锋在基层防控一线的村书记

"南方+"客户端 2020年2月6日 14:47

"温书记，我们益安有一户、两个人从武汉回来，刚回到他家，你是不是要去看一下？"大年初一中午，正在家里吃饭的梅州市梅县区丙村镇红光村党总支书记温友昭，接到第八村民小组组长温秋华的电话。"你做书记的当然要去，要带好头。注意安全，早点回来吃晚饭。"还没来得及开口，一旁的丈夫温志便抢着说道。这也是温友昭在最近疫情防控期的生活常态。

......

"做群众工作肯定是不容易的，大家的想法都千差万别，要群众都来支持我们的疫情防控工作，就一定要从大家的生命健康安全出发，只要是为了大家好的，就不怕去做，也始终会得到大家的支持，疫情防控单靠我们干部是做不完的，群众的参与和支持才是最重要的保障。"温友昭说："作为一名有25年党龄的老党员，又做了20多年的村干部，我们有这样的责任要保障群众的生命健康安全。我们做事就是要胆大心细、冲锋在前，我是什么样的人群众也十分清楚，乡里乡亲的，大家都亲人一样了，也都支持也都理解。我觉得能够为大家做一点事，同大家一起努力战胜疫情、共渡难关，就是我们的一个普通党员、'两委'干部的初心使命。"

这就是我们"战疫"一线一名普通的党员，一名平凡的村书记，但她把一个党员、一个基层党组织书记应该做的事情都做到了，也必将感召更多的党员干部群众积极参与到这场群防群治的"战疫"中来，这是我们共同的战役。

全媒体记者　黄韬炜

通讯员　丘声财

（三）专家点评

社区、乡村党支部书记也是文明实践志愿服务队队长，一方面认真按照上级要求，布置排查工作和劝导"隔离观察"的工作；另一方面充分耐心、细心听取群众的诉求和困难，发动志愿者帮助解决、改善生活。这个梅州乡村的案例，通过基层党组织书记的示范带动，弘扬党的全心全意为人民服务的宗旨，让广大群众更加理解和拥护防疫阻击战的各项措施，配合做好防控工作。这是非常有效的方式方法。

方法二：中心大喇叭，"战疫"响村居

（一）做法

各级新时代文明实践中心、所、站的建设是通过吸引群众前来活动与体验，感受新时代、新思想，体验新文明、新发展。但是，防控疫情期间，为了降低人传人的风险，中心不对外开放。这时候，文明实践志愿者就要充分利用"大喇叭"的形式，通过面向乡村社区进行广播宣传，面向每家每户进行网络、微信宣传的方式，将党中央、国务院带领广大人民坚决打赢防疫阻击战的信息传到千家万户，汇聚众志成城的强大力量。

（二）案例

> **黑龙江大喇叭东北话"喊麦"防疫：别瞎溜达"猫"家里**
>
> 中国新闻网　2020年2月1日　19:26
>
> 中新网哈尔滨2月1日电（记者 王琳 史轶夫）黑龙江省疾病预防控制中心于1日发布农村地区疫情的防控工作情况，该省通过多种方式加强农村地区防控信息通报和防疫知识宣传，东北风味十足的大喇叭"喊麦"响彻村头乡尾，成为接地气、见实效的晓谕方式。
>
> 黑龙江通过多种方式加强农村地区防控信息通报和防疫知识宣传，除了"看好自己的门，管好自己的人""预防千万条，口罩第一条"等"硬核"宣传标语，农村的"大喇叭"在宣传"战疫"中也响了起来。宁安市启用12个乡镇240个行政村的1200个大喇叭终端，穆棱市127个村开播了"村村广播讲防疫"。
>
> 绥化市青冈县青冈镇乐园新村的大喇叭喊："现在这这时候，大家就不要出去'瞎溜达'了，更不要凑'一块堆儿'喝酒打麻将，你知道人家稀不稀罕你？"哈尔滨市延寿县六团镇东安村大喇叭喊："你别往一块凑合，想'唠嗑儿'视频'唠'。"还有很多农村大喇叭都喊"'猫'在家里别出来"，充分体现东北人直爽豪情的宣传方式。
>
> 春节前夕，大批人员从城市返乡，农村的医疗条件相对较差，是当前防疫工作的薄弱环节。疫情发生后，黑龙江省切实加强农村地区武汉返乡人员排查登记管控力度，有效防控疫情输入、传播和蔓延，充分发挥农村基层医疗卫生机构和村医作用，继续加强对返乡人员和流动人口的健康管理。

(三) 专家点评

新时代文明实践中心志愿服务的"大喇叭"宣传,最重要的是不要讲空话、讲套话,而是用广大群众听得懂、记得住、用得上的语言,切实有效宣传防控新型冠状病毒的重要性与迫切性,激励群众支持和参与防疫阻击战。东北"大喇叭"喊出的"'猫'在家里别出来""想'唠嗑儿'视频'唠'"等通俗化语言,就更有针对性,对居民和村民的防疫生活更有指导作用,值得参考借鉴。

方法三:文明集结号,"战疫"卫生行

(一) 做法

文明实践志愿服务防疫阻击战的关键是讲文明、讲卫生、讲健康,既要通过党员志愿者、群众志愿者进行巡逻检查,消除社区和乡村的卫生死角、健康隐患;也要通过广大居民自觉讲卫生、爱健康,尤其是在新型冠状病毒防疫期间不聚会、不传染等,保卫家园、保卫健康。

(二) 案例

新时代文明实践志愿者勇当"为民服务八大员"

《北京市海淀区新时代文明实践工作简报——疫情防控专刊》第3期,
2020年2月5日

在实践中心"疫情防控 志愿有我"倡议书的发动下,在新时代文明实践志愿指导员"排头兵"们的影响和带动下,新时代文明实践所、站的志愿者们踊跃参与到社区(村)的疫情防控工作,志愿者们用自己的行动共同践行"为民服务八大员"(同舟共济宣传员、防控信息情报员、防疫知识讲解员、居家心理疏导员、人人有责卫生员、文明行为引导员、邻里互助勤务员、防控法治宣传员)。一是文明实践志愿者积极传递党中央、国务院对疫情防控工作的高度重视,解读疫情防控政策措施,增强市民团结一致、共同战疫的必胜信心,当好"同舟共济宣传员";二是本社区(村)的文明实践志愿者由原本的文艺、手工、体育等领域志愿者全部担当起疫情防控志愿者,发挥其熟悉掌握社区(村)人员情况的优势,在疫情防控中及时发现存在的问题,发现好人好事和创新做法进行上报,当好实践站"防控信息报告员";三是文明实践志愿者及时向包片区域群众讲解病毒特点、病症鉴别、消毒方法和防疫知识,当好群众身边的"防疫知识讲解员";四是文明实践志愿者针对疫情危险情况下的

紧张、害怕、焦虑、恐慌等不良情绪，开展积极正向的安抚和疏导，当好"居家心理疏导员"；五是文明实践志愿者积极引导本社区（村）居民做好垃圾分类、文明养犬、有序停车等文明风尚引领和文明行为宣传倡导，维护社区（村）卫生环境，确保居民生活家园的干净、卫生，当好"人人有责卫生员"；六是"感动海淀"文明人物、"北京榜样"等先进人物，以及文明引导员等文明实践志愿者积极倡导相互尊重、人文关爱，特别是对返京隔离人群的暖心帮助，当好"文明行为引导员"；七是志愿者为居家群众及时解决买菜、快递、买水电等生活问题，倡导街坊邻居互助互爱，当好"邻里互助勤务员"；八是志愿者们在宣传防疫知识的同时，积极宣传《传染病防治法》的相关知识，动员有密切接触的群众主动报告，共同维护社区家园健康平安，当好"防控法治宣传员"。司法局和街镇司法所下沉到社区新时代文明实践站开展依法防控、传染防治病法律宣传，引导人民群众按要求接受医学观察和居家隔离等措施。"感动海淀"文明人物律师黄乐平、张志伟组成了法律宣传服务队，录制小视频，宣传《传染病防治法》。

（三）专家点评

北京市海淀区新时代文明实践中心充分发挥"文明防疫八大员"即同舟共济宣传员、防控信息情报员、防疫知识讲解员、居家心理疏导员、人人有责卫生员、文明行为引导员、邻里互助勤务员、防控法治宣传员等积极作用，让志愿者深入方方面面、深入千家万户，既做好防疫宣传和解释疏导；也及时发现问题、查漏补缺，编织防控疫情阻击战的"人民网络"，值得学习参考。

方法四：志愿送温暖，"战疫"关爱人

（一）做法

文明实践志愿者在参加防疫阻击战的时候，一方面要配合党和政府的要求做好严格防控工作，另一方面要发挥志愿服务的特点，更加深入细致地关心帮助群众，将"关注防疫关爱人"有机结合，才能够取得良好成效。

(二)案例

父母都被隔离了，5岁女孩有了"临时妈妈"

"广东志愿者"微信公众号　2020年2月5日

广州市花都区，出现了一例紧急情况，一家四口人，父母在花都工作，姐姐在湖北上学。近期姐姐、父母先后因新型冠状肺炎在广州的医院进行隔离，剩下5岁的小女孩甜甜（化名）经两次检查都是阴性，需要在指定酒店隔离观察14天。因甜甜太小，需要人员陪伴、照顾和消除恐惧、孤单心理，团花都区委在1月31日晚得知该情况后，连夜迅速发动属下志愿服务队，号召区内符合条件的青年志愿者踊跃报名。号召一发出，区青年志愿者协会、区青年地带志愿服务队的志愿者黄彩云马上响应，抢着当"临时妈妈"。

2月1日下午，经区防控办的简要培训后，彩云就匆忙告别自己年仅3岁的女儿，和周晓红带着行李于当天晚上奔赴隔离点，在医护人员的指导下，换上全套防护服，全副武装等待她们"临时女儿"甜甜的到来。为了打消孩子家长的担心，彩云和晓红通过视频、微信不间断和甜甜的父母沟通孩子的情况，并及时掌握孩子的生活习惯。甜甜父母也对我们青年志愿者表示感激，原本因担忧孩子而一直悬着的心，在甜甜得到"临时妈妈"的悉心照顾后终于放了下来，甜甜的爸爸在微信中表示"我终于睡了个好觉"。当问起彩云，自己小孩才3岁，为什么还冒着被感染的风险主动报名参加14天的医学隔离陪护任务，彩云这样答道："看到号召时，确实也曾有过顾虑，但在疫情面前，我是一名花都市民，也是一位母亲，更是一名青年志愿者，我觉得我应该有所作为。"

(三)专家点评

这一次的防控新型冠状病毒疫情阻击战，与过去其他防疫工作有一个非常大的区别，就是隔离和防止人传人，这样就出现确诊病人入院后，家人的隔离与生活需求、家长在外被隔离观察后子女的照顾与生活需求等。广州市青年志愿者在保障自身安全的前提下，主动献爱心，当好患者子女"临时妈妈"的做法，让入院治病的患者放心，让社区邻居安心，这是值得借鉴的方法。

方法五：守家不乱走，"战疫"做贡献

(一)做法

防控新型冠状病毒疫情的一个做法是鼓励广大群众多在家、少外出、不聚会、

不传染。这样,文明实践志愿服务要面向群众宣传"在家就是做贡献""在家就是在战斗"的观念,并且为"安全在家"提供各种条件和方便。

(二)案例

海口美兰志愿者义赠自家药店口罩:爱心就是抗"疫"良药

海口网　2020年2月6日　22:13

"也许是近期看了太多哄抬物价的新闻了,跟月姐的善举一对比,更让我觉得月姐这份无私的公德心格外珍贵!"对于"月姐",市民王女士赞不绝口。王女士口中的月姐,正是海口美兰区新时代文明实践志愿者景利月。把自家药店的口罩全部赠送给市民、用私家车义务开展防控宣传……景利月用实际行动,践行着无私奉献、不求回报的志愿者精神。

一直梦想着拥有一家自己药店的景利月,2004年在海口美兰区龙舌坡老街开设了健仁堂大药房,实现了她的小梦想。"我是学药学专业的,开药店一直是追求的目标。希望常怀一颗仁爱的心经营下去,让所有来买药的人都能健健康康,所以取名健仁堂。"景利月说。

"免费测量体重、免费测量身高、免费咨询药师。"在健仁堂大药房的门口,这几个大字格外显眼。不仅如此,药房还免费提供开水、经常赠药给困难群众……凭着"仁爱""健康"的理念经营药店,走过了16年风雨,健仁堂在老街里逐渐站稳了脚跟,成为了街坊邻居都十分熟悉的老药店。

"最近新型冠状病毒感染的肺炎疫情扩大,我也在关注疫情动态。大年廿九一早,店里一下子来了很多客人,其他的都不买就指名要买口罩,我感觉疫情已经到了很紧要的关头了。"面对焦虑都"写"在了脸上的顾客,景利月当即下定决心,要求员工停止收银,"把库存所有口罩都拿出来,送给顾客。"

经统计,健仁堂大药房内当日还剩下50余包口罩,每包10只。"平日口罩的需求本来就不多,库存就没多少。我们一包口罩卖3.5元,平均一只也就是0.35元,利润本就不高。现在大家需求非常高,不如拿出来送给大家。"景利月决定,为了让更多市民能拿到口罩应急,一人只能领取一只。"听说这里有口罩领,很多市民都来了,不到半天时间,口罩都领完了。"景利月回忆。

(三)专家点评

为了支持群众"在家防疫情、生活更安全",文明实践志愿者将自己药店的口罩免费发放给市民，这个小小的善举传递大大的爱心，让群众看到社会的支持，看到志愿者的奉献，获得防疫物资并更加放心地在家防疫。这个做法值得宣传推广。

方法六：线上传科学，"战疫"有信心

（一）做法

新时代文明实践志愿服务队，要充分利用网络、视频、广播、电视等途径，将防控新型冠状病毒疫情的科学知识、科学技巧传递出去、传播开来，让更多的社区群众知晓和熟悉。

（二）案例

> **抗击疫情：上海崇明"公益播报志愿者"在行动**
>
> "文明崇明"公众号　2020年2月6日
>
> 为讲好崇明故事，奏响世界级生态岛建设最强音，崇明人民广播电台FM88.7/102.5推出了"公益播报志愿者"招募活动。绿岛之声公益播报第七期的主题是"抗击疫情 我们在行动"。活动征集到了来自崇明各行各业小伙伴的动听嗓音。一起来了解一下吧！
>
> 疫情防控公益播报
>
> 1. 绿岛之声公益播报员：沈心程
>
> 绿岛之声，公益播报，大家好，我是江帆小学二（3）班的沈心程。让我们行动起来，小手牵大手，助力疫情防控。学习宣传防疫知识，养成良好的卫生习惯和健康的生活方式，共同打赢这场防疫防控攻坚战，共同守护我们幸福美丽的生态家园！
>
> 2. 绿岛之声公益播报员：田伟博
>
> 绿岛之声公益播报，大家好，我是田伟博，是一名小学生。我会做到少出门，勤洗手，出门必戴口罩。抗击病毒人人有责，加强防护，从我做起！武汉加油！中国加油！
>
> 3. 绿岛之声公益播报员：倪莹子
>
> 绿岛之声，公益播报，大家好，我是来自区国资委的倪莹子。抗击疫情，人人有责：戴口罩、勤洗手、科学防守；不扎堆、不传谣、理性防范！健康你我他，关键靠大家，让我们一起科学应对，群防群控，战胜疫情！

4. 绿岛之声公益播报员：高宏乐

绿岛之声，公益播报，大家好，我是来自崇明区融媒体中心的高宏乐。疫情无情人有情，让我们科学施策、团结一心，共同打赢这场阻击战！

5. 绿岛之声公益播报员：黄丽华

绿岛之声，公益播报，大家好，我是来自上海市扬子中学的黄丽华。预防新型肺炎，从"口罩文明"做起。科学应对、群防群控、战胜疫情！

6. 绿岛之声公益播报员：夏元琦

绿岛之声，公益播报，大家好！我是夏元琦。群防群控、众志成城，遏制疫情，我们一定能赢！中国加油，湖北加油，上海崇明加油！

7. 绿岛之声公益播报员：陈露

绿岛之声，公益播报，大家好，我是来自崇明区融媒体中心的陈露。让我们守望相助、坚定信心、齐心协力打赢这场疫情阻击战！

8. 绿岛之声公益播报员：施雯瑜

绿岛之声，公益播报，大家好，我是来自市场监督管理局的施雯瑜。全国动员、全民行动，集中力量坚决打赢疫情防控这场硬仗。

9. 绿岛之声公益播报员：杨柳青

绿岛之声，公益播报，大家好！我是来自城桥镇的杨柳青。众志成城，抗击肺炎。坚持到底，就是胜利。一切都会好起来的！

10. 绿岛之声公益播报员：陈佳敏

绿岛之声，公益播报，大家好，我是来自上海市岳阳医院崇明分院的陈佳敏。抗击疫情，人人有责。我们要坚定信心、同舟共济、科学防治、精准施策，坚决打赢疫情防控阻击战。

近期全国人民都时刻心系着新型冠状病毒感染肺炎疫情的状况，大家在留意疫情状况的同时，也要认真做好自身的防护措施，要保持好心态，重防护、勤消毒、减少出门和聚会，保护好自己和家人，一起共渡难关。中国加油，湖北加油，上海崇明加油！

（三）专家点评

新时代文明实践志愿者传播防控新型冠状病毒疫情阻击战的科学信息，要采取多种形式、运用多种力量。上海市崇明区发挥"公益之声"广播电台的优势，既有专家宣传防疫知识，也有志愿者传播防疫行动，还有中小学生传递参与防疫的热情。这样就通过多样化、活泼型、有吸引力和号召力的方式，扩大防疫阻击战的社会影响，具有良好的效果。

方法七：网络展艺术，"战疫"有激励

（一）做法

防疫阻击战中需要通过艺术的力量、文艺的感染，激励人们的斗志、凝聚战斗的热情。文明实践志愿服务队要围绕防控新型冠状病毒工作，创作鼓舞人心、共同抗疫的作品，通过网络展示、媒体传播，达到面向乡村社区的宣传普及效果。

（二）案例

上杭这些人以艺战"疫"，期待所有的美好原路归来

福建省"上杭广电" 2020年2月6日

昨天下午，在临城镇土埔村的一栋民宅里，一支特别的MV正在用心的拍摄中。这首公益歌曲《加油武汉》的词曲作者是我县文艺志愿者、城南小学音乐老师王建芳，歌曲由他和另外一名文艺志愿者方璐共同演绎演唱。

"疫情发生以来，我每天都被各种各样的感动包围着、激励着。我就在想，作为一名普通的文艺志愿者，不能亲临武汉，那我们能做些什么呢？"春节期间，王建芳不眠不休，写下了这首《加油武汉》正能量公益歌曲。

"我是一名在党和人民培养教育下成长起来的文艺轻骑兵志愿者，关键时刻用自己些许微薄的力量为武汉、为祖国加油，我随时准备着，坚定执着。"参与演唱的音乐老师方璐说。据悉，目前这支公益MV正在紧张的后期制作中，将于近日重磅推出，也请大家多多关注传播上杭的正能量。

（三）专家点评

新时代文明实践中心的文艺志愿者可以发挥自己的专业、特长，围绕防疫阻击战的需要，创造短、平、快的作品，尤其是切合本地习俗和民情的作品。福建省上杭县文明实践志愿服务行动快、用心好、针对性强，及时制作和传播《加油武汉》等文艺作品，让群众关心武汉、关心防疫，积极行动起来、参与防控服务，具有积极作用。

方法八：慰问志愿者，"战疫"鼓干劲

（一）做法

新时代文明实践中心志愿者，配合党委、政府的部署，适应社区、农村群众的需要，放弃春节假日休息而投身防控疫情扩散的服务。志愿者的热情和奉献需要获得认可、获得激励。因此，党委、政府、文明实践中心、医疗专业机构等，运用不同形式慰问和鼓励志愿者，就具有非常重要的作用。

（二）案例

唯有英雄，逆行向前！市委市政府致信感谢全市广大志愿者

甬派 2020年2月6日 12：55：26

感谢全市广大志愿者

志愿者朋友们：

突如其来的新冠病毒感染的肺炎疫情异常凶猛，严重威胁人们的身体健康和生命安全，也打乱了城市运行的正常秩序和节奏。病毒无情，宁波有爱。这段时间以来，全市上下风雨同舟、众志成城，打响了一场没有硝烟的疫情防控阻击战。让我们备受感动的是，有一支身穿红马甲的志愿者队伍，同医务人员、公安干警、基层干部一道，舍小家为大家，讲奉献勇担当，冲锋在前，日夜坚守，构筑起了同心战"疫"的坚固防线。

唯有英雄，逆行向前。面对罕见的疫情，广大志愿者知难而进，主动请缨，勇敢地奔赴疫情防控第一线。有的无惧病毒危险，挨家挨户排查隐患，不厌其烦劝导他人；有的忍受寒天冷雨，不分昼夜值守卡口，全力以赴防范疫病输入扩散；有的慷慨解囊，利用各种渠道、资源，千方百计筹集口罩、防护服等急需物资；有的守望相助，热心帮助左邻右舍，善待关爱隔离人员；有的积极宣传防疫知识，指导千家万户正确做好自防工作……你们的一言一行，温暖人心、抚慰人心，更鼓舞人心、激励人心。你们的付出，甬城人民看在眼里、记在心里。在此，市委、市政府代表全市人民向你们表示感谢和敬意！

当前，全市疫情防控工作正处在同时间赛跑、与病魔较量的最关键阶段，每一个人都不可松懈，每一份力量都弥足珍贵。希望广大志愿者朋友做好打攻

坚战、持久战的思想准备，注意劳逸结合，加强自身防护，确保有充沛的体力、旺盛的精力投入后续工作。同时，也希望全体市民保持知书达礼的气度，尊重、理解志愿者的辛劳付出，感恩、支持这些为您负重前行、出手相助的爱心人士。特别是要自觉遵守少出门、不串门、不聚集、戴口罩等规定，让广大志愿者少一些劳累、多一些温暖，让疫情防控工作有更高的效率、更好的结果。

防控疫情，人人有责。我们坚信，只要大家心心相印、同舟共济，就一定能够早日战胜病魔、消除疫情，迎来春暖花开的那一天。

中共宁波市委
宁波市人民政府
2020年2月6日

（三）专家点评

中共宁波市委、宁波市人民政府率先给全市志愿者发出《慰问信》，特别传递四个信息：一是防控新型冠状病毒疫情阻击战需要广大志愿者的参与和贡献；二是对宁波志愿者春节前后牺牲假期投身防疫阻击战，发挥奉献和爱心，保障人民健康的服务给予感谢；三是提出下一步的防疫阻击战任务更加艰巨、工作非常繁重，希望志愿者更多更好参与服务、作出贡献；四是提示志愿者在服务社会和他人的同时，特别要做好自我保护、保证健康。这个《慰问信》不仅在全市志愿者中引起强烈反响，具有极大的激励作用，在全市干部群众中也引起好评。它让更多人看到志愿者在防疫阻击战中的贡献，愿意加入志愿者队伍，万众一心、众志成城、抗击疫情、赢得胜利。

方法九：金句记在心，"战疫"为人民

（一）做法

习近平对于防控新型冠状病毒疫情工作和保障人民健康安全非常重视，多次主持会议、发表讲话、安排部署、督促落实。新时代文明实践志愿者要用多种多样的方式，将总书记的指示、要求面向乡村社区宣传，传递到广大群众的心中；让人民群众感受党的关心、关怀，激励共同战"疫"的热情和斗志。

（二）案例

"六送六促"：梅州丰顺文明实践为隔离人员提供精神食粮

"南方+"客户端 2020年2月2日 19:17

为配合做好疫情发生地来丰隔离人员服务工作，丰顺县新时代文明实践中心，根据中央和省、市、县疫情防控的统一部署要求，整合各类资源，通过"六送六促"志愿服务，为隔离人员提供精神食粮，为打赢疫情防控阻击战贡献文明实践力量。

送金句，促觉悟。该县组织新时代宣讲师整理习近平总书记系列重要讲话和指示，汇编成金句小册子送给每位隔离人员，引导他们学习金句、感悟力量，并鼓励他们通过朋友圈、微信群等方式谈体会，增强思想觉悟和渡过难关的信心。

送平台，促学习。该县组织整理《"学习强国"学习平台注册使用手册》，引导隔离人员注册使用"学习强国"学习平台，通过"防控新型冠状病毒""在家健身""在家看天下"等栏目及时了解掌握权威信息，学习防疫知识。

送书籍，促修养。丰顺县根据隔离人员的需要，实践中心送去新时代文明实践广东精品图书、《平凡的世界》等名著名篇，为隔离人员送上精神食粮，增强他们的学识修养，帮助度过孤独时光。

送字帖，促静心。丰顺根据隔离人员的个人爱好，实践中心为他们送去书法字帖和笔墨纸砚，引导他们通过学习练习书法磨炼意志、抒发情绪、平静心灵。

送乡情，促情怀。该县为隔离人员送去《在丰顺等你》《悦读丰顺》等书刊，引导他们关注"丰顺发布"APP、"财丰民顺"微信公众号等丰顺网络媒体，了解丰顺发展变化和疫情防控情况，增强热爱丰顺的情感情怀，安心做好隔离工作。

送关怀，促温馨。丰顺协调开通服务热线，组织专业心理医生接听，疏导隔离人员心理，及时排解精神压力；组织引导志愿者为居家隔离人员购买生活必需品、办理不能外出的急事等，为基层疫情防控工作增添温情。

全媒体记者 黄培强

（三）专家点评

新时代文明实践志愿服务队要通过将"学习强国""学习金句"的内容，特别是习近平关于始终把人民群众生命安全和身体健康"放在第一位"的要求,传播到乡村社区、传递到人民心中。丰顺县文明实践"六送六促"的做法,针对隔离观察人员的"与世隔绝、孤独无助"心态,通过"送金句、送平台、送乡情、送关怀"等,让这些隔离人员及时了解习近平总书记和党中央、国务院的关怀,及时了解党和国家对于防疫阻击战的部署,树立信心、配合防疫、保障健康、重建生活。这种针对隔离观察等特殊人群进行文明教育和关心帮助的做法,值得总结推广。

第三节　防控"新冠"疫情：志愿服务的十个案例

在全国各地众志成城，开展防控新型冠状病毒疫情（以下简称"新冠"疫情）蔓延的工作中，志愿者和志愿组织积极努力、发挥作用。2020年1月28日，中央文明办、中国志愿服务联合会发出《关于号召广大志愿者、志愿服务组织积极有序参与疫情防控的倡议书》，提出"希望全国各地志愿者、志愿服务组织在确保安全的前提下，团结凝聚起来，统一行动听指挥，科学专业做服务，为坚决遏制疫情传播扩散，夺取疫情防控斗争胜利贡献更大力量"。此前，2020年1月26日，中国青年志愿者协会发出《关于青年志愿者组织和志愿者开展疫情防控应急志愿服务的工作指引》。为此，很多地方的志愿者都期待能够参与服务、作出贡献。但是，鉴于"新冠"疫情的传播面广、传染性大等特点，党政部门和志愿组织都不提倡志愿者前往疫区开展服务，鼓励以安全、健康为第一要务。这样就需要多样化、可操作、有实效的防控疫情志愿服务方式方法。我们收集和整理近期各地区、各组织志愿者参与服务的典型案例，提供参考借鉴。

一、为"最美逆行作者"护航

（一）案例

武汉市民组建志愿车队　快捷方便医护人员出行

凤凰网湖北综合　2020年1月25日

1月23日凌晨，武汉市新冠肺炎防控指挥部发布通告暂停公共交通运营后，不少医护人员出行遭遇难题。这时，一群热心的武汉市民站了出来，1月23日中午组建起"善缘义助武汉医疗救援"志愿车队群，义务接送在一线奋战的医护人员。

爱心迅速裂变。截至1月24日中午1点，志愿者群已发展至40余个，数千名热心武汉市民义务加入，成为这座城市最美的"逆行者"。

"杨医生，雄楚大道万科主场到湖北省妇幼保健院。""司护士，白沙洲五金堤到胭脂路湖北省中医院，早上7点出发，感谢好心人！""依维柯，本人疫情期间，凡任何捐赠物资，100公里以内，免费运送。""有2万个口罩需要捐赠，请武汉能够安排用车的爱心人士跟我衔接一下，我现在进不了武汉市，联系人杜先生。"记者在群里看到，各种接送医护人员信息、物资需求信息一旦发布，很快便有人响应。

目前，武汉市所有城区都已组建起"善缘义助"志愿车队群，除了义务接送医护人员，车队群还义务承担起物资运送、信息扩散、帮助武汉红十字会接听电话等任务。车队发起人张小艳介绍，连日来，武汉红十字会捐赠电话众多，负责沟通联络的人员却严重不足，善缘义助共有25名志愿者在武汉红十字会做义务接线员，同时还承担起帮助发放物资的任务。

"志愿车队的发展速度远远超过想象，现在各个群加起来已经有数千人了，我们正在完善人员物资的调配和管理机制。"张小艳说，志愿者司机已与需帮助的医护人员建立起点对点联系，车队还要求每名志愿司机加强防护措施，要求必须佩戴口罩、眼镜，配备消毒洗手液。

"虽然我们不是医生、不是军人，但是只要有需要，我们也可以义无反顾。"一位武汉私家车主在"善缘义助武汉医疗救援"志愿车队群里说。

志愿司机的数量，还在不断增长中。

湖北日报全媒记者　黄磊

（二）专家点评

这是特殊地方、特殊时期的志愿服务方式。武汉"封城"的环境下，在"最美逆行者"医生护士遇到出行困难的时候，市民志愿者自发组织起来，开车义务接送，这是最能解决问题、最有实际效果的志愿服务。但是，当政府逐渐解决困难，为医疗人员提供专门交通或者安排就近食宿之后，这种带有风险性的志愿服务就要及时完成使命，及时结束，保障志愿者的安全健康。

二、给"在外湖北人"送温暖

（一）案例

浙江宁波：跑腿送菜、上门收垃圾……
北仑新碶两支防疫志愿队上线

《人民日报》新媒体平台　2020年1月29日

居家隔离不能外出，外卖、快递、中介又都不允许进入小区。那隔离人员家中"断粮"了怎么办？生活垃圾又该如何处理呢？在宁波北仑新碶街道，居家隔离人员遭遇的难题被志愿者一一化解。

"红领之家"志愿者临时当起跑腿员

"你网上订购的菜已经帮你送到门口了,记得拿一下。"1月28日上午,"红领之家"党员志愿者虞坚把一袋蔬菜拎到居家隔离的朱女士家门口。通过"红领跑腿服务"微信群了解到朱女士前几天刚从湖北回来,目前在家隔离,便帮她把在叮咚上买的菜送了上门。

记者了解到,为确保从武汉归来或在武汉有停留经历的人员在隔离期间生活有保障,"红领之家"临时成立一支服务队,并组建了"红领跑腿服务"微信群。"我们有1000多名志愿者,遍布各个村和社区。很多志愿者报名参与了此次行动,为居家隔离人员提供一对一服务。""红领之家"党支部书记陈军浩介绍。

虞坚和朱女士所住小区相隔不远,以便能随时提供帮助,他已经把手机号码告知对方。

红星救援队经常参与各种志愿服务,在防护上有一定的经验,邱琳抱着试试看的想法,跟队伍中几位骨干成员商量,没想到他们一口答应。

据悉,社区目前共有13位人员在家隔离,救援队志愿者每天安排一人定时上门收取。

(二)专家点评

在外湖北人以及到过武汉、湖北的人,在很多地方都需要隔离观察、防范疫情,这样就面临生活上的许多困难。"红领之家"党员志愿服务中心成立"红领跑腿服务队",招募有防疫和应急经验的志愿者,帮助买菜购物、收运垃圾,让这些在外湖北人在自主隔离的生活中获得便利、获得改善,同时感受志愿者的温暖、感受社区的温情,值得推广。

三、广泛宣传党和政府的政策措施

(一)案例

188-1921-7171李森党代表工作室开通抗击疫情心理援助热线!

"李森党代表工作室"微信号 2020年1月29日

近日,新型冠状病毒感染的肺炎疫情高发,为维护广大市民的心理健康,李森党代表工作室与启智社工中心、启智服务总队，组织专业心理咨询师、专业社工、资深心理志愿者，预计30余人，开展"抗击疫情心理援助公益行动"，从即日起开通心理援助热线。我们将安排专业的心理咨询师为市民提供心理辅导和帮助，传播心理健康知识和疾病防护知识，疏导不良情绪。欢迎大家来电咨询！

1. 热线电话：188-1921-7171 咨询QQ群：865982594

2. 开通时间：2020年1月30日至本次疫情结束，每天9:00-22:00，节假日不休息。

3. 总负责人：李森（全国优秀党务工作者、全国道德模范提名奖、中国好人、全国优秀志愿者）

心理咨询师团队：顾烨利、心励、江为智

咨询师志愿者梯队标准：志愿者具备心理咨询师执业资质，5年以上专业辅导经验，有创伤和危机处理、重大灾害心理危机干预经验。

社群服务志愿者梯队标准：志愿者具备心理咨询执业资质、接受过心理学专业学习和系统训练；后期我们会适时扩大志愿者团队并持续完善流程。

督导制度：所有志愿者均接受岗前培训，按照志愿服务管理机制接受督导。

心理援助专线信息

如果您是：

1. 第一级人群：新型冠状病毒感染的肺炎确诊患者（住院治疗的重症及以上患者）、疫情防控一线医护人员、疾控人员和管理人员等；

2. 第二级人群：居家隔离的轻症患者（密切接触者、疑似患者），到医院就诊的发热患者；

3. 与第一级、第二级人群有关的人，如家属、同事、朋友，参加疫情应对的后方救援者，如现场指挥、组织管理人员、志愿者等。

请添加下方李森党代表工作室的微信二维码或者致电188-1921-7171，说明您的身份，我们会为您预约心理援助志愿者导师。

（二）专家点评

这是以著名志愿者的"李森党代表工作室"形式开通的热线服务，志愿者一方面提供防控疫情期间的心理咨询服务，另一方面面向公众及特殊对象宣传和解释党政部门、社区机构在防控时期的制度措施。这种以"党代表工作室"开通特殊时期志愿服务咨询热线的做法,具有非常特别的影响力与号召力,让社区、乡村的群众感受党的关怀和帮助,有利于密切党群关系、共同抗击疫情。

四、积极传播党员"冲在一线"的示范

(一)案例

上海医疗救治专家组组长:坚持一线战斗 派党员医生上一线

央视新闻客户端 2020年1月29日 22:30

1月29日,新型冠状病毒感染肺炎上海医疗救治专家组组长、复旦大学附属华山医院传染科主任张文宏在接受媒体采访时表示,每周自己会去隔离病区查房,为的是消除一线的医生对新型冠状病毒的恐惧,另外,今天(29日)他将从新年到现在值班的感染科一线医生进行换岗,换成共产党员医生到一线工作,派驻到上海的新型冠状病毒感染肺炎定点医院上海市公共卫生临床中心,以及派遣支援武汉。这都是事先不打招呼,直接派遣。

张文宏:我去查房的主要原因,其实只有一点,要消除我们医生的恐惧。我们今天做了两件事情,第一件事情,我自己每个星期要进去查房,至少一次到两次。第二个,我今天做了换岗决定,把所有在年底到现在为止的医生全部换岗。这一批都是了不起的医生,在对疫情的风险性、传播性、致病性一无所知的时候,他们就这样子把自己暴露在这个疾病的前面,暴露在病毒的前面,我认为他们都是非常了不起的医生。所以,这一次我做了一个决定,把所有的岗位的医生全部换下来,换成谁?换成科室的所有的共产党员,共产党员在宣誓的时候不是说吗?把人民的利益放在第一位,迎着困难上,我前面还开了个党小组的会议,共产党员现在马上给我上去,不管你同意或者不同意,你都得上去,心理上是为了信仰上去也好,是因为党的约束上去也好,没有讨价还价,肯定是上去,我自己也上去。

总台央视记者 陆学贤

(二)专家点评

这个"派党员医生上一线"的新闻瞬间火了起来,圈粉非常多。除了党员、团员、志愿者关注和转发之外,很多90后、00后的青少年也传播和点赞。我们听到一些年轻人说:"共产党员都这样做到了,我们没有理由不相信,没有理由不信

任。"所以，志愿者要多收集和传播从事医治新冠肺炎工作、专门救治医院建设工作、社区防控工作以及其他相关工作中的党团员示范先锋事迹，积极传播、引起共鸣，激励共同战胜疫情的信心。

五、科学普及有益有效的防护方法

（一）案例

冠状病毒怎么防？唱首龙里布依山歌就知道了

贵州日报报刊社天眼新闻客户端

龙里县融媒体中心　2020年1月29日　19:42

今天，让我们一起来观看和倾听来自龙里县湾滩河镇孔雀寨的文艺志愿者杨永胜、陈恒花为大家带来的6曲布依山歌——《布依山歌教你如何做好疫情防控》。歌词如下：

1. 新型肺炎传染病，冠状病毒不留情，动员全民搞防疫，我们来当宣传兵。
2. 戴上口罩再出门，防护知识记在心，避免病毒身上染，莫要访友和走亲。
3. 勤在家里搞卫生，旮旮角角扫干净，人多地方莫要去，有事网上聊微信。
4. 各类活动已取消，各种酒席停办了，人多容易染病毒，安全责任担当好。
5. 全民要听党领导，不信谣来不传谣，这场战争能打赢，科学防范效果好。
6. 祝福大家新年好，防疫工作摆头条，全民参与齐行动，齐心协力把毒消。

希望你转发给你身边的亲人和朋友，共同战胜疫情防控阻击战！

作词　罗丽萍　　演唱　杨永胜　陈恒花　　编辑　袁鹏

制作　王华乔　　编审　张发扬　潘希来

（二）专家点评

面向山区农村的防控"新冠"疫情卫生措施宣传，如何全覆盖、全知晓、全掌握、全受益是个大难题。贵州省龙里县"山歌传播新措施"的做法值得推广。龙里县有一支"萤火虫"志愿服务队，主要是通过编山歌、编舞蹈等形式，宣传党和政府的脱贫攻坚政策、乡村振兴战略、美丽乡村措施。这一次,"萤火虫"志愿者及时将防控"新冠"疫情的卫生健康措施,编成布依族山歌、苗族山歌等,并且拍录演唱视频,通过大喇叭、小手机、大电视、小平板等网络媒体途径,让乡镇村寨特别是偏僻山村的农民都听得进、唱得出、记得住、用得上。这种因地制宜、富有活力的防控宣传做法值得点赞。

六、为特殊困难群体提供关爱帮助

(一)案例

疫情防控,我们在行动!
百步亭社区"红色头雁""红色细胞"奋战防控一线
《长江日报》 2020年1月30日

"我相信我们一定能打赢这场疫情防控战!"为有效预防新型冠状病毒感染的肺炎传播,连日来,武汉市江岸区百步亭社区积极响应市、区会议精神,召开党委会专题部署肺炎疫情防控工作,通过"三方联动"建立严格排查机制,认真科学做好发热患者入院、隔离等防控工作;动员"两长四员"、红色物业、网格员等力量及时服务居民,一大批"红色头雁""红色细胞"奋战在新型冠状病毒感染的肺炎防控工作中。

"昨晚还担心出门买菜的问题,今早你们就送菜上门,真是'及时雨',太感谢你们了!"1月27日上午,家住百步亭社区现代城的空巢老人刘烈祥在电话里既感慨又感激,而这样的致谢电话不时在现代城居委会里响起。

打响疫情防控战,架起社区群众平安健康"爱心桥",百步亭社区在行动。

"我加入。""为社区居民服务,我愿意!"……刷新百步亭社区现代城党员微信群,在现代城党总支书记陈文琦的动员下,20多名党员志愿者自愿加入到为辖区困难群众、空巢老人、高龄老人、残疾人、军烈属、少数民族等群体送菜送关爱的队伍中。1月27日上午,这支暖意十足的队伍,戴着口罩,将爱心菜品一一送到居民家中。

一个个身边的镜头,一个个温暖的画面,汇成众志成城抗疫情的人物群像,聚起联防联控快行动的坚定决心和信心。

编辑 王爽

（二）专家点评

武汉市百步亭社区因为前期政府和专家的防控疫情指引不明确，防范"新冠"疫情人传人的意识不够强，于1月18日举办第二十届"万家宴"，遭到社会各界和媒体网络的争议、批评。但是，党中央、国务院高度重视、严密部署防控"新冠"疫情工作，医疗专家提出严格的隔离措施之后，百步亭社区的党员干部、党员志愿者没有停留在辩解或自责状态，而是重振精神、全力以赴投入社区防控工作。其中，党员志愿者针对社区中的孤寡老人、残疾人、困难家庭等在封城、隔离状况下遇到的困难，以"红色头雁""红色物业""红色细胞""红色网格员"等形式，主动帮助困难人员、困难家庭。一方面向这些特殊人群宣传普及防范"新冠"疫情知识技巧，另一方面帮助提供食物、用品、保暖设备等，做到将防控知识与爱心热情传递到每一个家庭，将党的关怀与温暖传递到每一个人。这些精准防控、精心关爱的做法值得参考借鉴。

七、倡导"多在家、少交往、不传染"

（一）案例

我也知道可能有危险，但真没考虑太多

"广东志愿者"微信公众号　2020年1月28日

面对疫情，不能掉以轻心，疫情防控与我们每个人息息相关，广东志愿者在每一个被需要的时刻都从不缺席。

测体温、协助口罩生产、疫情解说普及……有啥需要就干啥。团佛山市委严格按照佛山市委、佛山市政府疫情防控的整体部署，统筹协调疫情防控志愿服务的开展。截至1月27日下午，佛山全市共发出志愿者招募需求为362人，参与服务内容包括防疫知识宣传、交通站场体温检测、心理疏导、后勤保障等，其中70人已在岗服务。

佛山市菠萝救援服务中心组织动员30名志愿者，投入参与五丫口大桥、海怡大桥、季华路一环高速出口对往来车辆人员体温检测的服务。

志愿者检测到体温异常者立马通知现场医护人员跟进安排，另外自年初一起，志愿者们开始协助高明云勇村、云勇林场开展疫情防控，劝退大量前往云勇林场取水的群众。

防疫辟谣，志愿者做到"帮忙不添乱，援手不缺位"。韶关市乳源共青团在县委、县政府的统一部署下有序参与疫情防控工作。青年志愿者在线上接受培训，及时学习熟知疫情防控知识和信息，做好自我保护并指导、帮助他人严格遵循"戴口罩、常测温、勤洗手"等基本的日常疫情防护措施。

志愿者通过送姜茶、送热水等志愿行动关心关爱防控医疗卫生人员、交通交警部门工作人员，做到帮忙不添乱、援手不缺位。

为了响应东莞市大岭山镇政府号召，在镇志愿者协会的组织下，1月27日，东莞市大岭山志愿者深入社区，走上街头，向过往群众免费发放口罩并指导大家正确佩戴，为防控新型冠状病毒感染的肺炎增加一道屏障。

大岭山志愿者在确保自身安全的前提下，力所能及地当好"第一响应人"，以"奉献 互助 友爱 进步"的行动，温情传递，爱心接力，共同做好疫情防护和宣传，为战胜疫情做出一个青年应有的社会贡献。

为广东志愿者点赞！让我们携手，同舟共济，早日战胜病魔，呵护家园的安宁！

亲爱的志愿者：您自身的安全是第一位的，也是我们最关心的！请您切记：一要把自身的生命安全和身体健康永远放在第一位，上岗服务时要严格做好个人防护措施和健康保障；二要按照当地党委政府统一部署，统一安排，统一行动，在确保防护措施到位的前提下积极参与，避免擅自行动。

（二）专家点评

为了防控"新冠"疫情蔓延，需要广泛宣传、城乡普及，让广大群众都知道"多在家、少交往、不传染"的重要性和急迫性。但是，恰恰因处于春节家庭、亲友聚会的节庆期间，有些群众对卫生防控措施了解不够，有些群众听了也不当回事、麻痹大意。广东省是流动人口大省，防范疫情蔓延的任务非常艰巨。所以，一些社区、农村需要志愿者配合宣传、解释，配合发放安全口罩、防护用品，配合进行体验检测、状况记录等。志愿者一句"我知道可能有危险，但是需要也就主动参与，注意安全就是了"，这些语言非常朴实，在平时不觉得特别，但在防控"新冠"疫情工作的关键时刻，却是非常可贵的志愿者品格。

八、为有需要的人群提供心理咨询

（一）案例

抗击疫情，从"心"开始——微信在线心理咨询

"中国青年志愿者"微信公众号 2020年1月30日

为广泛动员社会力量，根据受疫情影响的各类人群的需求和实际困难提供社会与心理支持，积极预防、减缓和尽量控制疫情的心理社会影响，中国青年志愿者协会秘书处、中国心理卫生协会妇女健康与发展专业委员会联合北京市志愿服务联合会"志愿云"技术支持，发起全国"抗击疫情从心开始"心理专项志愿服务项目。

服务对象：有需求的医务工作者及家属、患者及家属、参与防疫的应急志愿者和其他社会公众。

服务时间：1月30日10点开始，每天10:00-22:00

志愿者构成：第一批志愿者由具有心理咨询师资格证、心理医师执业资格及相应学科背景的50名经验丰富的心理咨询专业人员队伍和负责心理健康、精神卫生、志愿服务、社会工作、行政管理等方面的专家督导共同组成。

参与方式：请在"志愿北京"微信公众号输入"心理求助"即可。

后台即分配在线心理志愿者为您提供免费的专业咨询。每次30分钟左右，服务开放时间为每天10时至22时，平台严格保护个人隐私，请放心使用。

心理志愿服务遵守的基本原则：心理危机干预以减轻疫情所致的心理伤害、促进社会稳定为前提，严格实施分类干预，严格保护受助者的个人隐私。实施帮助者和受助者均应注意避免再次创伤，持续参与后续心理健康志愿服务。

志愿者后备报名：欢迎相关专业人士点击以下链接报名加入我们。

http://lxi.me/hv7fe 「抗击疫情从心开始-心理志愿者登记」

让我们一起行动起来，志愿参与全国"抗击疫情从心开始"心理专项志愿服务，共渡难关，为打赢防控疫情阻击战贡献力量！

（二）专家点评

在全国防控新冠疫情扩散的时候，一些特殊群体具有心理咨询的需要，包括在一线救治岗位连续操劳的医疗工作者，包括患者及其家属，包括因各种原因需要隔离的人群，还有不明真相产生恐慌的人群等。中国青年志愿者协会秘书处、中国心理卫生协会妇女健康与发展专业委员会联合北京市志愿服务联合会开展的专业心理咨询服务，具有特别的意义。一方面，让专业志愿者特别是心理咨询志愿者在这个特殊时期、特殊环境中能够发挥作用，帮助有需要的人群；另一方面让面临心理困境的人群获得专业支持，缓解焦虑和恐慌，主动积极应对疫情防控工作环境，获得自我的稳定和发展。

九、帮助澄清和揭露社会网络的谣言

（一）案例

> 谣言一：2020年1月27日前后几天出现的谣言："今晚9时30分，央视新闻频道（13频道），白岩松主持新型冠状病毒肺炎专题现场直播，邀请钟南山院士介绍疫情，请转发通知学生、家长和老师届时收看。"
>
> 谣言二：2020年1月28日、29日，广州市流传的谣言："全市每天投放300万个口罩至1000个药房中，统一售价四毛六分一个，10个一包。其中采芝林药房北京路店，在上午10点和下午2点，分别有400袋口罩出售，其他部分采芝林网点每天上午10点有3M口罩供应，每人限购一袋。"
>
> 经过党政部门、志愿组织的宣传和辟谣之后，这些谣言的影响力减弱乃至消失，所造成的网络盲目转发、现场聚集抢购等现象也逐渐消失了。

（二）专家点评

当今是网络发达、信息丰富的时代，也给谣言提供了滋生的土壤。在全国上下全力以赴防控疫情的时候，有些用心不良的人趁机散布谣言，企图造成混乱。他们甚至利用民众尊重专业、尊重权威的心理，在大年初三前后造谣说有"白岩松采访钟南山的专访"；在大年初四前后造谣"投放口罩，集中发放"。有些不明真相的人给予转发，聚集抢购等，造成一些混乱。这时候，各级志愿组织通过联系党政部门、专业机构，获得求证之后，迅速发布澄清谣言、揭露谣言的公告、信息，让广大群众了解实事、了解真相，消除了舆论风波，消除了聚众风险。这些澄清、揭露、消除社会谣言的志愿服务，是防控疫情工作时期特别需要的内容，应该引起各类志愿组织的重视。

十、专注调查分析防控疫情志愿服务趋势

（一）案例

许多志愿服务研究和传播的专家，在面临突如其来的新型冠状病毒防控工作严峻形势时，在不能够出门调查、现场参与的情况下，认真收集和分析各种网络媒体信息，浏览和参考文献资料，提供专业指引与建议。谭建光教授撰写《这个春节：志愿者可做的十件事》《防控"新冠"疫情，志愿服务的十个参考案例》《中国青年的特殊经历："非典"与"新冠"》，王忠平副教授等撰写《企业和志愿者如何支持和参与肺炎疫情防控》《志愿者参与抗击新型肺炎疫情的十个建议》，邵振刚讲师撰写《新型肺炎事件对中国公共卫生志愿服务发展的影响》等。还有很多志愿服务专家、专业志愿者为各地党政部门、社区机构、志愿组织提供咨询建议，撰写具体对策建议，促进防控疫情工作的有序有效开展。

（二）专家点评

现代社会在获得丰富发展机会的同时，也面临日益增多的风险和挑战。我国从"非典"到"新冠"的疫情防控工作，不仅仅需要大量志愿者的参与和服务，也需要志愿服务专家的关注和研究，为科学防治、促进转变提供对策建议。谭建光、王忠平、邵振刚等发挥专业研究分析的特长，紧密跟踪"新冠"疫情防控志愿服务的需求，不断提出观点和建议，对于志愿组织和志愿者都是很有价值的参考。未来，要鼓励更多的专家学者、专业工作者关注和追踪"新冠"疫情防控工作与志愿服务的发展创新，为中国志愿服务拓展领域、丰富内涵提供理论视野的贡献。

第四节　青年志愿突击队防疫服务的"十二条例"

共青团广东省委、广东省志愿者联合会、广东省青年志愿者协会按照党中央、国务院的部署，按照共青团中央的要求，在积极组建各行业"青年战疫突击队"的时候，也大力推动建立"青年战疫志愿突击队"，配合医疗部门、防控部门、社区机构、乡村组织开展多种多样的服务，为打赢疫情防控阻击战作出贡献。广东省社工与志愿者合作促进会、广东省团校志愿服务研究中心组织专业力量，对志愿者开展服务的资料进行整理和分析，提炼出青年志愿突击队的"战疫十二条"，提供基层团组织和青年志愿组织参考借鉴。

第一条：疫情就是命令，青年志愿者"时刻准备好"

广东省拥有志愿者1220多万人，其中大多数是青年志愿者。自从2020年1月20日打响新型冠状病毒疫情阻击战之后，他们就纷纷主动请缨、要求参加服务。同时，共青团广东省委、广东省志愿者联合会、广东省青年志愿者协会发出《志愿招募令》，号召"党有号召，团有行动；疫情面前，我们从不畏惧；抗击疫情，广东志愿者在行动"。数百万的青年志愿者不仅仅等待组织的召唤和安排，而且自己在家里提前准备，通过网络学习各种疫情防控志愿服务的知识技术，千方百计购买各种参加服务需要的防护用品，通过微信、QQ、网络等查询报名参加防疫志愿服务的信息。特别是很多医院的青年医生护士，一方面响应医院党委、团委的号召，申请参加"医疗团员青年突击队"奔赴前线，另一方面也申请参加"青年志愿突击队"做好医疗辅助服务。截至2月8日，广东青年战疫志愿突击队已招募志愿者56635人，上岗志愿者49040人，实施疫情防控志愿服务项目7708个。这些青年志愿者都是有备而来、来之能战，很快就进入支援医务人员、防控交通要道、看护隔离人员、开展乡村社区卫生清理等服务，取得良好的效果。这种"时刻准备好"的观念意识，体现了青年志愿突击队队员高度的责任心和担当精神。

第二条：后方支援一线，青年志愿者"帮忙不添乱"

鉴于新型冠状病毒的传染性、扩散性，青年志愿突击队队员更多不是冲上一线,而是在后方做好支援和帮助的各项服务。对于后方人员而言,在"前方""一线"战斗的包括前往武汉及湖北各地驰援救治的医生护士,包括在各地定点医院、发热门诊接收和救治新型冠状病毒患者的医疗人员,包括各种在疫情区域进行防控工作的人员等。青年志愿者本着帮忙不添乱的原则,不是盲目要求"上前线、冲一线",而是服从安排在后方做好支援工作和服务。他们主要从事帮助筹集和搬运捐助物资。据共青团广东省委介绍,截至2月7日,广东省青少年发展基金会(下称"广东青基会")接受社会各界为疫情防控累计捐赠款物共计4543.73万元(善款1010.48万元,物资折款3533.25万元),捐往外省、市的物资折款4001.23万元。其中,支持湖北前线口罩236万只、防护服45589套、护目镜1.04万副。青年志愿者配合进行爱心捐助物资的收集、整理、发送等服务,让这些保障医护人员健康的物资尽快送到武汉及各地医院。

此外,针对各个县区、乡镇都有很多医务人员、防控人员、公安人员在防疫"一线"连日工作,青年志愿者开展灵活多样的支援服务。在东莞市厚街镇,防控疫情期间,每天都有1000杯写满鼓励文字的暖心咖啡陆续送到厚街公安分局及其所属派出所、厚街交警大队、厚街高速路口等地,让疫情防控一线的工作人员备受感动。青年志愿者将写有"加油武汉,加油中国!""谢了!辛苦了!""一切都会好起来!"标语的咖啡送到防控人员、公安干警手上,对他们是非常大的温暖和激励。这些帮忙不添乱的志愿服务,让广大医务人员、防控工作者、公安干警等获得关怀,放心做好防疫工作,保障人民健康安全。

第三条:有序参与防控,青年志愿者"坚决服从命令"

防控新型冠状病毒工作及其志愿服务,具有非常强的特殊性,鉴于防范疫情传染的要求,青年志愿者不能盲目和冲动,不能擅自行动,一定要在党和政府的统一安排下开展服务。广东流传一个段子:"钟南山说不动就不动,钟南山说动就动。"我们针对青年志愿突击队可以转换一下说法:"党团组织说不动就不动,党团组织说动就要动。"因此,很多青年志愿突击队成立以后,严正以待、等候命令,一旦通知,立即服务。如韶关市青年志愿突击队接到党团组织的通知,帮助守好广东的"北大门",配合防控人员、公安干警对各省市进入广东的车辆和人员进行检查。广大青年志愿者踊跃报名,最后挑选80名素质高、能力强的志愿者,进行安全防护和规范服务的培训后上岗,补充了交通要道防控疫情检查劝导的力量,缓解了返程交通安全防控紧张的压力。我们认为,青年志愿突击队与日常化、常态化的服务有所区别,是针对疫情防控等而特殊需要,面对有风险、有困难的环境开展服务,更加要讲究服从指挥、遵守纪律、规范有序。

第四条:支持特供复产,青年志愿者"迎着困难上"

防控疫情的关键时刻,又是处于春节放假期间,但是医院救治患者和防控工作需要的大量医药产品、防护用品紧缺,急需组织复工生产。广东省发动青年志愿突击队进入医疗和防控"特供"产品的生产企业,帮助解决困难、加快生产,保障武汉乃至全国的防疫阻击战需求。在广州、深圳、珠海、佛山等共青团组织的发动和协调下,一支支青年志愿突击队"挺进企业",发挥积极作用。如40名青年志愿者走进广州市黄埔区、广州开发区企业,支援企业复工生产。作为广州市首批战疫志愿突击队志愿者,他们来到广东南芯医疗科技有限公司防疫物资流水线,协助分拣、包装、打包医用样本采集器,帮助企业抓紧生产抗疫防控物资,支援疫情防控工作。虽然各地区紧急复产、紧急上马的企业生产项目,面临人力、原料、质检、发送等方面的困难,但是,在党团组织的统筹安排下,在员工和青年志愿者的共同努力下排除万难、攻坚克难,保障医疗和防控产品向"前方""一线"的供应。

第五条:公共场所安全,青年志愿者"积极协助联防"

新型冠状病毒防控工作的重点之一是公共场所,包括机场、高铁站、高速路口等,也包括综合超市、集贸市场以及其他生活物资需要集中购置的地方。按照国家和省市的规定,大型文化活动与公共活动区域暂时关闭,但是很多交通站点和生活服务场所仍然需要开放,这就需要青年志愿突击队配合防控人员、公安干警做好防疫服务。例如,"您好,请配合接受体温检查。"在广珠西线南区高速出口,中山市应急志愿服务总队的志愿者们拿着测温枪,配合当地公安、卫生健康等部门,对北行车辆的司机逐一进行体温检测。"1月31日至2月8日的返程高峰,我们每天都在这里做测体温、协助移交、疏导交通等志愿服务。"又如,"我们要坚定信念,做好防护,克服困难,坚守到疫情解除!"佛山市菠萝救援服务中心理事长王治勇表示,在5天时间内,菠萝救援服务中心先后出动117人,每天12小时,分别在南海区平州海怡大桥、五丫口大桥、高明云勇村、云勇林场对来往车辆进行疫情防控服务,共对29372台车辆进行安全检查,排查到临时发烧人员122人,均交由现场医护人员处理。佛山市蓝天救援队协助交警、公安、路政部门在南海区桂城多个路桥执勤点，为出入佛山的车辆群众测量体温、派发口罩。这些人流量大、流动频繁的公共场所，恰恰是防控"新冠"疫情扩散、把住防疫关口的重点场所。广东省青年志愿突击队响应党和政府的号召，在各级团组织的统筹下，派遣很多支青年志愿突击队赶赴公共场所服务点，在防控人员、公安干警的指导下开展服务，发挥积极的作用。我们向医疗和防疫部门征询意见的时候，他们建议这些公共场所的青年志愿者，最好是动员医科院校的学生，或者应急志愿服务队的成员。这些人具有专业知识和处置技巧，对于加强防控工作和疏导社会群体更加有作用。

第六条：社区农村管制，青年志愿者"守护家园安全"

为了防范新型冠状病毒向社区、农村的蔓延，广东省各级政府部门、基层组织加强区域防控工作，动员大批党团员志愿者、青年志愿者参加防疫服务。这时候，社区、农村的青年在党团员的带动下，组建青年志愿突击队，踊跃参与"守护家园"的"阻击战"，作出积极的贡献。中山市小榄镇各基层党委、机关党总支部共组成党员先锋服务分队126支，共有队员2774名，其中党员1625名，退役军人305名。他们面戴口罩、胸戴党徽，奔走在大街小巷、群众家门口、各类重点场所，紧张而有序地开展着信息排查、一线执法、人员监测服务、防控知识宣传等各项工作。在党员的带动下，团员和青年组成的青年志愿突击队配合行动，接力防守村口、路口、小区出入口，协助有序引导居民、村民出入，排查健康安全隐患。梅州市丰顺县的18岁高中生马枢梵积极响应《关于参与小区疫情防控文明实践志愿服务的倡议书》，主动参与服务。"昨天我在小区微信群里看到关于参与小区疫情防控文明实践志愿服务的倡议书，就立马报名了，经过安全知识培训，下午开始上岗。"今年刚满18周岁的马枢梵是一名高中二年级学生，也是丰顺县狮山一品小区的业主。"疫情防控进入关键时期，我是成年人了，想为社会做点贡献，也为打赢这场疫情防控阻击战贡献力量。"马枢梵说。这些社区、农村"家门口"的防控工作和防疫服务，更多需要居民、村民的支持和参与。青年志愿者在其中发挥先锋作用，在群众中产生良好的反响。这样，就为构筑人民群众打赢"疫情防控阻击战"奠定基础。

第七条：防疫知识传播，青年志愿者"日夜连线宣讲"

在参加疫情防控阻击战中，很多团员青年、青年志愿者需要专业知识，广大群众更是需要普及防疫知识。为此，青年志愿突击队就积极开展科学防疫知识的宣传普及。广东省志愿者联合会、广东省青年志愿者协会连日来开展网络防疫志愿服务微课堂，讲授《广东防疫志愿者，帮你一键学习使用体温枪》《我觉得你不会洗手，普通人的个人防护建议》《心理健康知多D》《如何与处在情绪中的人沟通》《如何应对内心压力》等；广东省志愿者联合会副会长、广东省团校谭建光教授还通过网络，为吉林省防疫志愿服务队讲授防控"新冠"疫情志愿服务项目于实施的课程等；各市县根据本地志愿者需要、群众需要开设多种类型的网络防疫志愿服务微课程、防疫心理协调微课程等。中共广东省委委员、广东省青年志愿者协会理事长李森专门开设"李森党代表工作室心理服务热线"，聚集心理咨询、心理辅导的青年志愿者为社会服务，帮助居民、流动人口化解面对疫情的紧张情绪，解决各种心理问题。作为人口大省和流动人口大省的广东，通过志愿者特别是青年志愿突击队的关心帮助、知识传播，提高对防控疫情、保障健康的信心，有利于按照党和国家的部署，万众一心、众志成城，打赢疫情防控阻击战。

第八条：推动艺术战"疫"，青年志愿者"激励鼓舞人心"

共青团广东省委、广东省志愿者联合会、广东省青年志愿者协会配合中央文明办、共青团中央、中国青年志愿者协会的安排，积极开展艺术战"疫"，发动广东各高校美术、音乐等艺术专业的师生，为宣传防控疫情、保障健康提供丰富多样的作品。特别是元宵节当晚，团广东省委、广州美术学院、省志愿者联合会共同组建的"广东青年战役志愿突击队"奉献21幅感人至深、激励斗志的美术作品，为赶赴武汉前方的医疗工作队祝福，为"新冠"患者提供慰问和鼓励，对隔离观察和守家防控的群众提供节日问候和关怀。广东各地市发动乡村社区的青年志愿者收集民俗艺术，如客家山歌、潮汕歌曲、粤语小调等，填写防控疫情、战胜疫情的内容，面向广大居民、村民传播，发挥很好的效果。

第九条：抵制网络谣言，青年志愿者"传递正能量"

在网络发达的时代，面临社会波动、疫情影响的时候，就有一些居心不良、不怀好意的人散布网络谣言，干扰防控疫情的工作部署。广东青年志愿突击队，针对网络谣言进行辨识和抵制。一方面，对于"浑水摸鱼"、借机攻击党和政府、破坏防控工作的谣言，及时揭露和抵制、反驳，让群众看到真相，看到希望；另一方面，对于一些居心不良的人散发"混淆视听"、引发波动的谣言，及时发现和制止，维护社会稳定和安全。如大年初二、初三的时候，很多自媒体散布"白岩松连线钟南山，各位家长组织孩子晚上收看"等谣言，引起群众的误解和波动。青年志愿者迅速转发中央电视台和白岩松的辟谣声明，让广大群众了解真相，不再上当。还有，一些人利用口罩紧缺的情况，经常发布"某某药店定点销售口罩、集中销售口罩"的谣言，鼓动群众聚集，引发传染风险。青年志愿者看到谣言之后，迅速通过政府部门、防控机构了解核实，及时发布辟谣声明，劝导群众不要聚集抢购，化解社会风波。再一方面，广东青年志愿者收集和整理"正能量"的信息，通过志愿服务网络媒体发布，积极引导社会舆论。如《人民日报》新媒体平台发布一则报道《中山好包租公！主动为酒楼免租，共克时艰》，介绍业主何炽看到疫情防控对租户酒店的影响，主动免除两个月的租金，并且以后看情况，如果需要再延长减免期的事迹。这种"将心比心、共克时艰"的信息非常温暖人、激励人。青年志愿突击队就整理出来，广泛传播，在社会上产生非常好的反响。

第十条：关怀特殊人群，青年志愿者"爱心做帮扶"

防控新型冠状病毒工作过程中，有不少群体面临困难，需要帮助，如患者的亲属、子女照顾，"来粤湖北人"隔离观察的关心帮助、社区农村困难群体的生活帮助等。青年志愿突击队将关心和帮助各类特殊人群，作为奉献爱心、温暖社会的重点。如湛江市徐闻县是率先为来自湖北及武汉的滞留人员免费提供入住酒店的地区之一。共青团徐闻县委、志愿者联合会迅速招募青年志愿者协助有关部门通知定时消毒杀菌，组织口罩等物资发放，志愿者称湖北、武汉同胞为"家人"。考虑到饮食习惯不同，当地偏清淡的口味湖北同胞可能吃不惯，志愿者特地炒了"红辣辣"等辣味、香味菜肴，提供湖北朋友饮食。因为这事，徐闻上热搜了！网友纷纷"点名"表扬徐闻，还被赞是"广东骄傲"，很多武汉朋友们都对徐闻表达了真诚的谢意。《人民日报》评价这种志愿服务："为湖北、武汉同胞生命安全提供了保障，也消除了徐闻群众的安全隐患。"

另外广州市花都区出现了一例紧急情况：一家四口人，父母在花都工作，姐姐在湖北上学。近期姐姐、父母先后因新型冠状肺炎在广州的医院进行隔离，剩下5岁的小女孩甜甜（化名）经两次检查都是阴性，需要在指定酒店隔离观察14天。花都区青年志愿突击队的黄彩云马上响应，抢着当"临时妈妈"。为了打消孩子家长的担心，彩云和晓红通过视频、微信不间断和甜甜的父母沟通孩子的情况，并及时掌握孩子的生活习惯。甜甜父母也对我们青年志愿者表示感激，原本因担忧孩子而一直悬着的心，在甜甜得到"临时妈妈"的悉心照顾后终于放了下来，甜甜的爸爸在微信中表示"终于睡了个好觉"。这些细心周到、无微不至的关怀和服务，让特殊人群在防控疫情扩散的时期感受社会的温暖、树立生活的信心，也让社会广泛传播爱与善意。

第十一条：面对国际关注，青年志愿者"表达中国心"

中国防控"新冠病毒"的工作，引起世界各国的关注、关心。广东省是对外开放前沿、中外合作大省，青年志愿突击队也积极做好面向外国人的传播和服务，面向国际展示"中国心、中国情"。针对深圳市有许多外籍人员工作与生活的特点，青年志愿者与翻译协会合作，将政府防疫措施、科学防疫知识编写成为英语、日语、韩语等多种文字版本，提供外国人了解和防护。南山区针对蛇口街道、粤海街道、桃园街道外国人较多的特点，组织青年志愿者通过网络、微信、微博等平台，运用多种文字宣传科学防疫知识，与外国人交流沟通，共同做好社区防控疫情、保障健康的工作。江门市是著名的侨乡，许多在外国的华侨非常关心和关注"新冠"疫情防控情况，青年志愿者就配合防控部门工作人员整理信息，及时对外宣传解释，赢得华侨的理解和支持，还有很多华侨捐钱捐物，帮助武汉等地区抗击疫情。美国广东侨胞联合总会总理林建中，江门市侨联名誉主席、加拿大多伦多江门五邑青年联合会创会会长李景辉，荷属库拉索华侨华人总会首长陈锡棠等出钱出力、多方联系，购买口罩、防护服、医疗设备等运回中国，支援武汉等地区的疫情防控阻击战。青年志愿者将这些事迹整理提炼，在海外侨胞中广泛宣传，在家乡侨属中广泛宣传，赢得社会的赞誉。广东省青年志愿者充分发挥改革开放前沿地区的特色，面向国际社会传播和展示万众一心、众志成城抗击疫情、保障健康的丰富信息，为树立中国国际形象作出贡献。

第十二条：做好自我保护，青年志愿者"安全是贡献"

广东青年志愿突击队的各种指引和要求中，做好自我防护、保护自身安全是最基本、最重要的规范。为此，不论是为定点医院提供辅助服务的志愿者，还是在公共交通场所配合防控服务的志愿者，还是在社区农村进行"守护家园"服务的志愿者，都要经过网络培训，掌握自我防护和保护他人健康的各种知识，掌握发现疫情、规避风险的技能技巧。这样，青年志愿服务就在统筹协调下有步骤地开展，有效完成党和政府交付的服务任务，也有效保障了志愿者的健康安全。同时，共青团广东省委、广东省志愿者联合会、广东省青年志愿者协会还多方筹集，为参加疫情防控阻击战的青年志愿者提供保险。

1月29日，广东省志愿者联合会、广东省志愿者事业发展基金会携手中银保险有限公司广东分公司，为全省1万名在"i志愿"系统中有参与疫情防控志愿服务记录的志愿者，捐赠每人最高30万元的新冠病毒感染专项保险，累计赔偿限额达1000万。2月6日，广东省青少年发展基金会、广东省志愿者事业发展基金会携手中国太平洋人寿保险股份有限公司广东分公司，为在疫情防控志愿服务过程中致病、遭遇意外等的志愿者争取到总额100万元的关爱基金。2月7日，经广东省志愿者事业发展基金会洽谈，中国平安人寿保险股份有限公司决定为广东省5万名参与疫情防控的志愿者捐赠"E路平安"保险计划，每名参保的志愿者将获得为期90天、基本保险金额不低于50万元的保障，范围涵盖因交通意外、新型冠状病毒肺炎导致的残疾和身故。这样，青年志愿者就可以没有"后顾之忧"，全身心投入抗击疫情、为民服务的行动，用青春和热血为打赢疫情防控阻击战作出贡献。

我们通过收集资料和整理分析，提炼出广东青年志愿突击队的"战疫12条"，并且体现出四个鲜明的特征，即奉献精神、规则意识、务实作风、乐观态度。一是奉献精神。广东青年志愿者秉承"奉献、友爱、互助、进步"的志愿精神，在参与防控疫情、保障健康的各项服务中勇敢向前、积极奉献，作出优异的成绩。二是规则意识。鉴于防控"新冠疫情"工作中，预防传染、预防扩散是最重要的要求，广东青年志愿者严格遵循规则要求、坚决服从命令指示，在开展各项疫情防控阻击战服务的时候，帮忙不添乱，做准做细做好。三是务实作风。广东青年志愿者在防疫服务中力求做实事、有实效，按照《指引》的要求，不摆拍、不作秀，一切以人民健康利益为重，扎扎实实做好深入细致的服务。四是乐观态度。广东青年志愿者虽然目睹新型冠状病毒疫情来势汹汹、扩散很快，但是坚信在党中央、国务院的坚强领导下，在全国人民万众一心、众志成城的抗击防控下，一定能够战胜疫情、保障健康。所以，在开展各项服务的时候，青年志愿者也将这种必胜的信心展示给广大群众，凝聚力量共抗疫情。为此，广东青年志愿者在疫情防控阻击战中探索出特色做法和途径，值得关注和研究。

第五节　志愿者防控"新冠"疫情服务的专业化
——基于万名志愿者问卷调查数据的分析

面对突如其来的新型冠状病毒疫情，在党中央、国务院部署坚强防控、坚决防控的时候，一批批"勇敢群体"站出来、迎上去，开展医疗救援和社会防控工作，他们是医护人员、解放军、公安干警、疾控人员、应急人员以及志愿者。志愿者也是富有热情、富有活力的"勇敢群体"。习近平总书记指出，要发挥社会工作的专业优势，支持社工、义工和志愿者开展心理疏导、情绪支持、保障支持等。同时，中宣部、中央文明办、民政部、团中央都先后印发鼓励社会组织、社工、志愿者参与防控"新冠"疫情服务的《通知》，中国志愿服务联合会、中国青年志愿者协会等提供有序参与防疫服务的《指引》。那么，在防控疫情阻击战中，志愿者开展哪些服务、发挥什么作用，对于未来发展产生什么影响，都是人们关注的问题。

为此，广东省社工与志愿者合作促进会、广东省团校志愿服务研究中心联合，通过民间社团的微信公众号"社志会"开展《各省市志愿者防疫服务问卷调查》，没有采取政府部门指令或动员的方式，而是通过各市县志愿服务管理部门、志愿组织、志愿者骨干的关注和传播，先后获得全国2.7万志愿者的浏览，1万多志愿者填写问卷，剔除无效问卷之后，回收有效问卷9926份。接受调查的志愿者分布在全国31个省市、自治区。男性占46.06%，女性占53.94%。年龄分布以中青年为主，18~55岁占86.64%。政治面貌是中共党员占31.81%，共青团员占18.92%，其他民主党派占1.31%，群众占47.96%。调查问卷涉及志愿者参与防疫服务的途径、开展服务的内容、获得培训的渠道、权益保障的方式以及志愿者对防控疫情期间社会形势的判断等。现在抽取涉及防疫志愿服务专业化的数据，进行分析研究，提供交流参考。

一、志愿服务组织的专业化

中国志愿服务发展的一个趋势，就是组织化程度不断增强，形成统筹型组织、支持型组织、专业型组织、实施型组织以及大量社区、农村基层志愿服务组织的多样化形态。这次防控疫情的服务，除了少部分志愿者是以个体方式参与服务之外（武汉"封城"初期特殊，因为志愿组织的运作尚未活跃起来，出现较多的个体化、自发性志愿服务，但是全国各地则是以组织化的志愿服务为主要形势，从而避免盲目服务导致的传染等风险），大多数情况是组织发动和开展的志愿服务。

表1：您主要通过以下哪种途径、方式了解或参与到防控"新冠"疫情志愿服务？ ［党员，多选题］

选项	小计	比例
A. 响应党政部门工作（包含居委会/村委会等基层的招募、通知）	2538	80.39%
B. 社会组织（志愿者组织/社工机构/基金会等）网站、公众号等的招募、宣传	1327	42.03%
C. 工作单位开展	2167	68.64%
D. 自己是活动组织者	314	9.95%
E. 亲戚、朋友等他人介绍	124	3.93%
F. 其他	39	1.24%
本题有效填写人次	3157	

表2：您主要通过以下哪种途径、方式了解或参与到防控"新冠"疫情志愿服务？ ［群众，多选题］

选项	小计	比例
A. 响应党政部门工作（包含居委会/村委会等基层的招募、通知）	2777	56.78%
B. 社会组织（志愿者组织/社工机构/基金会等）网站、公众号等的招募、宣传	2728	55.78%
C. 工作单位开展	2079	42.51%
D. 自己是活动组织者	394	8.06%
E. 亲戚、朋友等他人介绍	663	13.56%
F. 其他	129	2.64%
本题有效填写人次	4891	

我们通过表1的党员志愿者数据，与表2的群众志愿者数据进行比较，可以发现一些特点。可以看到，在"响应党政部门工作"参加防疫服务的选项，党员志愿者选择率80.39%，群众选择率56.78%，党员选择率比群众高出23个百分点；在参加"工作单位开展"防疫服务的选项，党员选择率68.64%，群众选择率42.51%，党员选择率高出26个百分点。同时，另外两个选择则是群众的选择率更高，在通过"社会组织招募"参加防疫服务选项，党员是42.03%，群众是55.78%，群众选择率高出13个百分点；在通过"亲戚朋友介绍"参加防疫服务选项，党员是3.93%，群众是13.56%，群众选择率高出9个百分点。

从数据中看到，党员参与志愿服务的组织化程度较高，响应党政部门和工作单位（社区、农村管理机构）的号召较多；群众参与志愿服务的社会化程度较高，通过社会组织或者亲友邻里介绍较多。然而，值得注意的是，不论是"官方组织化"还是"社会组织化"参与志愿服务，都越来越增强了专业化程度。尤其是这一次的防疫志愿服务，专业化组织响应号召开展服务多、参与的志愿者也多。一是医疗志愿服务团队，最先应召开展医疗救治的辅助服务，为医护人员、医院机构提供帮助。二是应急救援志愿服务团队，受到各地疫情防控指挥部的招募，参与公共场所、交通站点的安全防控服务。三是心理咨询和辅导的志愿者团队，较多参与因隔离观察、居家防护等带来心理问题人员的辅导，尤其是为武汉"新冠"患者及其家属的在线心理辅导。四是文化艺术志愿服务团队，参与艺术战"疫"等服务活动较多。从我们了解的情况看，这一次防疫服务，具有专业背景的志愿服务组织受到各地区的重视，参与服务多、发挥作用大。

二、志愿服务领域的专业化

防控"新冠"疫情的志愿服务，具有区别于一般志愿服务的领域和类型，需要更多的科学知识和专业技能。不过，防疫志愿服务分为多个层次，有些类型的服务要求专业性非常强，有些类型的服务可以通过培训学习就参与。我们根据各地志愿组织的反应服务情况，列出10项供调查对象选择。

表3：您主要参与过的防控"新冠"疫情志愿服务类型有［总数，多选题］

选项	小计	比例
A. 宣传工作：卫生知识、防控宣传等	5393	54.33%
B. 爱心车队：接送医务人员、物资等	333	3.35%

（续上表）

选项	小计	比例
C. 对医务人员家属生活需求服务	333	3.35%
D. 心理咨询/心理疏导	523	5.27%
E. 医院治疗的辅助服务	485	4.89%
F. 筹资工作（资金或物资）	682	6.87%
G. 车站/社区/路段/公共场所等的防疫执勤工作（体温监测、人流疏导）	3478	35.04%
H. 社区特殊困难群体帮扶（患病人员亲属、隔离人员或孤寡老人、残疾人等的生活帮助、探访慰问）	748	7.54%
I. 协助相关企业、工厂复产复工（参与相关物资的制作等，保障供应）	612	6.17%
J. 邻里互助（帮助邻居买菜、送物、丢生活垃圾等）	1534	15.45%
K. 暂未参与	2208	22.24%
L. 其他	325	3.27%
本题有效填写人次	9926	

从调查数据看，专业要求越低的服务类型，参与的志愿者越多，专业要求越高的服务类型，参与的志愿者越少。第一类是简单的宣传和防控服务。选择率最高的是"卫生与防控知识宣传"即志愿者将有关知识传播给城乡群众，有54.33%的志愿者参与；其次是"交通站点等公共场所防控以及社区出入口防控"等服务，简单培训就可以参加，选择率占35.04%。第二类是邻里互助和关爱帮扶服务，需要一定的专业技巧。如"邻里互助"服务选择率15.45%，"特殊困难人群帮扶"服务选择率7.54%。第三类是解决实际困难与问题，需要较强专业技巧的服务。如"协助医疗防护用品企业复产"志愿服务的选择率是6.17%，"筹资捐助武汉等地"志愿服务的选择率是6.87%。第四类是专业要求很高，面临风险较大的服务，选择率就非常低。如"医院治疗的辅助服务"选择率4.89%，"爱心车队接送医护人员及物资"服务选择率3.35%。虽然防疫志愿服务的类型有区别，专业性程度不同，但是都需要志愿组织和志愿者通过专业培训，认真有序、持续有效做好服务，保障疫情防控工作逐渐推进、取得成效。

三、志愿服务网络的专业化

防控"新冠"疫情志愿服务最主要的突破,就是大大拓展网络志愿服务的领域、大大提升网络志愿服务的功能。由于新型冠状病毒的传染性大、扩散性快,导致疫情严重地区封城管控、来自疫区的人员隔离观察、广大城乡居民居家防护,无法开展面对面、接触性的志愿服务,就需要大力拓展网络志愿服务、信息志愿服务。为此,我们专门调查志愿者开展网络服务的形式和内容。

表4:您通过网络为防控"新冠"疫情志愿服务主要做了哪些贡献?[总数,多选题]

选项	小计	比例
A. 转发疫情防控志愿服务信息	6455	65.03%
B. 转发捐款捐物的信息	2528	25.47%
C. 为志愿组织提供意见和建议	1222	12.31%
D. 为防疫志愿者提供知识辅导和网络授课	319	3.21%
E. 撰写防疫志愿服务指引和措施	253	2.55%
F. 撰写防疫志愿服务网络媒体传播文章	325	3.27%
G. 提供网络心理辅导咨询志愿服务	185	1.86%
H. 提供中小学生学习辅导志愿服务	786	7.92%
I. 转发、宣传相关的防护知识(包括戴口罩、不传谣、拒绝吃野生动物等)	5982	60.27%
J. 暂未参与	1179	11.88%
K. 其他	171	1.72%
本题有效填写人次	9926	

表5：您通过网络为防控"新冠"疫情志愿服务主要做了哪些贡献？[党员，多选题]

选项	小计	比例
A. 转发疫情防控志愿服务信息	2261	71.62%
B. 转发捐款捐物的信息	828	26.23%
C. 为志愿组织提供意见和建议	472	14.95%
D. 为防疫志愿者提供知识辅导和网络授课	102	3.23%
E. 撰写防疫志愿服务指引和措施	101	3.2%
F. 撰写防疫志愿服务网络媒体传播文章	144	4.56%
G. 提供网络心理辅导咨询志愿服务	75	2.38%
H. 提供中小学生学习辅导志愿服务	293	9.28%
I. 转发、宣传相关的防护知识（包括戴口罩、不传谣、拒绝吃野生动物等）	2052	65%
J. 暂未参与	165	5.23%
K. 其他	63	2%
本题有效填写人次	3157	

从调查数据看，可以发现两个特点：一是网络志愿服务伴随专业性难度的增加，志愿者选择率逐渐减少。大多数志愿者是参与简单专业要求的服务，少部分志愿者参与专业化程度高的服务。二是党员志愿者在大多数网络志愿服务的选项中，参与率都比较高，高于群众选择率几个百分点。我们具体分类介绍：第一类是网络转发"防控志愿服务信息""卫生防疫知识""防疫战捐款捐物信息""为志愿组织提供意见和建议"的服务，选择率排第一至四位。不论志愿者专业水平、专业能力如何，只要有爱心、有热情，学会用网络和用手机都能够参与服务、奉献爱心。第二类是网络开展"中小学生辅导"服务、为"志愿者提供服务知识辅导"等，专业要求高，选择率就较少。第三类是开展特殊对象心理辅导、编写防疫志愿服务指引、撰写防疫志愿服务传播文章等网络服务的内容，专业性很强，参与者就更少。但是，正是这些少数的专业性志愿者，将防控"新冠"疫情服务的知识和技术整理出来，在网络上传播和推广，为打赢防疫阻击战作出特殊的贡献。

四、志愿服务能力的专业化

防控"新冠"疫情的服务,对于志愿者的能力和素质要求较高,既要有专业化知识和技术,能够有效帮助社会他人;又要有较强的社会适应能力,不论是网络服务,还是具体参与防控服务,都能够及时上手和发挥作用。为此,志愿者选择参与防控服务的时候,需要考虑较多的因素。

表6:以下哪项内容,是您在选择参与防控"新冠"疫情志愿服务时主要考虑的因素? 〔党员,多选题〕

选项	小计	比例
A. 与自身专业/能力的契合度	1941	61.48%
B. 服务类型的危险程度	479	15.17%
C. 有无补贴	40	1.27%
D. 有无购买保险	72	2.28%
E. 防护装备的提供	512	16.22%
F. 所在社区/单位等的期望	950	30.09%
G. 个人是否感兴趣	184	5.83%
H. 与住所的距离	367	11.62%
I. 室内服务还是室外服务	119	3.77%
J. 没考虑过	698	22.11%
K. 其他	63	2%
本题有效填写人次	3157	

表7:以下哪项内容,是您在选择参与防控"新冠"疫情志愿服务时主要考虑的因素? 〔大中学生,多选题〕

选项	小计	比例
A. 与自身专业/能力的契合度	904	50.53%

（续上表）

选项	小计	比例
B. 服务类型的危险程度	466	26.05%
C. 有无补贴	38	2.12%
D. 有无购买保险	43	2.4%
E. 防护装备的提供	334	18.67%
F. 所在社区/单位等的期望	116	6.48%
G. 个人是否感兴趣	312	17.44%
H. 与住所的距离	366	20.46%
I. 室内服务还是室外服务	90	5.03%
J. 没考虑过	500	27.95%
K. 其他	19	1.06%
本题有效填写人次	1789	

调查数据显示，志愿者选择参与防控服务的时候，对于与自己能力素质相关的因素考虑比较多，因为不是一般的"搭把手、帮帮忙"简单服务，而是涉及防控疫情和保障安全的服务。所以，服务项目对于相关专业要求较高，志愿者就更多考虑自己的能力素质哪些可以匹配。各个选项中，被调查者对"与自身专业、能力契合度"的选择率都是最高的，但是不同群体有差异。党员志愿者对这一项的选择率为61.48%，大中学生的选择率是50.53%，党员的选择率高出11个百分点。而在另外一个选项"个人是否感兴趣"，党员选择率是5.83%，大中学生选择率是17.44%，大中学生比党员选择率高出12个百分点。也就是说，对于专业、能力的理解，党员志愿者更多根据防控服务的需要，考虑自己拥有的能够发挥作用、能够产生效果的元素；大中学生就更多考虑自己有兴趣有热情和能够发挥作用的元素。可以预见，对志愿服务素质能力专业化的理解，伴随新生代青年的成长，将会有更多样化、灵活化的呈现。

五、志愿服务保障的专业化

志愿者权益保障及其专业化配套的问题，是近年来讨论较多、引起关注的热点。这次防控"新冠"疫情的特殊性,又将这一话题增加热度,引起了志愿者和公众的关注、讨论。我们从两个角度涉及调查的问题,获得数据资料。

表8:您认为做好志愿者防控"新冠"疫情服务的权益保障主要是?　[总数,单选题]

选项	小计	比例
A. 告知服务风险	4176	42.07%
B. 明确服务规范	2654	26.74%
C. 加强组织管理	2392	24.1%
D. 购买意外保险	646	6.51%
E. 其他	58	0.58%
本题有效填写人次	9926	

表9:在开展服务时,主办方提供的保障有?　[总数,多选题]

选项	小计	比例
A. 防护装备(口罩/手套/鞋套/防护服等)	6568	66.17%
B. 购买保险	1297	13.07%
C. 服务补贴(餐费/交通费等)	939	9.46%
D. 专车接送	561	5.65%
E. 参与的服务不需要保障措施	1130	11.38%
F. 暂未参与	2294	23.11%
G. 其他	323	3.25%
本题有效填写人次	9926	

从志愿者参与防疫服务的认知和需求看,在前期最看重的是"告知服务风险",选择率占42.07%,对于"购买意外保险"的要求不强烈,选择率仅占6.51%。但是,一旦发生意外,是否具有"购买意外保险"恰恰成为社会关注和争议的热点、焦点。

从志愿服务组织开展防疫服务的考虑,最主要是考虑提供"防护设备",选择率占66.17%,对于"购买保险"有一定的考虑,占13.07%。目前看来,全国性志愿服务组织如中国志愿服务联合会、中国青年志愿者协会等，都联合保险公司为防疫服务的志愿者购买意外保险，很多省市志愿组织也联合保险公司为防疫志愿者购买保险。目前，主要是很多小型志愿组织、民间志愿组织以及个体行为开展防疫服务的志愿者，缺乏意外保险等权益保障。

我们发现，志愿者保障的专业化，通过这次防疫服务更加凸显重要性，就是不仅仅要关注志愿者权益的保障，而且需要有专家学者、专业人士进行调查研究，提供切实可行、不断改进的权益保障路径。

六、志愿服务管理的专业化

中国志愿服务发展进程，越来越重视统筹、管理、协调、组织的专业化。习近平总书记 2019 年给中国志愿服务联合会的贺信中，提到志愿者、志愿组织、志愿服务工作者等概念，"志愿服务工作者"就是志愿服务管理专业化的职位。在这次防控疫情志愿服务中，中国志愿服务联合会、中国青年志愿者协会等快速反应，加强统筹协调，获得志愿者的认可和好评。

表 10：您认为志愿服务管理部门应该发挥的主要作用？　［总数，单选题］

选项	小计	比例
A．统筹协调	4245	42.77%
B．规范管理	1859	18.73%
C．宣传推广	2393	24.11%
D．保障支持	1380	13.9%
E．其他	49	0.49%
本题有效填写人次	9926	

从调查数据看，调查对象认为在防疫服务中，志愿服务管理部门最主要的职能是"统筹协调"，选择率占 42.77%。因为，一方面涉及全国志愿者和志愿组织对于武汉乃至湖北地区的关心和支援，需要全国志愿服务组织的统筹协调才能够有效实施；另一方面，全国各地的防控"新冠"疫情志愿服务需要指导、需要支持，也非常需要全国性志愿服务组织的统筹协调。这既包括发出号召和指引，也包括提供规范有序的安排，确保志愿服务到位、志愿者安全健康。因此，关于志愿服务的管理，志愿者的观念发生了变化，原来仅仅认为是简单的行政管理，现

在发现也需要管理的现代化、治理的有效化。

七、几点思考

防控"新冠"疫情志愿服务，专业化的需求更加突出，引起社会各界的关注。通过对于万名志愿者问卷调查数据的分析，我们获得一定的认识，同时引发进一步的思考。第一，志愿服务的社会化与专业化。一段时间以来，人们往往认为志愿服务的社会化与专业化相矛盾、相冲突。其实，两者是相互补充、相互促进的关系。社会化就是吸引和激励更多社会公众参与志愿服务，这次防疫服务就吸引不同类型的志愿者"逆行服务""值守服务""在家网络服务"等。专业化就是在大量志愿者中发现专业人才，开展适应各类人群针对性强、实效性强的服务，如防疫服务中的医疗志愿者、应急志愿者等发挥作用突出。社会化志愿者越普遍，从中发掘和培养的专业志愿者就越多样。第二，志愿服务专业化的多样路径。中国新时代志愿服务的专业化不是单一化途径，而是多样化、灵活性的途径。这次防疫服务中，医疗志愿者、应急志愿者是专业性的，网络心理辅导志愿者、网络艺术战"疫"志愿者也适应社会的需求并发挥积极作用，还有更多类型的专业志愿者也发挥积极作用。第三，志愿服务专业化的人才培养。志愿服务专业化的关键是人才的发掘和培养。这次防疫服务的许多志愿者，就是将所学习的知识和技巧，运用在防疫服务项目，发挥极大的作用。如武汉市的一些小学教师，踊跃报名并被招募到方舱医院做志愿者播音员，为"新冠"患者带来快乐和希望。由于他们是教师专业，普通话好，懂得沟通艺术，成为患者的"快乐天使"。可见，未来的志愿服务专业化，就是要发掘和培养各种类型的人才，在不同领域发挥积极作用。第四，志愿服务专业化的国际合作。从专业化的趋势看，加强国际合作是重要途径，既借鉴和学习外国志愿服务专业化的经验，也传播中国志愿服务专业化的特色。这次防控"新冠"疫情服务，中国经历从"地方延误"到"全国严控"的大转变，赢得国际的尊重和重视。同样，中国志愿者参与防控服务的做法，也具有国际交流传播的价值。通过国际交流合作，将不断提高我国志愿服务专业化的水平，成为世界志愿服务的一个新亮点。

附 录
调查报告

第一节 广东省文明实践志愿服务调查报告

广东省积极响应中央的要求推进新时代文明实践试点工作,开展文明实践志愿服务活动。志愿者按照习近平总书记提出"走进社区、走进乡村、走进基层,为他人送温暖、为社会作贡献"和彰显"理想信念、爱心善意、责任当担"的要求,在文明实践中作出贡献。广东省认真做好博罗县、乳源县两个全国试点县区的工作安排,还设立19个省级试点(每个地级市都有一个全国或省级试点县区)并鼓励探索创新。同时,围绕文明实践志愿服务探索"党政统筹、团青推进、社团运作、群众参与、专业督导、社会支持"的运行机制,取得良好的成效。受广东省文明办、共青团广东省委的委托,广东省社工与志愿者合作促进会、广东省团校志愿服务研究中心开展"广东省文明实践志愿服务专题调查",现根据调查情况撰写本报告,提供参考。

一、广东省文明实践志愿服务的基本做法

广东省根据中宣部、中央文明办的部署,对标先行开展文明实践探索的山东、浙江、贵州等地区经验,既严格按照上级的要求做实做好新时代文明实践志愿服务的制度设计和活动推广,也结合地方特点积极探索创新文明实践志愿服务的有效做法。在调查中,我们发现最基本的制度措施具有以下几个方面。

(一)党政统筹,建设协同机制

广东省委、省政府高度重视新时代文明实践试点工作。中共中央政治局委员、广东省委书记李希强调"要切实把思想和行动统一到习近平总书记重要指示精神上来,进一步增强使命感和责任感,把新时代文明实践中心建设作为一项重大政治任务抓紧抓实抓好"。全国试点县区乳源县、博罗县,率先探索建立党政统筹、协同发展的文明实践志愿服务机制。乳源县采取"四维同创"的做法:

第一维度,"一把手"全面统筹,构建三纵四横的全域文明实践网络。首先,县委书记带领相关领导策划和审定试点建设工作方案及组织召开各类推进会、座谈会,研究解决工作过程中的各类困难;县领导挂点指导实践所、站助推工作开展,党政班子带头注册志愿者参与实践活动。其次,乳源设立实践中心办公室

（正科级公益一类事业单位），保障实践中心日常工作运作。乳源首推"十个一"阵地建设标准，构建纵向涵盖县镇村三级，横向辐射党政群机关和企事业单位的"三纵四横"全域文明实践网络，实行领导、制度、队伍、活动阵式、阵地管理标准化管理，形成实践中心负责统筹指导、实践所负责承上启下、实践站具体落实的运行机制。

第二维度，"多层次"全面发力，组建亲民为民的全方位志愿服务阵容。县长担任志愿服务总队队长，设立中心宣讲团和服务队，分别由宣传部长、组织部长担任团长和队长，积极发动行政和民间社会团体力量，搭建"2+N"志愿服务队伍构架（"2"指县文明实践中心的宣讲团+服务队，"N"指各所（站）文明实践分队及社会志愿服务力量），撬动各级志愿者力量，以"六级"联动（即中央、省、市、县、镇、村六级）方式开展志愿服务活动，组建了独具瑶乡特色的"金鸪鸪"瑶乡文艺兵、"勉腾勉"瑶汉互助会等一批群众身边帮助的志愿服务队伍。

第三维度，"传唱帮"全员参与，探索本土化接地气的文明实践路子。以"6+X"形式和"九结合"特色形式开展各类实践活动，策划实施了"学习早班车"瑶汉双语广播、"金句闪光"文艺宣讲活动、农民趣味运动会等群众喜闻乐见的大型系列活动，传播新思想；以政府引导、民间参与的形式，把新思想融入"十月朝""消怨火"糍粑节等瑶族、客家民俗节庆活动，组织创作实践新时代文明的瑶族歌舞唱响新时代；打造"四化四互助"（四化：大众化，社会化，项目化，常态化；四互助：瑶汉互助、城乡互助、地区互助、邻里互助）特色志愿服务模式，营造互帮互助新风尚，推动民族团结和乡村振兴。

第四维度，制度化全程保障，促进文明实践活动常态长效。建立总部指挥部、分工协作、经费保障、监督激励、"双重"激励回馈等五大板块制度，实施"四个一"（每周一活动，每月一上报，每季一督查，每年一考核或评比）管理模式，压实责任，形成合力。重推县级多面志愿激励回馈+镇级简便农民积分兑换办法的"双重"激励回馈机制，让农民志愿者同时享受县级和镇级、精神和物质上的"双重"激励回馈，催发内生动力。

此外，博罗县和其他试点县区也根据自身的特点，采取切合实际的制度措施，有效推动文明实践志愿服务顺利发展。目前，试点县区以及试点镇街、试点村居，均建立新时代文明实践志愿服务领导统筹机制。据调查材料看，新时代文明实践中心主任、所长、站长全部由党委（支部）书记担任，志愿服务总队、分队、小队的队长70%左右是党委（支部）书记担任，20%是"双队长制"，即书记、县长（镇长、村委主任）共同担任，10%是行政领导（县长、镇长、村委主任）担任。在基层探索创新的基础上，广东省根据试点文件打造理论宣讲平台、教育服务平台、文化服务平台、科技与科普服务平台、健身体育服务平台等"五个一"平台的要求，探索各地区适合乡村实际情况、适合群众实际需求的工作体系和工作内容，让新时代文明实践"飞入寻常百姓家"，让新时代志愿服务成为乡村亮丽风景线。

（二）思想引领，建设文明宝库

广东省遵循中央关于新时代文明实践试点工作"要着眼于凝聚群众、引导群众，以文化人、成风化俗"的要求，紧密围绕传播习近平新时代中国特色社会主义思想、弘扬社会主义核心价值观等工作，在文明实践志愿服务中突出思想引领、突出道德建设，动员和激励广大农村群众参与社会主义现代化建设。为此，广东省委宣传部、省文明办牵头推进实施新时代文明实践"七个一百"精品项目：组织编写百篇精品教案、创作征集百部精品剧目、遴选赠送百部精品图书、设计制作百幅精品挂图、遴选培训百名基层宣讲能人、培育宣传百佳志愿服务团队、结对安排百名挂点记者。通过将传播新时代新思想的好书、好课、好节目等下基层，广东省让广大乡村社区群众在生动活泼、富有乐趣的活动中接受熏陶和教育。

博罗县作为全国试点，一方面将省市县三级新思想新文明新理论的精品资源做成"乡村菜单"，便于群众"线上点单、线下享受"，既可以邀请"名师大家"前来授课讲解，也可以邀请"明星偶像"前来唱歌跳舞，在丰富多样的形式中将美好生活向往、共同奋斗理想传递到千家万户；另一方面采取"1+4"的多样化方式，即每月一场"文化大餐"，每周末一次"文化小圩"，通过省"七个一百"的精品传播，培养本镇、本村的宣讲、表演能人，开展灵活多样、小型活泼的新思想新文明传播活动，受到群众的欢迎，具有持续的生机。省级试点龙川县，将"七个一百"精品传播，与本县民俗文艺的山歌、木偶、杂技相结合，开展"山歌传颂新思想、木偶传播新文明、杂技传扬新生活"的活动，每周轮流到乡村社区为群众义务表演，既丰富农村文化生活，也传播新思想新文明。从基层调查的情况看，原来乡镇、村居开展新思想新文明宣讲、辅导活动的时候，缺乏科学指导、缺乏参照读物，后来获得省里"七个一百"的图书、画册、歌曲等资料，就有利于面向群众开展生动活泼的活动、提供精彩有益的宣传，达到良好的传播效果。调查发现，各试点县区对于广东省组织"七个一百"精品项目，注重"下基层、送服务、出实效"的做法非常认同，给予肯定。

（三）夯实基层，建设乡村队伍

新时代文明实践试点工作着重面向乡村社区，打通新思想传播的"最后一公里"。广东省着力推进村居"四支队伍"的建设，不断夯实文明实践的基础工作。

一是建设村居新时代文明实践志愿服务队。按照上级文件要求，由社区书记、村书记担任队长，相关村干部担任副队长。同时，台山、龙川、丰顺等县区针对很多社区、乡村书记及委员不太熟悉志愿服务组织发展和服务开展的实际情况，为村居文明实践志愿服务队配备兼职副队长。即从市县机关党员志愿者、社会组织志愿者中选拔优秀骨干，兼任村居志愿队副队长，为乡村社区的支部书记、委员传授志愿服务项目实施的知识与技巧，协助乡村社区开展传播新思想和提供新关爱的服务活动，增强文明实践志愿服务队的活力与影响力。

二是党团员组成的"红色先锋志愿队"，即村居党团员与辖区单位党团员共同组建团队，宣传党的方针政策、促进乡村振兴发展、提高乡村治理水平、关爱帮助困难群众、共建共享美好家园等。如顺德区水藤村组建"党群先锋服务队"，既有党员示范带动，也有热心群众踊跃参与，营造了乡村的奉献爱心、友善互助氛围。这些红色团队策划和实施富有特色、富有实效的志愿服务活动，赢得乡村群众的赞誉。

三是组建"夕阳红"老年志愿服务队。针对乡村社区老年人多，他们有时间、有经验、有热情的特点，鼓励老年人组队开展宣传和服务活动。潮州市湘桥区、珠海市斗门区的老年志愿服务队非常活跃。他们一方面自娱自乐、强身健体，另一方面关心青少年成长、关心乡村生活改善、关心村居环境保护等。这样，老年人积极参与文明实践志愿服务，感觉到老有所为、老有所乐，生活充实和幸福。

四是组织"好嫂子"妇女志愿服务队，发挥爱心、细心、耐心的优势，积极运用说唱、歌舞的方式传播新思想新文明，也开展送温暖、帮助人的各种贴心服务，为乡村社区营造温馨氛围。如博罗县的扶贫村塘尾村，农村妇女从学习广场舞到组建"美星"志愿服务队，参与文明实践活动，做好邻里关爱服务，受到群众的赞誉。从调查的情况看，试点县区注重建立"四支队伍"以及其他特色队伍，文明实践志愿服务就蓬勃发展，乡风民俗的建设就取得成效，同时有效促进乡村振兴和乡村治理。

（四）问题导向，建设服务项目

新时代文明实践志愿服务要注重问题导向，在解决乡村社区新时代发展中的实际问题中，发挥志愿组织和志愿者的积极作用。广东省试点县区着力解决五个

"不落地"的问题，即"政治宣传不落地、政策实施不落地、关爱互助不落地、治理创新不落地、环保生态不落地"等问题，设计和实施志愿服务项目。如乳源县针对乡村群众对于思想理论学习感觉深奥、枯燥、难懂的状况，通过策划"新时代百姓说"百姓宣讲、"学习早班车"瑶汉双语广播、"金句闪光"文艺宣讲志愿服务项目等形式，将新思想新文明的理论，转化为新颖活泼、简明易懂的内容，以群众听得懂的"乡音"和大白话在县、镇、村广泛传播；组建"金鸪鸪"瑶乡文艺兵，让群众实现从参与者到教育者、服务者的角色转变，用民俗特色、深受欢迎的形式传播新思想新文明，引起广大瑶乡群众的共鸣。博罗县策划"红色骑行"项目，党团员志愿者骑自行车走村串户，深入群众家庭，用讲故事、说道理、聊生活、谈未来等方式，让思想理论"飞入寻常百姓家"。

调查发现，群众喜欢和接受这种出行简便、平易近人的宣传交流形式，而不大喜欢"大场面、大道理、大声势"的"作秀"形式。梅州市丰顺县利用乡村群众自古喜欢"圩日"的习俗，既有"商圩日（贸易集市）"，也有"武圩日（比武观赏）"，结合现代社会文明的需要，推广"文圩日"，包括文明圩日（传播思想）、文化圩日（文艺惠民）、文乐圩日（群众自乐）、文亲圩日（邻里和睦）等，让群众在欣赏新时代新思想的文化宣传节目、开展文化习俗活动的过程中密切邻里关系、构建和谐家园。文明实践志愿服务中这些针对"不落地"的问题，探索和创造多样化、灵活性的"落地服务"，将思想传播和关爱服务做到村头巷尾、做到家家户户，产生非常好的传播效果。

（五）专业提升，建设督导模式

广东省文明办、团省委、志愿者联合会通过广东省社工与志愿者合作促进会、广东省团校志愿服务研究中心以及专业社工机构等，组建新时代文明实践志愿服务专业督导团，前往全国试点和省级试点开展督导工作。一方面，在举办广东省文明实践"百佳志愿服务团队"培训班的时候，邀请督导团的专家给志愿者骨干讲授文明实践志愿服务宣传演讲技巧和文明实践志愿服务志愿督导知识，为各县区培育面向乡村社区提供专业督导的人才；另一方面，督导团深入乳源县、博罗县等地进行组织发展督导和项目创新督导，深入南山区、丰顺县、台山市、龙川县、斗门区、英德市、廉江市、高州市、小榄镇等进行志愿服务发展督导。

一是帮助乡村社区将文明实践与志愿服务有机结合。很多地方的农村有开展邻里关爱、移风易俗的志愿服务，但是不知道如何与新时代文明实践结合。督导团通过传授"弘扬新思想有魅力、传播新文明有活力、创造新生活有动力"的做法，引导乡村社区的党支部、团支部和志愿服务队伍做好文明实践志愿服务。

二是帮助村居设计文明实践志愿服务项目的名称和内容。如针对乳源县开展"学习金句"的活动，设计"金句闪光""金鸪鸪"文艺宣讲志愿服务系列活动，逐渐成为全县宣传新思想、倡导新文明的品牌项目，也成为面向全省展示风采、面向全国展示特色的品牌项目。针对博罗县罗阳镇"有名村没名镇"的困惑，督导团为镇里四个试点村居设计"文化部落、民俗部落、金雁部落、华佗部落"的特色，让罗阳镇在文明实践志愿服务中打造"四大部落"、凸显"名镇魅力"。此外，督导团还帮助台山市打造"侨圩文明"、丰顺县打造"文圩日"系列、南山区打造"四新路径"等，让各地区在新时代文明实践中脱颖而出。督导团不仅仅帮助广大的试点县区辅导和策划，而且前往福建上杭、湖南辰溪、贵州龙里、浙江慈溪、江苏宜兴、山东荣成、北京海淀等地开展专业督导，策划文明实践志愿服务品牌项目。

三是在督导过程中发现各地的创新和亮点，及时总结提炼，面向省内外进行宣传推广。如帮助试点选取总结《大粮仓——文明实践志愿服务的亮丽风景》《牢记总书记的嘱托——擦亮扶贫村的文明品牌"英德红"》《文明实践志愿服务的"领头羊"——广东省乡村社区书记文明实践志愿服务纪实》等，在中国文明网、中央文明办"文明实践志愿服务"微信号、《精神文明导刊》、民政部中华社工网以及微信号等传播，引起全国的关注。广东省通过加强对新时代文明实践志愿服务的专业督导，促进理论研究与实践创新的结合，提高了试点地区的工作水平和创新力度。

（六）坚持开放，建设"双传播"渠道

广东省充分发挥改革开放前沿、社会治理先行先试的特点，积极鼓励志愿组织探索新时代文明实践对内传播和对外传播的"双传播"渠道。对内传播是面向基层，探索和积累向居民、村民、流动人口传播新思想新文明的有效途径；对外传播是通过多种方式，让外国人士、港澳台人士了解"人类命运共同体""人民美好生活向往""中华民族伟大复兴"等内容。特别是深圳市南山区作为省级试点，针对辖区内跨国企业多、国际人才多，具有外国人居住密集的"国际村""国际社区"等，在文明实践志愿者为国际友人提供关心和帮助的同时，传播新时代新思想新文明的内容，让各国人士更好地了解中国社会与中国发展。江门市台山作为省级试点，也是全国著名侨乡，利用百年"银信（乡亲与海外华侨通信的渠道）"向世界各国的华侨传播新时代新思想新文明的资讯，让大家更多地了解和

认同建设美好生活、实现中国梦的共同目标。潮州市湘桥区作为省级试点，根据拥有很多"世潮客亲（世界潮州人群体）"的特点，在华侨文化交流中体现文明实践的内容，面向世界各国传播交流。广东省文明实践志愿服务发挥沿海特点和开放特色，积极探索对内传播与对外传播的"双传播"渠道，不断积累实践经验，值得关注和重视。

二、广东省探索新时代文明实践的"四新路径"

广东省针对经济发展较快、社会转型较快，人民群众的生活需求多、变化大等特点，在新时代文明实践中积极探索新的路径、新的方式，力求将宣传习近平新时代中国特色社会主义思想和体现以人民为中心理念的工作做得更实更好。试点阶段，经过从深圳到梅州、从广州到湛江、从东莞到中山、从惠州到韶关等地的探索实践，广东逐渐摸索出"贯彻新时代的群众路线、弘扬新时代的奋斗精神、激励新时代的创造活力、促进新时代的国际融合"等"四新路径"，取得较好的成效。

（一）贯彻新时代的群众路线

群众路线是党在各个历史时期的制胜法宝。我们在文明实践志愿服务的调查中了解到，广东省作为改革开放前沿、先行先试地区，群众对象具有"多样化"和"多变化"的特点，要求新时代的群众路线不断发展、不断创新。从调查的情况看，"多样化"就是面对的群众从原来主要是工人和农民，现在分化为工人、农民、农民工、技术人员、经营人员、企业家、自由职业者、网络职业者以及其他各类新出现的群体。各级党组织不能简单依靠一种方式联系群众，而是必须创造多种形式、多种途径联系群众。"多变化"就是群众的需求和心态也出现不断变化、不断调整的状态。老年群众面对物质丰富、信息多样的时代，同样也会产生非常多的新想法；青年群众受到社会信息的影响和诱惑，过一两天就会产生新的想法和需求。这样，各级党组织不能仅仅满足群众的基本需求，还要不断把握需求变化，及时引导和调节。

在这种背景下，广东省文明实践志愿服务贯彻新时代党的群众路线，就注重适应现实变化、采取创新措施。如在试点县区的深圳市南山区，群众路线的对象包括村改居的居民、外来务工青年、高科技企业人才、网络行业自由职业者、外国人前来就业生活者等群体，就需要探索不同形式的文明传播和服务途径。例如，在桃源街道、粤海街道等开展文明实践活动，同时需要采用普通话（针对内地居民)、粤语（针对港澳住客）、英语（针对外国住客）乃至更多的语言；在内容上也要区分政治宣传（针对内地居民）、民俗传播（针对港澳住客）、文化交流（针对外国住客）等不同的侧重点。包括在广州、珠海、中山、东莞、江门、佛山等地，广东省针对群众路线对象的多样化，对文明实践志愿服务途径进行了多种创新和探索。这些做法为中国新时代新思想的传播，以及新时代更好地贯彻落实党的群众路线提供了参考和借鉴。

（二）弘扬新时代的奋斗精神

习近平总书记多次勉励"美好生活是奋斗出来的""奋斗的青春最美丽"。面对新时代、新环境，文明实践志愿服务就要进一步弘扬奋斗精神，激励广大群众拼搏进取、创造业绩。广东省作为改革开放的排头兵，先行先试，在新时代文明实践试点工作中要大力弘扬奋斗精神。特别是广东以改革开放40周年纪念为契机，引导广大群众在回顾改革巨大成就的同时，更多展望未来、激发奋斗热情。在深圳举办的"改革开放40周年成果展览"，不仅仅让亲历者回顾奋斗经历，更多是让新一代青年传承奋斗精神，面向未来不断发奋进取。韶关乳源、惠州博罗作为全国试点县区，紧紧抓住"改革开放再出发"的命题，通过弘扬"金瑶工匠"精神、"金雁工匠"精神等，激励广大群众抓住机遇、勤劳奋斗，创造自己的美好生活，为国家发展作出贡献。河源市龙川县利用新时代文明实践活动，激发"苏区、老区、山区"的活力，引导乡村群众抓住机遇、锐意创新，在建设生态农业、山区旅游、民俗文化、徒步运动胜地等过程中发挥特长、取得成效。一段时间以来，随着经济发展和生活改善，一些地方的干部群众奋斗精神减弱了，贪图享受、畏难退缩、不思进取、安于现状。开展新时代文明实践试点工作以来，按照习近平总书记对广东"四个走在全国前列"的要求，各县区主动对标、检视问题，引导干部群众转变心态、锐意进取，通过弘扬奋斗精神、激发进取热情，在新时代主动作为、作出贡献。

（三）激励新时代的创造活力

广东省在新时代文明实践试点工作中，主动面对国际竞争环境、主动面对国内发展态势，引导试点县区的干部群众对照先进地区，寻找自身不足，激发创造热情，促进明显改变。乳源县、博罗县等全国试点县区，对照长江三角洲、珠江三角洲以及粤港澳大湾区的指标，寻找差距和创新路径，不仅仅满足于农业、旅游业发展，还积极引进高新技术、网络技术带动传统农副业的转型升级。深圳南山区、江门台山市、东莞中堂镇、中山小榄镇等也对标浙江、江苏的县镇，对标欧美国家和亚太地区的城镇，寻找差距和不足，激发创新创造动力。中山小榄镇的文明实践志愿服务将青年创新创业、社区妇女创业、新小榄人创业等纳入服务领域，通过招募企业家、科技人才、网络新锐、创意先锋等志愿辅导的方式，为这些面临困难、渴求突破的人群提供智力支持。广州从化区的农村试点中，引入中山大学社会学系专家和"绿耕"社会工作社的专业人员，与专业志愿者共同深入村庄辅导，通过乡村为本、公平贸易等新观念新技能的传播，提高农村群众面对市场、创新思维、勇于竞争、获得发展的能力。这些顺应新时代创造发展需要，激发乡村群众创新发展活力的文明实践志愿服务特别受欢迎，取得明显的成效。

（四）促进新时代的国际融合

中国新时代的发展面临开放的环境、融合的环境，文明实践志愿服务也需要具有开放心态，主动促进国际融合。在习近平新时代中国特色社会主义思想中，人类命运共同体、"一带一路"、亚洲文明等都是非常重要的内容。广东省作为对外开放前沿、中外交流前沿，如何在文明实践志愿服务中传播新思想新文明，引导世界各国的理解和合作，值得探索创新。深圳南山区试点是采取文明实践志愿服务走入"国际村""港澳村"的形式，用文明相通、文化相融的途径，面向外国人士、港澳同胞介绍从改革开放新时期到中国特色社会主义新时代的发展变化，以及社会经济发展的新机遇新前景。这样，有助于赢得外国人士、港澳同胞的认同，并且传播给其他人，消除误解、促进融合。江门台山市则利用著名侨乡的优势，通过各国华侨与家乡亲友联系沟通的"百年银信"资源，借助传统通信、现代微信和QQ等形式，面向在世界各个国家和地区的华侨、同胞传播新时代新思想新文明的元素，传递中国与各国合作发展的友好愿望。潮州湘桥区则发挥"世界潮团"遍布天下的优势，利用语言相通（潮汕话）、生活相同（潮汕味）、乡情相同（潮汕人）的文化心理特点，将文明实践志愿服务对乡村社区群众的影响，与通过群众对海外潮汕人的影响相结合，营造四海一家、文明相融的友善氛围。此外，广州、佛山、东莞、中山等地也针对海外乡亲多、境外交往多的特点，将文明实践志愿服务的领域扩大，积极传播新时代新文明的魅力。从调查的情况看，广东省探索文明实践促进国际融合的做法，逐渐取得成效，值得总结推广。

三、文明实践志愿服务典型地区的创新经验

广东省各试点县区，发挥区域特点和民俗特色，积极探索宣传习近平新时代中国特色社会主义思想的有效途径，积极探索面向乡村社区群众传递党的关爱的

有效方式，创造了许多成功的经验。课题组通过调查分析，整理了以下典型地区的经验。

（一）惠州博罗：文明实践志愿服务塑造"岭南红"

博罗县作为全国新时代文明实践中心试点县，抓住拥有罗浮山东江纵队革命根据地，以及建成东江纵队革命博物馆的红色资源，围绕革命战争年代"岭南红色火种"、新中国成立后"岭南革命建设"、改革开放时期"岭南先行一步"、中国特色新时代"岭南红色活力"等开展活动。

一是贯彻"不忘初心、牢记使命"主题教育的要求，以东江纵队革命根据地为基地，设计从艰苦岁月的革命传统到艰辛发展的建设历程，再到新时代激励创新创造、激励共同奋斗的理想追求，成为领导干部、党员团员、乡村群众体验教育、启迪思想的有效途径。博罗团县委利用寒暑假期间，发动和吸收大学生志愿者参与东江纵队革命纪念馆的志愿者讲解服务，也将革命传统带到乡村社区，让广大群众更多了解、更受熏陶。

二是将"岭南红"的革命精神转化为新时代的奋斗精神，党员志愿者、团员志愿者深入乡村社区宣讲新思想新文明，交流对国家发展和家乡发展的看法，激励群众奋斗进取、改善生活。博罗县结合"红色"与"博爱"的特点，组建"博仁""博艾"等多支"博"字号的志愿者队伍，在深入乡村社区开展文明实践志愿服务的时候，吸引干部群众传承红色精神，激发奋斗热情，投身乡村振兴、美丽家园的建设。

三是组建村居党员志愿者队伍、团员志愿者队伍，面向群众传播红色文化，激励共建共享。特别是一批基层干部、乡村党员针对群众不喜欢摆架子、大排场的特点，组建"红色骑行"服务队，骑着自行车走村串户，到各家各户传递最新的中央精神、国家政策、富民措施、关爱资源，同时了解群众的困难和需求，提供切实有效的帮助。目前，博罗县依托东江纵队根据地的资源，将"岭南红"志愿服务不断丰富和发展，成为社会关注的新品牌，成为群众喜爱的新时尚。

（二）韶关乳源：文明实践志愿服务打造"金色瑶乡"

乳源瑶族自治县是广东省3个少数民族自治县之一，地处山区，被誉为"世界过山瑶之乡"，是老挝、泰国、越南等东南亚国家和美国、法国等欧美国家过山瑶的祖居地之一。所以，在开展新时代文明实践志愿服务的时候，乳源县就结合"千年瑶乡历史、百年奋斗抗争、改革开放发展和新时代瑶乡前景"的历程，展示党的阳光照耀在"金色瑶乡"带来的种种变化。

一是策划"金句闪光"文艺宣讲系列,将学习强国、学习金句的内容,通过志愿者的收集和整理,编为简明易懂、简短易传的句子;再结合各类干部群众中拼搏进取、奋斗进步的故事,通过村村通气象广播以及歌、舞、小品等文艺节目形式,成为在各个瑶寨广泛传播、激励人心的"闪光金句"。广东省新时代文明实践试点工作推进会在乳源县召开的时候,乳源运用"金句闪光"文艺宣讲汇报演出,将丰富的内容串联起来、展示出来,引起全省与会代表的广泛兴趣,产生了非常好的宣传效果。

二是组建发展"金鸪鸪"瑶乡文艺兵。针对瑶族群众能歌善舞的特点,乳源将乡村文艺志愿者组成"金鸪鸪"瑶乡文艺兵,每天早晚在村里"唱唱跳跳",既快乐他人,也健身强体;同时走村串户为其他村庄的群众表演歌舞,丰富农村文化生活。配合新时代文明实践试点工作,乳源还引进高校专业人士指导"金鸪鸪"瑶乡文艺兵,在优美的曲目和舞蹈中加入新思想新文明的内容,让群众在欣赏歌舞、欢快生活的时候,了解和学习习近平新时代中国特色社会主义思想。

三是培育"金瑶工匠"系列志愿服务项目。为推动乳源的瑶族反面刺绣这一国家级非遗项目的传承,乳源充分发挥瑶绣非遗传承人、民间手艺人的带动作用,组建"绣美瑶乡"公益培训项目,培育更多的瑶族妇女提高刺绣技艺,使她们成为"金瑶工匠";此外,通过建立瑶绣传承基地,成立"妈妈制造"瑶绣合作社,实行"政府+学校+合作社+志愿者+农户"的合作模式,推动非遗项目产业化;将瑶绣的文创产品与旅游相结合,将传统瑶乡文化技艺与现代科技商贸产业相结合,通过打"生态牌""民族牌""健康牌""时尚牌"等,为乳源县产业升级和经济发展创造新机遇,推动文化产业和乡村振兴。

四是成立"勉腾勉"瑶汉互助会。在瑶汉共居的村成立"勉腾勉"(瑶语,"人帮人"的意思)瑶汉互助会,以资源共用、技艺互传、文化共享为主要内容,组织汉族村与瑶族村以"结对子"的形式开展互帮互助志愿服务活动,促进民族团结,凝聚瑶汉民心。汉族村邀请擅长瑶族刺绣、瑶医瑶药的瑶族同胞来传授相关技艺,瑶族村邀请汉族的种养大户、致富能手来传授种养经验,开展电商帮扶等,以此拓宽瑶汉群众增收致富的路子,促进乡村产业振兴。乳源县的瑶乡群众,在"金色瑶乡"文明实践志愿服务中,既传播弘扬了新时代新思想新文明,也带来生活改善和发展机会,就更加富有激情、更加乐于奋斗。

(三)深圳南山:文明实践志愿服务进入"国际村"

广东省深圳市南山区是经济特区、开放前沿、创新之区,作为省级试点,创造了文明实践志愿服务的"四新路径",即"新时代群众路线、新时代奋斗精神、新时代创造活力、新时代国际融合",将传播新思想新文明与面向新群体的关爱服务有机结合。南山区的桃源街道针对辖区内兼有高校聚集区(北京大学深圳研究院、清华大学深圳研究院)、高新技术园区、村改居社区的特点,提出文明实践志愿服务的"三区三有"特色,即"校区有梦、园区有智、社区有爱"。适应大量跨国企业、高新企业、文化企业聚集,很多外国人才、港澳台人才在南山区的社区生活的情况,南山区探索文明实践志愿服务走入"国际村"的经验。深圳南山区的蛇口街道、粤海街道、桃源街道等探索建设多种形式的"国际社区",如"国际屋""国际街区""国际驿站"等,提供境外人员前来企业、机构工作及居住场所。文明生活志愿服务队伍进入"国际社区",一方面针对外国人士对于中国文化和生活融入遇到的困难、面临的问题提供关心和帮助,包括语言翻译和辅导,协助办理居住手续、沟通周边的购物饮食渠道等,让外国人士感到"家园"的温馨和温暖;另一方面组织外国人士参加"国际志愿者"服务队,运用外语、技术、文化等资源为社区提供服务,促进社区融洽、和睦邻里关系。特别是南山区文明实践志愿服务队的年轻义工(志愿者),既学习和掌握习近平新时代中国特色社会主义思想,也了解和熟悉国际时尚思维和习惯,他们将传播新思想的志愿服务活动与国际文化相融合,将人类命运共同体、"一带一路"、亚洲文明等用多姿多彩、生动易懂的方式与外国人士交流,赢得理解和好感。同时,志愿者在服务中向外国人士传递共产党人为"人民对美好生活的向往而奋斗"的目标,赢得他们的理解和认同。这是新时代文明实践的有益探索,值得关注和重视。

(四)江门台山:文明实践志愿服务搭建"侨乡银信"

江门市台山市是著名的侨乡,在开展新时代文明实践试点工作中,既面向乡村社区延伸新思想新文明的引领作用,也面向海外华侨扩大新思想新文明的影响力和吸引力。作为数百年漂洋过海、跨国谋生的华侨,先后到东南亚、美国、加拿大以及南美洲等务工和定居,经历艰辛苦难、坚韧求生谋发展。台山市委宣传部、文明办就充分利用这种历史资源,作为新时代文明实践志愿服务的特色元素。一方面,将"百年银信"华侨与乡村交流中反映的历史传承下来,如近代"卖猪仔"的艰辛磨难、现代华侨寄钱捐物回乡支持抗日救亡、新中国成立后华侨回乡参加建设、改革开放以来华侨捐助家乡文化教育事业、新时代华侨积极参与"中国梦"的奋斗等,作为面向乡村社区、面向青少年进行文明实践传播、文明实践教育的丰富资源;另一方面,适应当今网络发达、信息畅通的社会环境,探索

"网络银信""微博银信""QQ银信"等新途径，将中华民族伟大复兴的中国梦、中国特色社会主义新时代等思想文化，以及人类命运共同体、"一带一路"、亚洲文明等新思想新文明，通过多样化的"银信"方式与海外华侨交流，并通过华侨向国际友人传递、传播。目前，台山市的银信博物馆成为文明实践志愿服务的重要基地，吸引海内外人士踊跃参观，吸引各行业的志愿者前来倾情服务。在这种特色的影响下，台山市乡村社区的文明实践志愿服务也增添了海外交流、国际融合的魅力。

斗山镇横江村是一个具有农业特色和文化传统的村庄，加上近代外出谋生的华侨建设"碉楼"等侨房，具有文明实践发展的基础。但是，横江村原来缺乏人才，特别是缺乏有见识、有胆识的"引路人"。这时候，镇党组织发掘一位外出读书工作多年，懂得四门语言（广东外语外贸大学毕业，掌握汉语、英语、日语、印尼语）的党员黄伟明，动员他回村参选支部书记。这样，黄伟明放弃高薪和优厚待遇，回村围绕乡村振兴、文明实践、生态建设、全域旅游等进行筹划，引导村民营造文明氛围、改善生活环境。如今，横江村逐渐成为文明美丽、民俗丰富的新农村，成为新时代文明实践的示范，也成为吸引旅游度假和文化创意的胜地。台山市文明实践志愿服务打好"侨牌"，做好"银信"，促进面向乡村社区的文明传播和面向海外华侨的文明交流，探索出非常有效的经验。

（五）梅州丰顺：文明实践志愿服务建设"文圩日"

梅州市丰顺县是"双语"地区，既有客家聚居人群，也有潮州聚居人群，长期以来通过乡村文明促进和睦友善、减少族群冲突，就成为镇村工作的一项重要任务。成为新时代文明实践试点县区之后，丰顺县抓早抓实，率先行动，从2018年10月就谋划落地乡村社区的各项工作，启动文明实践的宣传推广。他们利用村居群众历来有"商圩日（集市贸易）""武圩日（比武切磋）""文圩日（文娱活动）"的习俗，就探索新时代传播文明、培育文明的"文圩日"系列活动。

"文圩日"包括四个方面。一是"文明圩日"，就是通过村居办集市、群众赶集市的做法，将新思想新文明的传播与群众"凑热闹、图热乎、显热情"的习惯相结合，吸引乡村群众在游览、观赏、沟通交流中学习和掌握习近平新时代中国特色社会主义思想，学习和掌握社会主义核心价值观。课题组到一些镇村集市考察的时候看到，村民在集市上玩耍快乐，同时集市活动、集市周边都有很多新思想、新理念、新举措的宣传海报，有图画有文字，生动活泼、通俗易懂。群众"赶集"的时候就接受了新时代新思想的熏陶和感染。二是"文化圩日"。在文明实践志愿服务中,丰顺定期组织县、镇文艺爱好者到"圩日"现场进行表演,让群众享受娱乐的同时获得文化生活的品味。课题组在乡村集市中看到既有县文艺团体的演出,也有镇文艺爱好者的演出,还有小学生的演出,特别是一些村里老人、妇女的演出充满生活气息,很有感染力。三是"文乐圩日"。这是乡村群众通过"文圩日"的形式走亲探友,交流畅谈,获得高兴快乐。如今,由于农村的中青年大多外出务工,乡村留下老人、妇女、小孩等,平时缺乏聚集和愉悦的机会,现在通过"文乐圩日"就能够参与群体交流,分享生活体验和生活趣事。四是"文亲圩日"。这是在县委宣传部、县文明办的引导下,将"文圩日"作为促进村民沟通理解、密切邻里互助关系、减少矛盾纠纷、创新乡村治理的有效形式。如汤南镇新楼村原来村民邻里矛盾多、村容村貌脏乱差。丰顺通过开展"文明圩日"和"文亲圩日"等,在党团员和志愿者的引导、沟通之后,促进村民互相之间的理解和体谅,并且邀请嘉应学院艺术学院的师生前来将破旧的墙壁设计绘制,描绘许多富有乡情乡风的图画;将原来的粪坑池改建成为荷花池,使得环境面貌焕然一新。这里成为"文圩日"交流聚会的好场所,赢得广大群众的赞赏。我们认为,"文明圩日、文化圩日、文乐圩日、文亲圩日"这些既有民俗元素,又有时代特色的文明实践志愿服务活动,富有吸引力和影响力。

(六)中山小榄:文明实践志愿服务活跃"大粮仓"

中山市小榄镇是农村城市化、工业化、信息化发展较快的地区,也是社会力量活跃、公益组织活跃的地区。作为新时代文明实践试点县区,小榄镇注重党建引领、党政统筹下的社会参与。当年在建设全民公益园和志愿服务中心的时候,镇委镇政府选择原来人民公社时期留下的"大粮仓"作为基地,进行改造升级。这次建设新时代文明实践中心,也采取资源整合的方式,在"大粮仓"挂牌运行。一方面,通过党委书记担任中心主任、志愿服务总队长的机制,动员机关单位、社区乡村的党组织组建志愿队伍,参与文明实践的服务活动;另一方面通过吸引"囤粮计划""绿地球""爱心助学团""永中志愿银行"的社会民间志愿组织参与文明实践活动,策划和实施富有特色、富有活力的项目,丰富传播新思想新文明的形式,赢得广大人民群众的喜爱。

他们通过将"大粮仓"作为汇聚智慧、传播文明、输送关爱、营造和谐的集散地,打造文明实践志愿服务的"总部基地"。如"囤粮计划"团队,利用"大粮仓"开展灵活多样、生动活泼的服务,学习新思想、倡导新实践,引导广大群众学习和了解习近平新时代中国特色社会主义思想。"囤粮计划"编撰"金句粮言",摘编"幸福都是奋斗出来的""奋斗的青春最美丽"等句子,配备"一句一故事、一句一服务、一句一体会"的内容,用通俗生动的方式向群众展示新思想。"囤粮计划"在2019年妇女节邀请出生于20世纪40年代、50年代、60年代、70年代、80年代、90年代以及21世纪初的7名女性代表分享人生经历,深刻体会习近平提出的"美好生活是奋斗出来的""奋斗的青春最美丽"的含义,激励城乡群众发奋图强、拼搏进取。"囤粮计划"在2019年世界读书日期间,举办"开仓放粮"活动,向参与活动的市民、外来人口亲子家庭赠送有新时代新思想新知识内容的通俗读本,开展"回顾苦难辉煌、珍惜美好生活"的全民阅读活动。"爱心助学团"邀请党员干部、体验青年作为"文明实践、育人成长"的导师团成员,为外来务工人员子女、困难家庭子女等提供陪伴和辅导,引导孩子们的思想成长和素质发展。在文明实践志愿服务活动中,小榄镇积极探索党政统筹与社会参与相结合的形式,利用"大粮仓"的思想文化集散功能,探索出符合国情、切合实际、富有新意、值得推广的经验。

第二节　广东省乡村社区文明实践志愿服务调查

新时代乡村和社区是文明实践志愿服务的主战场、主阵地、主渠道，是打通宣传和服务群众"最后一公里"的关键。为此，广东省开展文明实践志愿服务试点工作的时候，注重重心下移、资源下沉、服务下延，力求探索出走进乡村、走近群众的志愿服务途径。广东省社工与志愿者合作促进会、广东省团校志愿服务研究中心配合省文明办、团省委、省志愿者联合会的安排，对乡村与社区文明实践志愿服务进行调查分析，撰写报告，提供参考借鉴。

一、调查说明

本次调查采取文献分析、问卷调查、访问调查、参与观察等方法，力求在文明实践志愿服务发展的过程中掌握原始资料、掌握真实情况、掌握特色亮点。

（一）文献分析

课题组对照中央、省市印发的文明实践志愿服务相关文件，有针对性地收集和整理基层的资料。一是收集试点县区以及部分社区、乡村的志愿服务制度措施文献。二是收集村居开展文明实践志愿服务的活动方案、宣传报道等资料。三是收集村居对于积极参与文明实践活动的志愿者典型材料。四是收集市县文化机构、专业机构对乡村社区志愿服务的分析材料等。由于课题组的专家在去年12月以来陆续参加深入广大乡村的文明实践志愿服务辅导交流活动，到省内15个试点县区约50个村居进行考察和辅导，与试点县区及村居建立较为密切的合作关系，收集这些资料的时候比较顺畅，便于进行对照分析。

（二）问卷调查

课题组发放《乡村社区文明实践志愿服务情况调查表》，挑选14个试点县区，发放和回收57个村居的调查表；同时以省级试点县区——台山市作为全域调查重点，发放和回收308份调查表。这样，既收集全省试点县区及试点村居的情况，也通过台山市收集全部村居的情况，便于将不同的乡村社区文明实践志愿服务进行比较，深入分析。

（三）访问调查

课题组重点访问调查国家级试点县区乳源县、博罗县，以及省级试点县区中的南山区、台山市、丰顺县、英德市、湘桥区、小榄镇等，每个选点县区挑选3到4个村居进行访问调查，召开座谈会或者个别访谈，先后访问的村书记、党员志愿者、老年志愿者、妇女志愿者、青年志愿者以及参与村居服务的专业志愿者、社会组织志愿者约120人，了解不同类型志愿者参与服务的体验、感受和意见。

（四）参与观察

承接调查任务的广东省社工与志愿者合作促进会、广东省团校志愿服务研究中心在2019年2月成立文明实践志愿服务专业督导团，派出专家学者、专业社工、资深志愿者8人，先后到全省15个试点县区的50个乡村社区进行专业培训和督导。督导团在辅导交流过程中进行调查研究，倾听村干部、志愿者、群众的意见和需求，获得较为全面的反馈信息，作为调查素材，提供分析和研究的参考。

二、乡村文明实践志愿服务的机制建设

习近平总书记致中国志愿服务联合会第二届会员代表大会的贺信，要求各级党委和政府为志愿服务"搭建更多平台，给予更多支持，推进志愿服务制度化常态化"。黄坤明部长在全国学雷锋志愿服务工作暨岗位学雷锋活动推进会上指出，以志愿者为主体力量、以志愿服务为运行机制推进新时代文明实践中心建设，更好地宣传群众、教育群众、服务群众。广东省的试点县区，按照要求积极探索文明实践志愿服务的机制建设，其中重点构建乡村社区的服务机制。课题组通过调查，概括为"六个谁"的负责机制，即"谁领导、谁管理、谁宣讲、谁服务、谁参与、谁支持"。

（一）统筹机制——谁领导

从接受调查的乡村社区情况看，志愿服务统筹机制不断发生变化。原来的统筹机制比较弱，主要是村团总支协调推动志愿服务，力度不够大，影响不够广。目前，从接受调查的50个村居的情况看，推进文明实践志愿服务的过程中，绝大多数建立了党政主要负责人担任志愿服务队长的统筹机制。从情况调查表的反馈看，70%是村支书担任队长，20%是村支书与村委会主任共同担任队长，8%是副书记兼主任担任队长，2%是副书记担任队长。然而，在非试点的乡村和社区，目前担任志愿服务队长的大多数是村副书记、村宣传委员或者村团支书。可以发现，文明实践试点县区的村居都根据上级要求，提高了文明实践志愿服务的统筹层次，

纳入了村居党组织、村委会工作的议事日程。

当然，调查也发现，非常多的村书记、村主任，担任志愿服务队的队长、副队长之后，面临的主要问题是不知道做什么、不知道怎么做、不知道如何做好。他们习惯于村庄党群建设、经济发展、治理维稳等工作，对于发动群众自愿参与、面向群众传播思想、激励群众友爱互助的文明实践志愿服务感觉是"完成任务"，不知道怎么样制定制度和推进落实。经过省市县分别召开推进会、开展专业培训、提供服务指引之后，陆陆续续有些村支书有思路、有对策，开始探索创新、取得一定成效。如乳源县的李卫东、盘明华、许天华、赵许东等村党总支书记，善于发挥文明实践志愿服务队长的领导作用，确定方向、明确思路之后，就鼓励志愿者骨干将弘扬新思想与瑶族乡村的"金句闪光"、"金鸪鸪"文艺宣传、"金瑶工匠"技能创新等相结合，激发志愿服务的活力。博罗县罗阳镇观背村的前后两任第一书记陈湘、郑国雄，在原来班子软弱瘫痪、村风民俗恶化的状况下，及时引入文明志愿服务队、特色志愿服务队的力量，从改变村容村貌、开展便民利民服务入手，逐渐吸引村民参加志愿组织、参与志愿服务，建设"文明村""生态村""民俗村""旅游村"等，将文明发展与经济转型有机结合。目前，广东省正在整理和分析文明实践志愿服务先进先出的经验，提供其他村居参考学习，逐渐提升村居书记统筹领导文明实践志愿服务的思维和能力。

（二）组织机制——谁管理

课题组在调查中发现，有些地区认为村居书记是领导统筹者，也就是组织管理者，将很多文明实践志愿服务的任务直接交给书记。这样的做法既不切合实际情况，也很难产生良好的效果。因为，村居书记虽然是志愿服务队队长，但是很多时间和精力要花在党组织建设、村居经济产业发展、村居民生改善项目实施等工作之中。因此，一定要为村居书记配好得力助手。

目前，从调查的乡村社区情况看，配合村居书记开展文明实践志愿服务，做得好、有成绩的主要是三种人。一是村居的宣传委员，这些30多岁到40多岁的中青年骨干，既有热情也有号召力，能较快理解文明实践志愿服务的重要意义、实际作用。他们学习领会上级精神，征求村居书记同意之后，就大胆组织志愿者开展服务，取得很好的效果。二是村居的团支书和妇女主任。我们在试点县区宣传调查时发现，村居书记介绍情况的时候，旁边往往是团支书、妇女主任陪同，具体的服务项目、服务活动，通常是团支书或妇女主任详细介绍。丰顺县汤南镇新楼村的团支书介绍邀请嘉应学院艺术学院师生前来，在"文明乡风"墙上绘画，改造杂粪坑为荷花池；激励村民志愿服务队互助服务的时候，如数家珍、娓娓道来。博罗县塘尾村的妇女主任介绍农村妇女从热衷"广场大妈"到主动做"美星志愿者"，积极参与村庄文明实践志愿服务的时候充满自豪感和成就感。三是村居文明实践志愿服务队的兼职副队长。这些是在市县推荐的优秀党员志愿者、专业志愿者，到试点乡村、社区担任兼职副队长或者队长助理。他们具有志愿者团队管理经验和项目实施经验，配合担任队长、副队长的村书记、副书记做好工作，凝聚村民志愿者、提高团队管理水平，逐渐培养规范发展和具有能力的志愿组织。从台山市、高州市、龙川县等地的情况看，这种兼职管理者发挥了非常积极的作用，让乡村志愿服务团队较快"进入角色"做好服务。所以，在充分发挥村居书记统筹领导作用的同时，选配好宣传志愿服务团队的管理协调者非常重要，直接影响志愿团队的持续发展和服务成效。

（三）宣传机制——谁宣讲

文明实践志愿服务与其他类型志愿服务的一个重要区别，就是首先要做好宣讲新时代新思想新文明的工作，让党的十八大以来的思想理念、政策措施在乡村群众中广泛传播，入脑入心。这样，如何选拔志愿者讲师，如何做好志愿宣讲，就是值得重视的问题。针对目前在村居宣讲中出现的空泛和低俗两大问题，广东省各试点县区积极探索解决办法。所谓空泛就是很多高等院校、科研机构的专家到乡村宣讲的时候，"理论一套套，就是不接地气"，习惯从理论到理论，从观点到观点，从历史到历史，从比喻到比喻，但是由于不了解农村现状和村民需求，宣讲内容不能够让群众真正理解、真心喜欢。所谓低俗就是村镇临时找的一些宣讲员，理论水平有限，虽然尽量收集和列举身边的案例，但是就事论事，肤浅平淡，没有启发。为此，广东省引导试点县区在组织新时代文明实践志愿者宣讲团的时候，采取"三结合"的方式，即专家学者、基层干部、村民志愿者相结合，既发挥专家学者的理论优势提升高度，也发挥基层干部的优势把握中心，还发挥村民志愿者的优势贴近民意。这样，创造机会让各类志愿者宣讲员相互沟通、相互学习、相互促进，并且通过集体备课、研讨案例、观摩实践、提炼经验等活动，让文明实践宣讲的水平不断提高，受到群众欢迎。

例如，省文明办、团省委、省志愿者联合会举办"文明实践志愿服务骨干培训班"的时候，专门设置文明实践志愿服务宣讲知识技巧、文明实践志愿服务讲师素质要求等课程，让来自县、镇的志愿者骨干学习和吸收，提高自己的宣讲能力。经过一年左右的探索和培养，借助省市专家的传授辅导，在各试点县区形成一批理论水平和实践经验都比较丰富的宣讲骨干，能够深入各个乡村、社区进行新思想新文明的辅导交流，取得良好的效果。同时，试点县区也面向乡村、社区选拔和培养一大批通俗宣传的"能人"，鼓励他们通过讲故事、讲体会、讲经验的方式，将新思想新文明与乡村生活实际有机结合，在生动活泼的沟通交流中提高村民的思想认识，宣传党的方针政策。

（四）行动机制——谁服务

目前，在乡村社区积极参与文明实践、开展关爱扶助服务的团队，主要来自三个方面。一是村居的"3+N"志愿服务队伍，即党团员志愿者队伍、老年志愿者队伍、妇女志愿者队伍、特色民俗志愿者队伍。如小榄镇试点的新市社区家庭综合服务中心志愿服务队，开展"美丽大变身"社区困难家庭家居改造计划、向阳花失独家庭长者服务、红耆飘扬等项目，打通关心群众、服务群众的"最后一公里"。乳源县试点云门村的"云柏乐"志愿服务项目，依托云门村居家养老服务中心这一阵地，根据村内老人的实际需求，常态化开展形式多样并有意义的志愿服务活动。一方面在传统节假日组织长者到居家养老服务中心做艾糍、粽子、糕饼等节日特色食品，一部分提供给参与活动的长者，一部分带去慰问困难家庭里行动不便的长者；另一方面开展常规文娱学习活动，鼓励较年轻的长者加入到学习队伍中，组建了一直能歌善舞、能文能武的年轻长者队伍。这些举措让老人摆脱单调的生活，在中心感受到"家"的温暖，从而在活动中真正实现"老有所学、老有所乐、老有所为"的目标。这些来自乡村、社区自身力量的志愿服务队伍，贴近群众需求、开展灵活服务，取得了良好效果。二是社会专业志愿者团队，进入乡村社区开展服务。如茂名市阳光365志愿服务团队，到试点地区的高州市大井镇担水村、将军村等开展"乡村婆孙乐"关爱留守老人、留守儿童的服务，也带动乡村老人、小孩参与力所能及的互助服务，取得明显成效。博罗县"博艾"志愿服务队到承粮陂村开展"中医推拿疗法进乡村"的培训课程，教会村民掌握日常建议的推拿手法，自主消除小病小痛，受到群众的欢迎。三是大学生等暑期进入乡村的志愿服务。广东省组织21个高校的志愿者队伍，暑期"三下乡"到21个国家与省级试点县区开展服务，从政策宣讲到法律普及，从墙绘美化到清洁卫生，从农科辅导到网络服务，内容丰富、形式多样，获得群众的认可和好评。广东省试点县区的宣传，利用文明实践试点工作的机会，形成乡村志愿者、社会志愿者、大学生志愿者的协同服务力量，有利于村容村貌改变和村民生活改善。

（五）联动机制——谁参与

广东省乡村社区文明实践志愿服务的主体来源多样，但是需要经过发动和吸引、激励的过程。最初，社区、农村建立文明实践志愿服务队的时候，主要是村书记、村干部忙活，村民被召集参加一两次活动之后，就没有太多的服务机会和发挥机会。乡村党组织就采取多种形式激励群众、吸引群众，村居党员、村居群众逐渐成为文明实践志愿服务的主体力量。博罗县观背村借助各传统节日开展活动，比如元宵节赏灯、清明节做艾粄、端午节裹粽子、中秋节猜灯谜等，旨在让大家了解传统节日，过好传统节日，传承传统文化，延续传统节日氛围。乡村群众在参与节日活动、民俗活动的时候产生兴趣、激发热情，逐渐乐意参加政策宣传、文明倡导、生活互助、环境保护的志愿服务，为村庄改变面貌、焕发生机作出贡献。

台山市冲蒌镇白岗村开展"党建带妇建"拔河比赛等活动，热心志愿者忙前忙后做好筹备，村委会发动白岗一队、白岗二队、永盛村、坪岗村、鹅腔村、永源村、潮安村、塘顺村等8支妇女队伍参赛。这些妇女既是参赛者，轮到上场的时候使劲比赛，也是志愿者，在场内场外热心互助、排忧解难，营造乡村友善和睦的社会氛围。英德市横石塘镇龙华村吸引乡贤参与文明实践志愿服务，这些外出创业、务工的乡贤，现在定期回来为村庄发展献计献策，走村串户关爱老人，为少年儿童开展引导教育，成为村庄文明发展的有生力量。从调查的情况看，乡村文明实践志愿服务的参与主体，从村书记、村干部到党团员志愿者再到村里的老人、妇女，进一步吸引外出乡贤回来参与服务，吸引城镇志愿者前来参与服务，队伍不断扩大，力量不断壮大。

（六）保障机制——谁支持

从调查情况看，乡村社区文明实践志愿服务发展中，最重要的是构建四个保障机制，即组织保障、政策保障、资金保障、场地保障。一是组织保障。试点地区的农村，在建立文明实践志愿服务队伍的时候，有驻村第一书记担任队长、村党支书担任队长、村委会主任担任队长、村副书记担任队长四种情况。在实际运行中，前面两种即驻村书记或村党支书担任队长的组织架构，志愿服务较为受到重视，同时配备村副书记、宣传委员作为副队长，在配合推进工作中做得比较好。村妇女主任、村团总支书记是主要协助开展文明实践志愿服务的村干部，有积极性和想法，工作有较大起色。二是政策保障。从乡村调查表的情况看，65%的村居制定了《×××乡村新时代文明实践站管理规定》，其中包含文明实践志愿服务管理规定；35%的村居沿用试点县区统一制定的《×××县村级新时代文明实践站管理规定》，其中包含文明实践志愿服务管理内容。调查发现，一些村居专门制定《文明实践志愿服务管理规定》或《志愿服务队伍管理规定》,比较细致。如丰顺县丰良镇丰京村制定《丰京村"爱国爱家"志愿服务队工作制度》《丰京村"爱国爱家"志愿服务队工作职责》《丰京村"爱国爱家"志愿服务队工作手册》等规章制度,促进规范化和精细化的管理。乡村社区反馈最缺乏的政策制度,主要包括志愿者培训提高的制度、志愿服务嘉许激励的制度、志愿服务项目开发和实施的制度等,也就是说乡村社区文明实践志愿服务蓬勃开展的时候,涉及专业服务、回馈激励、项目实施、传播推广等方面的政策制度成为迫切的需要。

三、乡村文明实践志愿服务的项目特色

广东省的乡村社区在开展文明实践志愿服务的时候,既发挥率先改革开放、社会经济变化快的特点,也发挥文化民俗与现代文明结合的特点,将传播新思想新文明的活动融入群众的日常生活之中,不断发挥感染力和熏陶作用。

(一)弘扬新思想——项目如何入心入脑

广东省积极探索面向乡村社区传播习近平新时代中国特色社会主义思想的有效方式。在梅州市丰顺县,采取"小板凳、学金句"的做法,利用村民喜欢拎着小板凳聚在一起闲聊的习惯,将"学习强国""学习金句"的相关内容下载,提供大人、小孩在聚会的时候学习交流,并且结合自己的生活体会,不断丰富认识和理解。茂名市高州市为了面向乡村社区宣讲新思想新文明,在沿江大厦选拔优秀讲师。在"新时代新思想与我的生活"演讲大赛中,泗水镇选手梁腾业的《无悔青春路 实干中国梦》、石鼓镇选手梁志健的《祖国开放40周年"衣食住行"新时代新变化》、镇江镇选手梁星霞的《中国梦 教师情》、根子镇选手陈华的《我们的追梦时代》、荷花镇选手罗友惠的《歌唱青春,共筑中华梦》、沙田镇选手周君伯的《传承"红色"精神,建设新时代美丽新村》等,充分展现出高州人民的爱国主义情怀和坚定不移跟党走的信念。金山街道选手梁龙华的《我眼中的时光流转》、新垌镇选手黄思香的《学习身边榜样,献身教育事业》、大坡镇选手汪春兰的《山城故事》、谢鸡镇选手张玉宝的《我眼中的幸福》、宝光街道选手邹金玲的《平凡中的美丽与坚定》、潘州街道选手蓝清的《干群凝心同力 让社区更美丽》等,则立体展示了新时代基层工作者的精神面貌和基层群众的幸福感、获得感。这次"百姓讲身边事"宣讲竞赛参赛者众多,既有退而不休、积极投身志愿服务的老人,又有见证改革开放辉煌成就的70后、80后,更有初出茅庐、青春勃发的90后。他们从不同的视角,深情地宣讲了高州大地上无私奉献的故事、爱岗敬业

的故事、清正廉洁的故事、生态文明的故事、孝亲友善的故事……体现了各行各业都在为同一个中国梦不懈奋斗的精神风貌。这些多样化、有特色的活动，让居民、村民在生动活泼的形式中理解新思想、领会新政策，紧随新时代中国特色社会主义的发展方向。

（二）讲解新政策——项目如何落地有效

为了让党和国家的政策措施进入千家万户，做到家喻户晓，各地区在文明实践志愿服务活动中，充分发挥各类志愿者的力量，进行政策宣传和讲解。例如，共青团广东省委、广东省青年志愿者协会在大学生"三下乡"活动中，发动21支高校的青年志愿者服务团队，与21个文明实践试点县区结对，深入农村进行政策宣讲、法规解读等服务。同时，他们还帮助农民根据政策规定，申请生产与生活的优惠扶助。又如东莞市中堂镇潢涌村开展"文明积分进万家"全民行动，坚持以文明实践为主线，以文明户积分评选活动、员工文明积分评先进活动、文明积分兑换奖品活动为抓手，利用"互联网+实体"模式，形成文明积分平台；依托"魅力中堂"官方微信公众号开设线上服务（针对无微信号的村民，则提供线下服务：发放文明积分小册子），实现线下线上联动便捷服务。服务内容包括：登记注册会员、发布文明公益活动资讯、报名参与文明公益活动和志愿服务活动、会员积分统计及查询、会员积分兑换等。

文明积分制助推志愿服务，激励了更多的村民群众积极主动地参与到志愿服务中，尤其党员志愿者发挥了示范带动作用，培育骨干力量，发动群众参与。通过积分制、成立志愿服务队伍等，文明志愿服务新形式在潢涌遍地开花，逐步形成全民志愿服务新风尚，助推潢涌新时代文明实践志愿服务有形化、常态化、长效化建设。新时代的很多经济发展政策、社会建设政策、乡村治理政策、环保生态政策、志愿服务政策等，原来往往是"束之高阁""藏在闺中"，乡村社区的群众或者不了解、或者不会使用。现在，通过文明实践志愿服务的传播推广，村居群众对政策的知晓度提高，也善于在自己的生产与生活中有效运用。

（三）文艺进万家——项目如何振奋人心

文化艺术是宣传和推广新时代新思想的有效方式。河源市龙川县发挥传统山歌、木偶、杂技等艺术的优势，深入农村为群众表演，通过"山歌传颂新思想、木偶传播新文明、杂技展现新生活"的途径，让更多的群众了解和喜爱文明实践志愿服务。惠州市博罗县石坝镇三嘉村妇联主席带头组建三嘉村广场舞队伍，每晚志愿教本村妇女跳广场舞，参加广场舞活动的人每天达130余人。她通过组织广场舞活动，丰富了群众的文化生活，群众业余活动也逐步从麻将到广场舞等文体活动进行转变。韶关市乳源县东坪镇雕子塘村开展"瑶乡小小传承人"志愿服务：主要以新村儿童为主要对象，不限于瑶族人民，包括对瑶族文化有兴趣的汉族儿童及家长，通过利用周末、寒暑假的时间，在新村新时代文明实践站开展瑶族舞蹈、瑶族歌曲、瑶族刺绣、瑶族历史及知识宣讲等文体娱乐活动，通过不同项目的志愿者推广和传承瑶族文化。"瑶乡小小传承人"项目结合了少数民族特色文化，通过新村新时代文明实践站的阵地设施，开展瑶族文化、传统文化培训和结合传统节假日、瑶族特色节假日的活动，使得瑶汉文化不断传承和融合发展，促进瑶汉一家亲的思想不断深化，凝聚瑶汉民族同心发展的决心。这些不同层次、不同类型的文艺活动，融入了新时代新思想的内容，让群众在欣赏、享受的同时获得思想启迪和精神营养。

（四）科技到田头——项目如何惠民有益

新时代文明实践志愿服务中，结合科技兴农、科技惠民的活动，通过志愿组织深入乡村，给农民带来生产的新知识、新技能。在21所高校的数百支青年志愿者"三下乡"服务队中，传播科技知识、农业技术、生活科普的队伍最受欢迎。他们不仅仅是做服务集市、做咨询活动，而且深入农村驻扎一两个月，与农民一起在田头、塘头进行观察、研判、咨询、辅导，帮助农民解决具体的"生长周期慢""果菜打蔫""病虫害"等问题，受到群众的欢迎和好评。广东省文明实践百佳志愿服务团队，结对深入乡村社区，最受欢迎的也是解决生活问题、解决家居难题等服务项目。这些科学技术、科普知识的普及和应用，对于乡村农民的生产生活具有非常重要的作用。

丰顺县砂田镇黄花村"教授回乡助振兴"，每季度邀请一名黄花村教授回乡授课，为家乡发展、文教事业建言献策，助力加快振兴发展。台山市结合全域旅游的发展，文明实践志愿服务队帮助农村将农业、民俗等与旅游文化传播、旅游氛围营造相结合。农民评价在文明实践志愿服务活动后"村庄漂亮了""游客增多了""生活热闹了"，这些就是非常朴实和真诚的评价。调查发现，随着新时代文明实践活动的深入，科技惠民服务越来越多，赢得了乡村群众的欢迎。

（五）邻里有帮手——项目如何排忧解难

乡村社区文明实践志愿服务如何贴近民生、如何惠及群众，是需要志愿者探索和实践的问题。许多试点县区鼓励农村志愿者围绕群众的需求，不断开发切合实际、邻里互助的志愿服务。东莞市中堂镇潢涌村坚持20多年评选"文明户"，并开展"文明积分"回馈激励,让村民之间乐于互相帮助,也乐意帮助外来人员及其子女,形成友善互助的村庄氛围。茂名市的志愿者针对农村的"三留守"(留守老人、留守妇女、留守儿童)人员多,需要生活帮助、感情沟通、发展帮扶等,就进行结对,在偏僻山村设立服务店,志愿者定期前来与老人、妇女、儿童一起开展活动,有针对性地满足各种需求。珠海市针对一些农村孤寡老人、特殊家庭人员外出享受文化生活有困难,就开展"光影友爱"送电影上门服务,在农民家中播放电影,既满足丰富文化生活的需求,也有效传播新思想新文明。

乳源游溪镇大寮坑村"勉腾勉"志愿服务项目成立于2019年1月。成立"勉腾勉"(瑶语,即"人帮人"的意思)互助会,邻里之间开展协助完成春种秋收等农活、协助操办红白喜事等12项志愿互助项目,形成邻里和谐、守望相助的文明乡风,实现了群众服务群众的目的。同时,大寮坑村还与汉族村"结对子",以资源共用、技艺互传、文化共享等为主要内容,开展瑶汉互助志愿服务活动。汉族村邀请擅长瑶族刺绣的瑶族同胞来传授相关技艺,邀请"金鸪鸪"瑶乡文艺兵帮助提升文艺水平;瑶族村邀请汉族的种养大户、致富能手来传授种养经验,开展电商帮扶等,以此拓宽瑶汉群众增收致富的路子。在日常的民俗节庆活动中,"结对村"也会相互邀请,同台展演,促进文化交流。同时,还有许多瑶汉族人在交往过程中"认同年"(相当于认亲戚、金兰结义)。调查发现,随着乡村变迁、农村城市化以及其他农民生活的变化,"邻里帮"的志愿服务也日趋多样、日趋灵活,需要志愿者和志愿组织不断创新、不断发展。

(六)关爱送温暖——项目如何雪中送炭

文明实践志愿服务要将党的关爱送到乡村社区、送到群众心田。为此,广东省试点县区鼓励社区、农村积极探索多种类型的关爱服务。顺德区水藤村组建党群先锋队,以党员和群众积极分子为主体,结对孤寡老人、空巢老人、残疾人员和困难家庭,将定期探访和不定期帮扶相结合,不仅仅是慰问沟通、送米送油,而且针对服务对象的新需求,增加陪同对象外出活动,帮助空巢老人与外地乃至在外国的子女沟通,为残疾人寻找创业就业机会等。这样,通过党团员志愿者的服务,特殊群众感受到党的关爱和帮助,加深了对党的感情、对国家的感情。中山市小榄镇东区社区的"孝老爱亲——老年人义剪艾灸"服务项目从长者的实际需要出发,为长者提供义剪、艾灸服务,借此提高长者的健康意识,增强他们的保健意识。辖区内各片区有老人活动中心、爱心企业(苏奇美业)、社区医生、热心的义工团队。通过社区提供场地,社区医生、爱心企业提供人员支持,热心义工参与开展义剪艾灸公益活动。湛江廉江、汕头澄海、云浮新兴等县区，针对海边群众、山区群众容易患的地方疾病，联系"健康直通车"医疗志愿者进行义务诊断和治疗。广东医科大学的青年志愿者，在廉江农村对群众传播健康生活知识，也为患有地方病、慢性病、奇症的群众联系专家资源、开展专项救治，受到群众的好评。英德市连樟村、龙华村、树山村、鱼咀村等，牢记习近平总书记视察连樟村时的"乡亲们一天不脱贫，我就一天放不下心来"的嘱托，组织党团员志愿者挂钩扶贫村，开展帮助村民发展产业、改善生活、修缮住房、美化环境等志愿服务，让这些扶贫村成为"特色村""生态村""民俗村""旅游村"；带动广大农村走上脱贫致富道路，让新时代文明实践发挥切实有效的作用。

（七）乡村新治理——项目如何人人参与

广东省新时代文明实践试点工作中，结合乡村社区发展和治理的需要，不断丰富活动的内容。其中，在农村开展新思想传播、普及志愿服务的同时，广东结合乡村治理的新趋势，激励广大群众积极参与、共建家园。广州市从化区的试点乡村，邀请中山大学社会学与人类学学院专家、广东绿耕社会工作社的社工，驻扎在乡村调查了解村民需求、摸查存在的问题，引导群众开展自主建设村居、自主改善环境、自主创造生活的活动。广东省民政厅开展"双百计划"，在粤东西北山区的100个乡镇建立社工站，配备专业社工进入乡村开展服务。同时，试点乡镇成立社会工作与志愿服务协会，大力发展志愿者，共同做好乡村振兴和乡村治理。珠海市斗门区井岸镇草朗村"共治家园"志愿服务，主要包括"三清三拆三整治"。动员村民是建设社会主义新农村，解决农村长期脏乱差这个老大难问题的基础工作。草朗村组织志愿服务队，进行"三清三拆三整治"工作，充分发挥党员、群众志愿者、老人的带头作用，激发群众活力，充分调动村民的积极性和参与热情。梅州市丰顺县鼓励村民在房屋外面张贴"文明承诺"，将自己愿意做的如搞好房前屋后卫生、帮助照看村里小孩、为过往行人提供帮助等写出来、标出来，大家互相激励、互相监督。文明实践志愿服务中，广东省发动百佳志愿者团队深入乡村，与村民一起发现乡村治理中的盲点、难点、堵点、痛点等，共同想办法、找对策，不断改善、取得成效。

（八）文明新生活——项目如何充满希望

文明实践志愿服务通过深入乡村社区的传播和关爱，不断促进民生改善和环境变化，让广大群众拥有美好生活。中山市小榄镇新市社区"红耆飘扬百姓家"，以"红耆飘扬"项目为推手，开展故事会、茶话会等活动，发动社区五老、企业家、热心人士组建百姓宣讲团，开展文明实践主题分享会。目前社区已开办红耆故事会之"金句粮言"和好人故事分享会、红耆茶话会系列活动等，让退休老党员组成志愿者服务队，对辖区内困难群体进行定期走访，聆听困难群众心声，进一步促进党群关系，为打通宣传群众、教育群众"最后一公里"而努力。潮州市湘桥区针对城乡结合部存在的问题，志愿者与群众一起改造卫生死角，消除脏乱差，还村民一个洁净、美丽的生活社区。志愿组织突出将传播新思想与追求新生活相结合，一方面深入农村宣讲习近平新时代中国特色社会主义思想，特别是将"学习金句""习近平讲故事""习近平用典故"等通俗易懂、生动活泼的内容打动群众、吸引群众；另一方面引导群众将学到的这些新思想、新道理融入自己的日常生活之中，争做文明人、争做志愿者，为自己和他人作出贡献，为美好家园作出贡献。广东省结合建国70周年、改革开放40周年等重要节点，向乡村社区和群众展示党领导下的社会经济建设成就，描绘"两个一百年"奋斗目标的美好前景，倡导"美好生活是奋斗出来的"新理念新追求。这样，文明实践志愿服务成为激励群众共同奋斗，共建共享美好家园的有效途径。

第三节　广东共青团推进文明实践志愿服务的调查

新时代文明实践试点工作中，广东共青团组织积极响应、主动配合宣传部、文明办的安排，与广东省志愿者联合会、广东省青年志愿者协会一起推进文明实践志愿服务；特别是激励社会专业志愿组织、大学生志愿者团队深入试点县区的乡村，开展传播新思想、拓展新服务、激励新生活的各项活动，取得较好的成效，受到基层群众的好评。广东省社工与志愿者合作促进会、广东省团校志愿服务研究中心受团省委委托，开展"共青团组织推进文明实践志愿服务专题调查"，先后到乳源、博罗、南山、小榄、台山、丰顺、廉江等15个试点县区进行访问调查，面向团员青年和志愿者发放调查问卷8000份，回收有效问卷6208份，有效回收率为77.6%。此外，调查组向15个试点县区的57个村庄、社区发放《乡村社区文明实践志愿服务情况咨询表》，进行回收和整理，获得基层的资料。据此，调查组撰写调查报告，提供各级团组织、各类志愿组织参考。

一、广东共青团推进文明实践志愿服务的工作部署

广东共青团组织按照凝聚群众、成风化俗的要求，将文明实践志愿服务与推进群团改革有机结合，配合省委宣传部、省文明办周密安排具体服务计划、服务进度。特别是团组织注重适应志愿者的需求、乡村群众的需求和各地的实际情况，不搞"一刀切"和"一窝蜂"，而是因地制宜、因时制宜、因人制宜，探索出具有南方特色、岭南风格的文明实践志愿服务路径。

（一）构建体系——团组织参与新时代文明实践工作体系

广东省新时代文明实践中心试点工作中，注重建设政策体系和组织体系。一是政策体系。中共广东省委办公厅印发《广东省建设新时代文明实践中心试点工作方案》，提出"统筹协调文明委成员单位尽职尽责，各展所长，积极参与"，作为成员单位的共青团组织也责无旁贷、主动参与。中共广东省委宣传部、广东省精神文明建设委员会办公室印发《广东新时代文明实践"七个一百"精品项目实施方案》，明确由广东团省委、广东省志愿者联合会负责"培育宣传百佳志愿服务团队"的任务。广东省文明办、共青团广东省委等印发《关于做好新时代文明实

践志愿服务试点工作的通知》，提出"团组织要加强协同配合，促进文明实践志愿服务常态长效开展"。在这些政策制度的指导下，省市县各级团委制定指导团干部、团员、青年志愿者参与文明实践志愿服务，发挥爱心和才能作出贡献的指导文件。

二是组织体系。省市团委安排副书记，负责指导试点县区团委开展文明实践志愿服务的工作。国家级、省级试点县区的县、镇团委及社区农村团总支，作为文明实践志愿服务总队（分队、队）的组成人员，主动配合、积极有为。课题组在各试点县区调查的时候，县委书记或者县委常委、宣传部长陪同调查，往往让团委书记一起来，在具体志愿服务站点介绍的时候就让团干部进行详细的说明。我们了解到，有些县区文明实践志愿服务总队秘书处设在宣传部，但是常务工作由团县委配合推进；有些县区直接将总队秘书处设在团县委，委托团组织协调推进具体工作。调查发现，县镇村团干部政治意识强、创新意识强、反映能力强、执行能力强，在文明实践志愿服务中主动参与、积极配合，受到县委书记、县长、县委常委等的肯定，凸显共青团组织在志愿服务中的活跃特点。由此可见，在新时代文明实践中心试点工作中，共青团组织要主动介入、主动作为，就能够发挥积极的作用，获得党政部门的重视。

（二）培育组织——青年志愿者在文明实践中发挥活力

广东共青团、广东省志愿者联合会积极发动全省的志愿者和志愿组织参与新时代文明实践试点工作，主动为弘扬习近平新时代中国特色社会主义思想做出贡献。首先，在各级团委工作会议、志愿者工作会议上，将文明实践志愿服务作为重要议题进行布置。这样，各级团干部将逐渐知晓和了解文明实践工作的要点和意义，学会将文明实践纳入团的工作内容。其次，在全省各市县特别是试点县区中选拔一批优秀的志愿组织，作为对接乡村社区开展文明实践志愿服务的骨干力量。团委首批选拔71支优秀团队，如广州启智志愿服务总队、深圳地铁志愿者协会、茂名阳光365志愿服务总队、碧桂园志愿者协会等，举办"文明实践志愿服务专题培训班"，既讲授新时代新思想新文明的课程内容，也讲授文明实践志愿服务的特点和创新，还介绍文明实践试点工作的具体环节和要求。这样，一批志愿者领袖和骨干掌握了文明实践志愿服务的知识与技巧，就融入日常服务活动，主动参与配合。再次，是选取21个高等院校的数十支志愿服务团队，通过暑期"三下乡"进入试点县区的乡村、社区开展专项服务，配合活跃和丰富文明实践站的服务内容。在此基础上，各县区培育和发掘乡村社区的本土志愿者及村民志愿者队伍，积累开展邻里守望、友善互助的志愿服务。广东省针对原来乡村、社区缺乏志愿者力量的状况，采取"团干部＋社会专业志愿者＋大学生志愿者＋村民"的方式，在试点工作期间较快发展农村的志愿服务队伍，开展适合村民需求的宣讲传播服务与关爱扶助服务，受到各地乡村社区的认可和支持。

（三）设置基地——深入乡村社区夯实志愿者服务站点

广东省志愿服务发展比较早，也较早探索农村志愿服务，在一些乡村社区建立志愿服务站（点），建立"社工＋志愿者服务基地"等。这次，结合新时代文明实践试点工作的要求，广东省在各试点县区的农村文明实践站设立志愿服务站点，配备"3＋N"的志愿者骨干力量，让这些站点活起来、有作用。一是村居党支部书记担任队长，团支部书记担任执行副队长的工作机制，将本村的党团组织力量动员起来、加入进来，发挥示范带动作用。二是选拔社会专业志愿者骨干在试点县区的乡村社区兼任文明实践志愿服务队的副队长，帮助组建村民志愿者组织，设计志愿服务项目，提供专业指导。目前，71 支社会专业志愿组织的骨干都与所在县区的部分农村对接，兼职副队长采取每个月一到两次进入村庄交流辅导的方式，推动文明实践志愿服务站（点）不断活跃创新。三是选拔部分大学生志愿者作为农村文明实践志愿服务队的暑期"队长助理"，运用创新思维、创新活力，为农村志愿服务提供支持和帮助。从调查的情况看，这些大学生"小助理"的作用比较突出、受到欢迎。如博罗县大学生志愿者当了村居的"小助理"之后，经常走村串户、深入农民家庭，了解生活情况和服务需求，设计富有乡村特色又具有时尚吸引力的志愿服务项目，活跃村民生活氛围，解决实际困难和问题，受到村居干部和群众的好评。调查发现，农村文明实践志愿服务站最关键的是人，发掘和培养围绕站点开展服务，推出关心和帮助群众的项目，就能够让文明实践站和志愿服务基地有内容、有活力、有吸引力。

（四）开发项目——探索创新适应群众需求的服务项目

广东省率先探索志愿服务项目化运作机制，从 2011 年由广州市尝试"志愿服务交流会暨项目大赛"，催生了 2014 年"中国志愿服务交流会暨青年志愿服务项目大赛"的品牌。因此，在配合参与新时代文明实践试点工作的时候，共青团广东省委、广东省志愿者联合会抓住项目策划与实施的关键环节，帮助乡村社区开发富有活力、富有实效的志愿服务项目。一是从 2019 年开始在全省"益苗计划"大赛中列出"文明实践志愿服务专项"，评审优秀项目并予以奖励推荐。作为坚持多年的"益苗计划"，在各地区、各组织中有享有盛誉，将文明实践志愿服务项目纳入其中，就可以引起社会的广泛关注和重视，获得更多的支持和参与。二是鼓励各类社会组织将原有的志愿服务项目与农村文明实践相结合，深入乡村社区开展持续服务。如茂名阳光365志愿服务队在试点县区高州市大井镇开展的"乡村婆孙乐""开心嫲嫲"等项目就受到农民的欢迎，效果非常好。这些项目也成为了高州市文明实践志愿服务的特色内容。三是鼓励大学生志愿者团队到乡村发现需求、设计服务项目。如广州美术学院的大学生志愿者到台山市的乡村，配合文明实践和全域旅游，开展村庄墙绘等服务。又如嘉应学院艺术学院的大学生志愿者到丰顺县配合乡村文明开展环境美化的服务。此外，乳源县、博罗县开展大学生回乡志愿服务活动，围绕文明实践开展多样化的服务，受到群众的欢迎。四是指导和帮助乡村社区的群众实施志愿服务项目，包括弘扬新思想新文明的项目，以及邻里守望、友善互助的项目。目前，越来越多的试点地区村民、居民有参与志愿服务的热情，但是不懂得设计项目、实施项目。团组织和青年志愿者团队就深入乡村，帮助村民志愿者队伍根据实际情况和实际需求，开发富有特色的服务项目，促进乡村文明和民生幸福。

（五）培训督导——形成"社工+志愿者"专业辅导机制

共青团广东省委、民政厅、文明办最早印发省级"社工+志愿者"联动工作的文件，同时支持成立全国第一个省级合作社团——广东省社工与志愿者合作促进会。在新时代文明实践志愿服务中，广东省充分发挥专业志愿服务的优势，推动专业督导，提高乡村社区志愿服务的水平。

一是团省委牵头，社志会等组成文明实践志愿服务专业督导团，由专家学者、专业社工、志愿者骨干分别对试点县区的村居进行"结对督导"。迄今为止，督导团已经对乳源、博罗、南山、小榄、丰顺、高州、廉江等15个国家级、省级试点县区的部分村居进行专业督导，包括与志愿服务团队骨干交流项目的提升水平、提升实效，也包括对于具体实施的宣讲项目、服务项目进行品牌策划，赢得群众欢迎等。

二是引导乡村社区志愿服务团队将宣传新思想与关爱扶助相结合，在服务中体现党的宗旨，赢得群众的认可。如专业督导组在龙川帮助策划"山歌传颂新思想、木偶传播新文明、杂技传扬新生活"的志愿服务项目，将深受农村群众欢迎的山歌、木偶、杂技与新时代新思想新文明新生活的传播推广有机结合。又如专业督导组在深圳市南山区桃园街道，针对"三区融合（校区、园区、社区）"的特点，帮助策划"校区有梦（青年学子追求新时代新生活）、园区有智（院士教授博士为群众提供智力志愿服务）、社区有爱（居民和外来人口友善互助）"，打造文明实践的"三区三有"品牌。通过专家学者、专业社工、志愿者骨干深入农村、社区的专业督导,督导团为提升志愿服务水平、活跃志愿服务氛围、传播志愿服务文化提供有力的支持。

三是在专业督导过程中进行调查研究,撰写宣传文章,传播广东省新时代文明实践志愿服务。专业督导组将为基层交流辅导与调查研究相结合,在前往小榄、英德、南山等地督导的时候,收集志愿团队的服务案例,撰写分析文章,进行传播推广。例如为小榄镇撰写《大粮仓——新时代文明实践志愿服务的亮丽风景》,获得中央文明办的"文明实践志愿服务"微信号转发;为英德市撰写的《擦亮扶贫村的文明品牌"英德红"》,获得《精神文明导刊》的微信号传播;指导南山区桃源街道撰写的《特区文明实践志愿服务"三区三有"的创新》,获得民政部中华社工网传播。同时,专业督导组撰写《广东省文明实践志愿服务破解"七个难题"》《广东省文明实践志愿服务防止"四不倾向"》《新时代文明实践志愿服务的"领头羊"——乡村社区党支部书记的案例》等获得全国多家媒体、网络传播推广,扩大了广东省文明实践志愿服务的影响力。

二、广东共青团把握文明实践志愿服务的"三要点"

新时代文明实践中心试点工作是党中央部署、宣传部主抓、文明办实施的重要工作,以传播习近平新时代中国特色社会主义思想为主线,通过深入乡村社区开展丰富多彩的志愿服务活动,激发广大人民群众创造新生活的动力。广东团组织作为党的助手,在这项工作中主动参与、有所作为、做出贡献。

(一)在文明实践中发挥团员青年的先锋作用

从广东的情况看,各试点地区开展新时代文明实践中心试点工作,最主要的抓手是志愿服务,但是面临的最大短板也是志愿服务。因为,各级部门原来习惯用行政手段推进工作,现在要求以志愿服务为主要形式、以志愿者为主体力量,大家就很难沿用原有经验,都必须探索创新。这时候,共青团发挥长期推广志愿服务的经验,激励团员青年在志愿服务中的创新热情,发挥积极作用。2019年4月30日,习近平在纪念五四运动100周年大会上指出:"无论过去、现在还是未来,中国青年始终是实现中华民族伟大复兴的先锋力量!"广东团省委积极配合全省文明实践工作,主动承担"七个一百"中"培育100支文明实践志愿服务优秀团队"的工作,派出南粤志愿服务督导团成员到各试点县区,深入乡村社区提供志愿服务专业指导;举办文明实践志愿服务优秀团队培训班,传授将新思想、新文明、新服务、新生活有机结合的知识和技巧。

广东乳源团县委配合文明实践中心建设，一方面为新时代新思想讲师团的组建提供有效的建议和帮助，让老党员、老教师、老干部等志愿者讲师更多了解和贴近青少年，宣讲的内容受到年轻一代的欢迎；另一方面发挥团组织和青年志愿组织的特点，运用新颖时尚的方式传播新思想新文明。如团委开展青少年法制教育，印制时尚和实用的"动漫版"计量尺，印有"青春可以有弯路，但不可以走歧路"的温馨提示，让中小学生乐于收藏这些新颖的宣传片，既可以使用，也可以欣赏，同时获得法治的教育。山东省曲阜团市委将文明实践志愿服务与关爱留守儿童服务相结合，在深入山区农村的"志愿驿站"建设，构建关爱扶助网络的时候，传播新时代新思想和党的关爱。我们发现，关工委、老年协会、妇女协会是乡村文明实践宣传普及的主力军，富有热情、积极主动，但是面对不断变化的社会环境，缺乏新颖有趣、吸引力强的传播方式；恰恰可以通过团员青年的帮助，开发许多贴近时代、富有生机的新思想新文明传播方式，让不同年龄的群众都乐于接受，促进乡村文明的新气象。

（二）在文明实践中拓展群团改革的成效

我们在广东省的全国试点、省市级试点县区调查辅导，有些县区是县委书记直接联系和邀请，有些是宣传部门邀请，有些是团县委邀请，但是不论哪个部门邀请，在陪同深入乡镇、村居调查的时候，县领导都会让团县委的同志陪同和介绍。这样，团组织通过积极参与文明实践试点工作，将群团改革获得的提高政治意识、增强社会影响力、吸引青年参与等成果不断充实、不断扩大，更加引起党政领导和党政部门的重视。并且，一位团县委书记告诉笔者："借助乡村社区文明实践志愿服务发展契机，对于充实和壮大村居团组织的力量，具有积极作用。"因为，要落实乡镇、村居文明实践所、文明实践站的工作和服务，就需要寻找有热心、有能力的人员协助管理协调。虽然不能够招聘专职人员，但是可以聘任兼职人员，利用业余时间、节假日协调服务活动。文明实践中心提供一定的工作补贴，邀请附近企业单位上班的人员负责。博罗县团委吸引本地籍在外大学生，组成"博罗县大学生协会"，作为参与文明实践志愿服务的生力军，集中开展"新青年集结号"嘉年华，集纳了青年公益、创意市集、青春庆典等多项活动，助力博罗县新时代文明实践中心建设。他们也分散到各自所在的乡镇、村居，成为乡村文明实践站志愿服务的活跃分子。调查发现，有活力、有热情的青年党员、青年团员成为首选目标，在兼职文明实践所、站工作活动的时候，也加入村居团组织，有些选为团支部委员,有些担任团总支书记助理,成为充实农村团组织的新鲜力量,激发了农村团组织的生机活力。

(三) 在文明实践中夯实党的青年群众基础

我们在考察中发现,有些试点县区的文明实践中心就设在青少年活动中心或者青年志愿服务中心;有些试点县区虽然专门设立了文明实践中心场所,但是志愿服务板块也与青年志愿者协会等相连。如深圳市南山区团区委主动参与省市宣传部门的文明实践中心试点建设培训班,向专家咨询青年参与文明实践活动的建议,从而在试点工作中做到主动参与、有为有位,受到区委区政府的重视。团区委还在社区的党群服务中心、文明实践中心设置"青年家园",让来自全国各地的青年高科技人才、青年务工人员感受党团组织的关爱、感受特区温暖的氛围。这样,在各地文明实践中心试点工作中,团组织作为桥梁将党的关怀传到青少年之中,将青少年的创新热情吸引到文明实践之中,就密切了党组织和青少年的关系,有利于夯实党的青年群众基础。

我们认为,各级共青团在积极参与文明实践中心试点建设中,发挥创新探索和扎实推进的积极作用,为社会文明和民生改善作出贡献,也为团组织凝聚青年、服务乡村、建功立业提供支持,具有非常积极的影响力。

三、广东共青团探索"红领青传"志愿服务

广东各级团组织,按照文明实践中心试点建设以志愿服务为主要形式、以志愿者为主体力量的要求,积极发动青年志愿者参与试点工作,提供爱心奉献,在关爱和帮助城乡群众的过程中传播新思想新文明,取得良好的成效。我们通过对博罗、乳源等全国试点县区,南山区、斗门区、小榄镇、顺德区、台山市、英德市、龙川县、丰顺县、廉江市、高州市等省级试点县区,以及南海区、宝安区、南沙区、五华县等其他县区的调查,收集和整理资料,撰写本文提供分享交流。

(一) 红领青英

共青团组织在参与文明实践中心试点建设的时候,围绕学习和传播习近平新时代中国特色社会主义思想的任务,着重引领团干部、青年党团员、优秀大学生、青年积极分子等,主动掌握新思想的要点,面向乡村社区进行宣传普及。博罗团县委在2019年5月,集中开展"新青年集结号"系列活动,通过团干部发动和引导,带领团员青年、大中学生投身新时代文明实践,为乡村群众提供丰富多样的文艺宣传表演,将新思想新文明融入群众喜闻乐见的文艺活动之中;在乡村振兴、

民生改善、生态环保、民俗保育等方面发挥积极作用。以此同时，根据村居建设文明实践站及志愿服务队伍的需要，团县委推荐团员青年的积极分子兼任站、点的协调服务工作，为村民生活改善与文化活动提供支持。这样，在全国试点工作中，博罗探索出共青团组织积极参与、发挥作用的有效途径，既体现团员青年的创新特色，也夯实乡村社区的团组织基础。

（二）红领青匠

新时代文明实践志愿服务，面对广大人民群众对美好生活的向往，为了解决不平衡与不充分的问题，就需要培养大批青年"志愿工匠"，发挥他们的知识、技术、技能、经验的优势，开展"精心、精准、精细、精致"的服务，切实满足不同群众的多样化需求。乳源团县委在参与新时代文明实践中心试点工作的时候，鼓励团员青年、青年志愿者发挥专业性、创造性等，将各种服务做得具有精准性、新颖性，既受到各类群众的欢迎，又产生良好的教育服务效果。广东省新时代文明实践试点工作推进会在乳源县召开的时候，我们发现"志愿服务集市"中有团县委的服务点，提供"青少年法制教育"的小礼品，非常有创意、有吸引力，体现了志愿"青匠"的精心、精致服务。半圆形框内的漫画吸引青少年浏览，长条的厘米、毫米计量尺便于青少年使用，背面的"青春少不得弯路，但容不得歧路"的法制教育口号，体现温馨的提示。假设仅仅是单调、枯燥的法制宣传口号单页，青少年拿到以后就可能随手扔掉。但是这种具有漫画、具有计量尺功能的法制宣传卡片，青少年就会收藏和使用，从而潜移默化地接受法制教育。我们认为，"红领青匠"就是在党团组织的引导和激励下，发挥团员青年的创造、创意、创新，为文明实践志愿服务提供更加专业、更加新颖的内容与形式，受到广大群众的欢迎，发挥良好的宣传教育功能。

（三）红领青志

青年志愿者参与新时代文明实践试点工作，在面向乡村社区群众提供关爱和帮助的时候，也要将党的关怀、党的为人民服务宗旨传递到群众之中，吸引和引导广大群众贴近党组织、拥戴党组织，密切党群关系、干群关系。茂名市青年志愿者协会阳光365服务总队，积极开展"乡村婆孙乐""开心嫲嫲"等活动，为山区农村的留守老人、留守儿童提供丰富多样的服务，将党的关心、关怀带到群众中间。我们在端午节前夕到高州市大井镇担水村考察的时候，青年志愿者利用周末的时间，正在陪伴乡村老人、儿童开展"粽有情"的集体包粽子活动。老太太一边教孙子、孙女包粽子，一边聊天，非常开心。有位老奶奶拉着笔者的手，指着一位小女孩说:"那是我的孙女,前天获得'六一'书法比赛第二名,现在包粽子也挺快的。"老奶奶一脸的自豪与笑容,反映出对新时代新生活的满足,反映出对志愿者热情服务的赞赏。调查发现,青年志愿者在提供爱心服务的时候,就将党团组织的形象传播给乡村群众,赢得信任和支持,夯实基层组织的群众基础。

(四)红领青苗

新时代文明实践如何引领青少年健康成长,也是各级团组织思考和探索的问题。五华团县委和志愿者联合会共同开展"党徽暖童心"项目,开展"党员+企业家+青年志愿者+留守儿童"的志愿服务,不仅为山区孩子提供关爱慰问和物资帮助,而且提供思想引导和情感辅导,激励留守儿童认真学习、积极进取,力争成为对国家有用、对家庭有用的人才。我们到五华县考察乡村振兴和文明实践的时候,应团县委和志愿者联合会的邀请,由水寨中学振兴基金会安排,在水寨中学为青少年讲授成长成才的辅导课程,吸引他们关注国家、关注社会,探寻自己的成长路径。在主题报告会中,青少年学习了习近平总书记在纪念五四运动100周年纪念大会上的讲话,学习了乡村文明实践的知识,学习了志愿服务的理念和技巧,提高了思想认识,激发出热情、爱心,更加乐意为社会和他人作出奉献。在广东各地区,团组织将关爱农民工子女成长、社区青少年健康成长、青少年人才培养等工作,与新时代文明实践相结合,将传播新时代新思想与促进青少年成长相互促进,取得良好的效果。

四、团组织引导青少年发挥"三小三大"作用

新时代文明实践试点是党中央布置、各地区党政部门统筹推进的工作。广东共青团组织在这一过程中发挥好党的"助手"作用,不求大、不贪多,而是扎扎实实做好青年参与、志愿服务、文明贡献的相关工作,力争有作为、作贡献。概括起来,就是抓好"三小三大"的做法,引导团员青年从小事做起,获得大的社会影响力。

(一)文明小助手,乡村大活力

文明实践志愿服务中,党员志愿者发挥示范带动作用,青少年志愿者踊跃参与、积极创新,在一些细微活跃的服务中体现党团关怀、体现社会关爱,为倡导乡村文明风尚作出贡献。广东省五华县配合新时代文明实践,发动青年党员、共青团员结对关爱和帮助留守儿童,开展"党徽暖童心"服务活动,不仅提供关心

慰问、捐资捐物，还经常与山区留守儿童交流思想感情，在陪伴的同时引导这些长期离开父母生活的留守儿童拥有爱和温暖，愿意走进社会、贴近他人。这些受到关爱和帮助的留守儿童争当"小小志愿者"，在叔叔、阿姨的带领下为美丽乡村、温馨家园作出贡献。在夏阜镇的夏阜小学，党员、团员联合企业家、热心人士为留守儿童建立"成长基金"，对于学习好的小学生予以奖励，对于热情参加公益服务的学生予以奖励，对于积极了解和传播新文明的学生予以奖励。党团员牵手留守儿童在村里面开展关爱老人、美化环境的服务，让孩子们获得爱的同时培养了参与社会、服务社会的能力。这种党员、团员、热心群众、少年儿童共同参与组建的志愿服务队伍，开展活动针对性强、丰富多样，受到乡村社区的普遍欢迎。

（二）文明小记者，乡村大传播

青少年乐于接受新文明、新文化，在乡村文明实践志愿服务中，不仅参与关爱互助活动，而且善于通过记录、叙述、表演等方式，传播和推广新时代新思想。我们在广东省丰顺县文明实践中心试点考察的时候，对团县委书记带去参观的三个事例印象深刻。一个是"小板凳听说新文明"。周末上午，在公园的大树下，一群小学生端起小板凳齐齐坐，听文化站的叔叔、阿姨讲解文明乡镇、文明乡村的小故事，学会从小懂文明事、做文明人。另一个是"小舞台唱响文明歌"。在一个村庄祠堂的小小舞台上，一排小学生非常认真投入地演唱传播新思想、传播核心价值观的歌曲，声情并茂、非常感人。演唱结束的时候，笔者忍不住招呼嘉宾走上小舞台，与孩子们合影，给他们鼓励，还告诉他们"叔叔是中国青年志愿者协会副会长，这张合影你们挂在班级墙壁上，说明叔叔对同学们的鼓励和赞赏"。当时，老师和学生都非常高兴，更加热情参与文明实践志愿服务了。

还有一个"文明实践小小讲解员"的事例。我们到汤坑镇第一小学文明实践站考察，每一段都是小学生作为文明讲解员，解说点亮心、传播爱等教育理念，介绍学生互助友爱和参与社会的做法，展示学生传播新思想新文明的图画书法等，非常认真、非常仔细。但是，笔者也感觉他们太紧张、太拘束了，就微笑着问同学："这些图画中，你最喜欢哪一幅？""这首历史歌曲，你会唱吗？"当解说的同学讲出喜欢的画作，唱了几句歌词的时候，笔者就鼓励他们："这样更真实、更感人，你们可以在规范解说的同时，增加一些个人的体会和补充。"我们发现，用青少年的眼光去看乡村文明实践、看村民生活变化、看美丽家园建设，就有不同风味、不同景象，能让社会更关注、大家更喜欢。因此，发挥青少年的新颖特点，当好"文明小记者",用文字、图画等形式记录乡村社区的变化,在社会上有更强更好的影响力。

(三) 文明小榜样,乡村大风尚

青少年是社会的活跃力量,也是乡村社区文明实践的积极探索者和践行者。团组织开展的"青年榜样""美德少年""雏鹰行动"等,就在乡村社区营造了学习新思想、倡导新文明、创造新生活的良好风气。中山市小榄镇文明实践活动中,将永宁中学开展"永中志愿银行"的"一储三兑换"(储蓄志愿服务时数,兑换德育学分、心仪礼品、学习辅导)面向社区农村推广,不仅中小学生参与活动,而且社区居民、外来人员也参与志愿服务的积分兑换。这样就用"小手拉大手"的方式,吸引家长群体、邻里参与文明实践志愿服务。在文明实践活动中,在职业中学团委的推动下,学生志愿者发挥技术专长,组成"七色花"志愿服务队,每一个小队帮助一个社区、一个村庄或者一群有需要的对象,在奉献爱心的同时,也让社会各界受到熏陶和影响,形成友善互助的社会氛围。长期以来,各级共青团组织发掘和评选出许多青少年的拼搏进取典型、友爱互助典型、文明创新典型、网络正能量典型,在配合文明实践志愿服务的时候,就充分发挥这些"小榜样"的示范作用,为营造新时代的文明风尚、倡导新时代的社会正气提供支持,具有非常积极的作用。

新时代文明实践志愿服务,是传播新思想、倡导新文明、创造新生活的有效形式,也是团员青年参与社会文明进步、社会治理创新的有效途径。各级共青团组织要抓住机遇,积极配合参与,在乡村社区的文明实践中发挥青年先锋作用,拓展群团改革成效,夯实党的青年群众基础,在新的发展进程中更多奉献、更有作为。

第四节　广东省文明实践百佳志愿团队培育的调查

为贯彻落实中央关于开展新时代文明实践工作的部署要求，进一步推进基层宣传思想文化工作和精神文明建设，打通宣传群众、教育群众、关心群众、服务群众的"最后一公里"，我省以志愿服务为基本形式，调动各方力量，整合各种资源，创新方式方法，自觉承担起举旗帜、聚民心、育新人、兴文化、展形象的使命任务，积极动员和激励广大人民群众投身决胜全面建成小康社会、全面建设社会主义现代化国家，为实现"两个一百年"奋斗目标贡献力量。

在省文明办、团省委及各地共青团组织共同努力下，我省新时代文明实践志愿服务工作开展卓有成效，现已设立国家级试点2个、省级试点19个（每个地级市都有一个全国或省级试点县区），拥有志愿者服务组织及团体10万个，实名注册志愿者1050万人，开展志愿服务活动134万项。为推进文明实践志愿服务工作进一步发展，建设更富活力的志愿者队伍，开展更有成效的文明实践活动，广东省社工与志愿者合作促进会、广东省团校志愿服务研究中心受省文明办、团省委的委托，成立专题调查组，开展广东省文明实践百佳志愿服务团队专题调查。现根据调查情况撰写本报告，希望能为志愿服务团队建设和后续工作的展开提供参考。

一、调查说明

省社工与志愿者合作促进会、省团校志愿服务研究中心接受任务之后，采取培训与调查相结合、督导与调查相结合、咨询与调查相结合的"三个结合"方式，对来自广州、深圳、珠海、汕头、佛山、韶关、河源、梅州、惠州、汕尾、东莞、中山、江门、阳江、湛江、茂名、肇庆、清远、潮州、揭阳、云浮的71支百佳志愿服务团队开展调查工作。主要调查方式如下：①举办全省新时代文明实践志愿服务专题座谈会。在团省委、省志愿者联合会的支持下，调查组邀请百佳志愿服务团队主要负责人共同出席全省新时代文明实践志愿服务专题座谈会。会上，专题调查组成员认真听取百佳团队负责人讲解志愿服务项目策划与团队管理，分享农村（社区）志愿服务案例，介绍志愿服务现状与困难。双方共同探索新时代志愿服务发展方向，开辟志愿服务发展新路径。②开展下基层亲历志愿服务现场考察调研工作。专题调查组专家先后到达71支百佳志愿服务团队所在地区，深入基层，与群众进行亲切交流，获取志愿服务真实情况，感受志愿服务现场氛围，实地考察志愿服务工作开展情况，了解志愿工作从筹划到开展全过程，获取百佳团队志愿服务工作一手资料。③发放《文明实践志愿服务团队活动情况调查表》。专题调查组结合广东省打造文明实践"百佳志愿服务团队"的特色做法，针对71支培育团队发放《文明实践志愿服务团队活动情况调查表》。表中涉及内容从团队构建到活动开展，力求全面认识百佳志愿服务团队的优秀之处，并收集其实践过程中所遇难题，集一线工作者的智慧为新时代文明实践工作注入新活力。课题组通过以上渠道，采取走访座谈、观摩服务、发放文件、数据分析等途径，深入试点县区特别是乡镇、村居交流沟通，分析百佳志愿团队的特色之处，归纳其成功经验，提炼实践智慧，并为其所遭遇的问题提出行之有效的解决方案，展望未来广东省文明实践志愿服务的发展方向。

二、突出优势

专题调查组在对百佳团队进行调查、调研之后，深入挖掘百佳团队在制度设计、团队建设、活动推广及开展等方面的优势，提炼其核心要义，展现其特色做法，以供各方参阅。

（一）体制灵活，充分发挥制度优势

志愿服务是公益服务，具有自觉、自愿、自发、自为和无偿的特点，必须有相应的政策支持和完善的制度保障，才能把人们参与志愿服务的积极性保护好、引导好、发挥好，才能使志愿服务保持持久的生机和活力。百佳志愿服务团队，在广东省委、省政府的支持下，探索建立党政统筹、协同发展的文明实践志愿服务机制，多维度构建志愿服务机制体制，从管理布局建设、服务阵容构建、反馈机制建设三维度投入开展。

第一维度构建"一体化"管理布局，从实现团队整体目标出发，使一个志愿团队包括党群工作在内的各个子系统，连同活动策划、宣传、人事、培训等部门有机地融合成为一个整体。以乳源县为例，在县委书记担任中心主任、镇委书记担任所长、村支书担任站长的架构下面，通过办公室、联络员、指导员等设置保障工作落到实处，建立"十个一"的阵地标准保障乡村社区文明实践活动场所有效运行。第二维度建设"全方位"志愿服务阵容。志愿者的素质关乎志愿服务的

广度与深度,百佳团队多方位吸纳志愿者,涵盖领导干部、专家学者、道德模范、文艺骨干、教师、医生、义工、救援辅助人员、社工等。他们富有专业才能,对群众有启迪、宣传、教育等作用,能够更好地服务群众、关爱群众。云浮市新兴县就有一支由医务工作者组成的志愿服务队——新兴县中医院"仁心家园"医疗志愿者服务队。他们运用自己的专业知识,开展"健康百姓服务行"送医送药义诊活动,免费测量血压、血糖、B超结石筛查、发放保健药品、健康知识宣传资料等。第三维度是"多渠道"回馈激励。志愿者工作具有自愿性、无偿性、公益性等特征,寻求合适的激励制度,可以使志愿者工作发挥出本身固有的优良传统。百佳团队通过发放志愿活动参与证明、出台志愿服务激励回馈办法、宣传典型、表彰奖励,在升学、就业、职称评定等方面以适当方式给予推荐等多渠道对志愿者进行激励,肯定志愿者们的奉献,激励群众加入志愿组织。例如,乳源县采用乡村积分、全县兑换的简便方式,让社区居民、乡村村民参与文明实践志愿服务的时候,获得生活、文化、发展等方面的激励,进一步激发爱心奉献、助人为乐的热情。此外,博罗县和其他试点县区也根据自身的特点,采取切合实际的制度措施,有效推动文明实践志愿服务顺利发展。

(二)团青先锋,体现党的关怀帮助

在开展新时代文明实践志愿服务的过程中,广东省委、省政府按照科学发展观的要求,通过党建带团建抓好基层组织建设,增强党建带团建的工作意识,明确党建带团建的首要任务,抓住党建带团建的中心工作,探索党建带团建的工作机制;发挥团青的力量,作群众表率,带领人民群众共同投身志愿实践活动。在省委、省政府、文明办、省委宣传部的支持下,鼓励市、县的志愿者队伍定期到乡村社区开展服务,而且选拔市、县的优秀党员志愿者、优秀社会志愿者到乡村社区文明实践志愿服务队伍兼职,兼任副队长或队长助理;通过每个月一至两次到乡村沟通交流,发掘乡村的热情群众作为志愿者,发掘乡村的特色人才作为志愿者骨干,并且与村书记(队长)沟通策划志愿服务落地项目。这样,通过党员志愿者、社会志愿者的知识和经验,带动乡村志愿者的成长成熟,让文明实践志愿服务在乡村扎根,具有持久发展基础,让基层群众感受党的关怀。

(三)活动多样,思想建设摆在首位

志愿活动是基层群众充分理解、感受志愿精神的有力支点,百佳志愿团队通过多样化的志愿活动走入人民群众中,关爱群众、贴近群众、凝聚人心、传播新思想。他们开展的志愿活动包含新思想宣讲宣传活动、文化惠民活动、生活科技

辅导活动、扶贫攻坚志愿服务活动、社区与乡村治理的志愿服务活动、关爱困难家庭服务、关爱青少年成长活动、生态环境保护活动等。百佳志愿团队紧密围绕传播习近平新时代中国特色社会主义思想，弘扬社会主义核心价值观等工作，将新思想的传播、宣传工作放在首位，在文明实践志愿服务中突出思想引领，突出道德建设，动员和激励广大农村群众参与社会主义现代化建设。他们通过在组织内开办"学习新思想培训班"等，牢固树立团队成员的政治意识、大局意识、核心意识、看齐意识，自觉向党中央看齐，向习近平总书记看齐，坚决维护以习近平同志为核心的党中央权威，在思想上政治上行动上同党中央保持高度一致；旗帜鲜明反对和抵制违背党中央精神的错误言行，围绕中心、服务大局，始终坚持党的基本路线，学习弘扬党的优良传统，坚决执行党的决策部署。在组织外，他们通过发放书籍、开展宣讲活动等形式，积极传播党的声音，在广大人民群众中坚持不懈传播党的政策主张，旗帜鲜明开展正面宣传，教育引导广大团员青年坚定"四个自信"，增进对党的政治认同、思想认同和情感认同；让广大乡村社区群众在生动活泼、富有趣味的活动中接受熏陶和教育；让广大农民群众接受党的思想、聆听党的声音，巩固党执政的基层群众基础。他们引导广大群众和党中央保持一致，同心同德实现"两个一百年"奋斗目标，实现中华民族伟大复兴的中国梦。

（四）城乡协同，乡村建设成为重点

区域发展不平衡是一种自然、历史、经济和政治各种因素共同作用的结果，是世界各国经济发展过程中面临的共同问题。虽然我国已经在总体上达到了小康水平，但城乡二元结构表现依然明显，城镇的经济、文化和社会事业等发展水平明显高于大多数农村地区，农村经济与社会发展滞后，使得区域发展的差距进一步扩大。如果这种状况不能得到有效的缓解，将会对国家经济和社会发展、民族团结和政治稳定产生极大的消极影响。因此，加快二元结构向一元结构的转化，促进城乡协同发展成了目前文明实践志愿服务工作的重中之重。目前，百佳团队中涌现出一批优秀的乡村志愿服务组织，如小榄镇志愿者协会、博罗县教育义工团志愿服务队、丰顺县志愿者联合会、龙川县红十字会志愿者爱心服务队、乳源县志愿者联合会等。他们针对农村志愿服务范围窄、服务水平差等弱点，从农村志愿服务组织机构的建立、志愿服务保障体制机制的建立、志愿服务范围的拓展等多个层面助推乡村志愿服务发展；通过各种形式，倡导文明新风尚，净化乡风民风，积极引导农村社会风气向好向上，扎实促进移风易俗落地生根。并且在乡村环境整治方面，百佳团队结合常态化整治工作，清除卫生死角，整治脏乱差，创造更加美丽宜居的城乡生活环境，引导乡镇居民主动投身创建文明村镇热潮。扎根乡村的志愿团队以志愿者队伍建设弥补农村人才之不足，增加乡村振兴的内生动力，提升农村治理的现代化能力与水平，形成志愿服务与乡村振兴良性互动、合作双赢的新格局，助推乡村振兴。

（五）建设品牌，特色服务展示风采

志愿服务品牌化，是提升志愿服务水平和影响力的重要途径。在志愿服务蓬勃发展的当下，通过品牌建设整合社会资源，拓展服务内容，探索建立长效机制，是志愿服务发展的迫切要求。通过调研发现，百佳团队目前正在朝品牌化路线进军，深入群众生活，感受群众需求，多角度、多思路开发志愿品牌，涉及生活的方方面面，有力推动了志愿服务活动高效有序开展。

首先，志愿服务品牌化要有精准的品牌定位，品牌定位是建立一个与满足目标需求相关的独特品牌形象的过程，即为什么样的群体提供什么样的志愿服务。志愿组织需要根据市场状况及自我优势进行品牌定位，以此提供差异化服务。每个组织的资源有限，为更有针对性、更高效地提供志愿服务，志愿组织必须进行合理的品牌定位，围绕定位开展丰富多样的志愿活动。以珠海市文艺志愿服务总队"艺术点亮人生"品牌项目为例，该项目针对基层群众对文化艺术生活的追求及向往，选派文艺工作者下到基层举行讲座等活动，提高群众文化艺术素养的同时，也加强了各级各类文化馆（站）、市民艺术中心、综合文化服务中心等基层文化站（点）与基层的文化交流。

其次，志愿服务品牌化要"走出去"，加强外部合作，拓宽领域，实现服务项目的可持续发展，能够有效应对面临的资金短缺、政府支持力度不够等问题，同时还能扩大志愿服务品牌的影响力，促进志愿组织发展。云浮市新兴县温氏志愿者服务队的"让爸爸回家"项目就是一个优秀模板。该志愿品牌结合企业自身优势，运用"公益帮扶+产业振兴"模式，为外出务工人员提供就业或创业的平台和机会，让他们既实现本地创业，工作稳定、收入可期，也能陪伴家人、照顾老幼，家庭团聚。打造志愿服务品牌还需建立形象识别系统，设计统一口号、标识，以提高辨识度。以南山区"沙河·尚"护河志愿服务站"沙河·尚护河治水U站"品牌项目为例，该志愿品牌以"沙·河尚"为品牌名称，让人联想到《西游记》中的沙和尚。其鲜明的形象立刻将其与其他品牌区分开来，并且站点和志愿者服装都进行统一设计，加强了志愿者的归属感与认同感。该志愿品牌以时尚活

力的品牌标识，塑造了志愿者的良好形象，扩大了知名度和影响力，从而塑造了良好的品牌。

（六）提升专业，服务品质赢得民心

在志愿服务活动中，每一名志愿者都承担着影响公众、带动公众的责任，如果对所倡导的内容不了解或不能有效表达，那所发挥的作用也是有限的，甚至适得其反。比如有些交通志愿者就是如此，瞎指挥、乱吹号，高峰时刻不仅不能发挥疏导作用，反而增加了交通分流复杂程度。所以，建立有效的管理和培训系统，组织、引进专家团队开展常态培训，增强志愿者队伍的专业性和责任意识，不断提高志愿服务活动的质量，就成为志愿团队建设的重点。在对百佳团队的调研过程中，不难发现其对志愿服务质量的重视。百佳志愿团队进行志愿培训的频率基本可以达到每周一次，每次活动开展前必开展，并且善于运用专家资源，一方面，经常开展讲座，邀请志愿服务专家给志愿者骨干讲授文明实践志愿服务宣传演讲技巧和文明实践志愿服务志愿督导知识等；另一方面，邀请专人为志愿服务品牌活动做策划，帮助设计文明实践志愿服务项目的名称和内容。例如博罗县罗阳镇针对"有名村没名镇"的困惑，为镇里四个试点村居设计"文化部落、民俗部落、金雁部落、华佗部落"的特色，让罗阳镇在文明实践志愿服务中打造"四大部落"，凸显"名镇魅力"。

（七）传播多元，牵手互联网广泛宣传

互联网的资讯互通对于文化的传播来说有着重要的意义，志愿服务文化也随着互联网的发展扩散到每一个人的身边。文化的传播对于志愿服务的意义不言而喻，这对志愿服务的普及有着重要的作用，也对志愿文化传承有着深远的影响。百佳团队突破以往点对点的传播方式，结合新时代的新特点，综合运用报纸、广播、电视、网络等媒体，广泛宣传志愿服务。如在网页上及时发布活动报道，在公共区域张贴宣传材料、悬挂品牌标识、公示服务内容等，快速提高知晓度；加强网站建设，注重利用网络资源扩大宣传领域；进行志愿者招募、志愿信息库的建立以及志愿活动的宣传工作。百佳团队运用互联网使志愿服务有了新的发展空间和成长的土壤，为更多人了解和参与志愿服务提供了机会，使志愿服务不再局限于小范围、小圈子、少的受众，也不再局限于一种形式，而是以更多的形式表现出来。

后　记

《如何做好文明实践志愿服务》终于交稿付印了，感觉完成了一项重要的工作，又感觉好像很多工作刚刚开始，在新的阶段不断推进、不断提升。

我们积极配合推进新时代文明实践志愿服务，既有责任担当的要求，也有情怀追求的激励。一方面，按照各级文明办、文化和旅游局、团委、妇联等要求，开展专业培训和实务督导；另一方面，出于内心的呼唤，也主动开展乡村社区文明实践志愿服务的沟通交流、调查研究。这样，经过"运用理论指导实践，在实践中总结经验，从经验中提炼观点，再用理论创新实践"的循环，支持和推动乡村社区文明实践志愿服务做实、做细、做好。

我们广东省社工与志愿者合作促进会、广东省团校志愿服务研究中心，是配合志愿服务专业化发展需要而成立的机构。社团中的谭建光、涂敏霞、雷杰等专家运用科学思维和科学知识，为基层文明实践志愿服务提供理论指导；专业督导团的邵振刚、黄思通、黄泳霓、彭卓宏、张军文等，积极深入试点县区，对党员干部和志愿者进行专业督导，提供知识技巧；秘书处的林锐斌、李晓欣、冼嘉瑶、罗美婷、姚晓妍等，协助整理培训辅导材料，提供各乡村社区干部群众、志愿者参考借鉴，为具体做好"传播新思想有魅力、开展新服务有活力、创造新生活有动力"的文明实践志愿服务提供专业支持。

各试点县区对调查研究乐意提供探索和创新的素材，感谢他们的支持。感谢《精神文明导刊》的领导和编辑陆续刊发相关文章，感谢广东人民出版社编辑的辛勤劳动。期待本书的编辑和出版，对于县区、乡镇、村居开展新时代文明实践志愿服务具有参考和借鉴价值，能够帮助各级志愿组织更好地开展服务活动，惠及乡村群众，建设美丽家园，建设美好生活。

编者

2020 年 5 月 10 日

听志愿服务规范
与志愿者在线交流

扫描下方二维码
即可获得
▼▼▼

01
【听】志愿者故事
★听其他志愿者故事音频，增长志愿服务知识

02
【聊】本书心得
★听书友对于本书的观点，交一批志同道合的朋友

03
【帮】阅读助手
★为你提供专属的阅读服务，满足个性化阅读需求